信念危机

投资者心理与金融脆弱性

A CRISIS OF BELIEFS

INVESTOR PSYCHOLOGY AND FINANCIAL FRAGILITY

尼古拉·真纳约利
（Nicola Gennaioli）
安德瑞·史莱佛
（Andrei Shleifer）
著

李 娜 译

中国人民大学出版社
·北京·

前　言

在 2008 年 9 月 14 日这个星期天，投资银行雷曼兄弟的倒闭让几乎每个人都大吃一惊。这让投资者措手不及，他们在之后的周一抛售股票，令当天的股指下跌了 500 点。这也让政策制定者大为震惊，他们在连续多个月声称不会有政府救助之后，对其他金融机构展开了紧急救助。这同样出乎宏观经济预测者的意料，2008 年 8 月初，即在雷曼兄弟倒闭前仅 6 周时，专业预测者和美联储的宏观经济预测者均预言了美国经济的持续增长。与此预测相反，美国的金融体系在雷曼兄弟倒闭后几乎崩溃，美国经济也陷入了深度的衰退。尽管在雷曼兄弟倒闭后，美国政府成功挽救了美国的金融体系，但危机仍然发生了。

雷曼兄弟倒闭为什么会这么出人意料？美国金融体系的脆弱性毕竟累积了相当长一段时间。在 2005 年，美国经济经历了严重的住房市场泡沫。随着住房价格上涨，美国家庭通过举债来购买住房，银行和其他金融机构则加大杠杆，持有抵押贷款和抵押贷款支持证券（MBS）。当住房市场泡沫在 2006 年后破裂时，美国的金融体系承受了相当大的压力，这体现在对金融机构的挤兑上，随之而来的是金融机构破产、救助以及兼并。不过，在美联储的旨在避免金融恐慌的成功干预下，直到 2008 年秋，美国的金融体系和经济依然维持运行。2008 年年中前，投资者和监管者的预期是，尽管住房市场泡沫破裂了，但情况仍在可控范围内。2008 年 5 月 7 日，美国财政部长亨利·保尔森（Henry Paulson）认为"最糟糕的情况可能已经过去"。2008 年 6 月 9 日，美联储主席本·伯南克（Ben Bernanke）说"经济陷入'严重衰退'的危险看来已经减弱"。

暴风雨前的相对平静，体现在官方和私人部门对经济的预测以及政府官员的讲话中，这为我们提供了理解为什么雷曼兄弟倒闭如此出人意料的重要线索。雷曼兄弟的倒闭肯定不是因为自身财务状况疲软这个消息本身，因为早在其于 2008 年 9 月破产之前的几个月中，这家投行就陷入了困境并且预期将被收购。而且，在这几个月中，随着住房市场和抵押贷款市场的境况恶化，美国各银行普遍发生了大额亏损，雷曼兄弟倒闭的那个周末也没有出现重大的经济消息。雷曼兄弟倒闭之所以出人意料，也不能归因于政府一再重申奉行"绝不救助"政策。因为如果这是危机的原因，那么在之后的周一一旦明确政府会出手救助，住房价格就应反弹回稳。而事实上，尽管有政府实施的各种救助，但金融体系在接下来的几周仍持续恶化，住房价格反弹了一点而后继续下跌。

相反，关于投资者和政策制定者的信念的证据告诉我们，雷曼兄弟倒闭这一消息表明，与原先人们预想的相比，美国的金融体系已极度脆弱。尽管2008年不断出现不利消息，但投资者和政策制定者趋向于认为他们避免了重大危机的降临。基于银行面临的风险敞口有限这一信念，在美联储有效的流动性支持下，因住房价格下跌和抵押贷款违约而累积的压力得到了缓解。人们忽略了发生重大危机的风险。雷曼兄弟倒闭及其引发的资产甩卖浪潮让投资者和政策制定者明白，金融体系比他们预想的更易受影响、更脆弱和更加相互关联，他们犯了对极端的下行风险（downside risks）认识不够的错误。雷曼兄弟倒闭之所以会有这样大的影响，是因为这触发了对预期的大幅修正。

在雷曼兄弟倒闭10年之后，经济学家的共识是，对金融体系所累积风险的低估是2008年全球金融危机爆发的一个重要原因。2017年10月，芝加哥大学就造成2008年全球金融危机的各个因素的重要性，对美国和欧洲的一众顶尖经济学家进行了问卷调查。这些经济学家认为，在所考察的12个因素中，最重要的因素是在规制和监管方面"有缺陷的金融部门"，第二重要的因素是金融工程导致的"被低估了的风险"。这些经济学家似乎一致认为，在2008年全球金融危机爆发前夕，人们没有充分意识到承担了大量住房市场风险、高杠杆的美国金融体系的脆弱性。

这些判断都是借助后见之明而得出的。但实际上，在世界历史上金融泡沫、信贷扩张以及泡沫破裂后的金融危机屡见不鲜。在文献中关于信念偏差有多种讲法。Kindleberger（1978）与Minsky（1977）等经典研究以及Reinhart和Rogoff（2009）都指出，投资者未能准确地评估风险是一条贯穿上述很多历史事件的共同主线。Rajan（2006）与Taleb（2007）则强调，小概率风险也会危及金融稳定性。甚至在雷曼兄弟倒闭前，Gerardi等（2008）就提请人们关注次贷危机的预期偏差。自2008年危机爆发以来，关于信贷周期——既有美国的信贷周期，也有全世界的信贷周期，出现了大量新的系统性研究证据，Greenwood和Hanson（2013）在这方面是一篇开创性的研究。大部分研究都提到了信贷周期中存在的预期偏差。本书进一步发展这一思想，将不准确的信念放在金融脆弱性的核心位置。

为此，本书试图实现三个目标。首先，证明关于预期的问卷调查数据对经济分析而言是极其有用的可靠数据来源。金融市场中的预期往往是外推式的，而非理性预期，这一基本特征必须被纳入经济分析之中。

其次，本书试图提供一个受实证启发的、有心理学基础的正式的预期形成模型。该模型广泛适用于不同的领域：从实验室实验到对社会信念的研究，再到对金融和宏观经济波动的动态分析。在经济学中，非理性信念通常使用所谓的适应性预期来模型化，即将过去的趋势机械地外推至未来。适应性预期一直受到批评，因为人们是具有前瞻性的：他们不仅会受过去趋势的影响，还会对有关未来的信息做出反应。我们基于心理学的证据提出了一个更加符合现实的、非机械式外推的信念形成理论。按照这个理论，决策者会以一种被扭曲的方式对客观上有用的信息做出反应。

最后，本书用预期形成理论来解释雷曼兄弟倒闭前后2008年全球金融危机在市场结果和信念这两方面的一些核心特征，并更一般地阐释信贷周期和金融脆弱性。本书给出的关于预期的模型可以解释金融市场的很多实证上的特征，尽管这个模型在其他方面与标准的动态经济模型保持一致。搞清楚心理因素能让我们理解金融市场易受住房市场繁荣与住房市场崩盘影响的条件，也有助于我们思考经济政策的作用。

关于预期的数据

为了评估"信念造成金融不稳定性"这一假说在多大程度上成立，我们自然应该首先分析信念本身。这不仅涉及对市场参与者的预期直接进行问卷调查，并系统性地检验这些信念是否符合理性，而且还需要刻画投资者所犯错误（如果有的话）的类型。

分析信念本身这种方法是完全可行的，因为有大量关于预期的问卷调查数据，会揭示投资者、公司管理层、家庭和专业预测者的信念。这些数据可以提供重要的洞见，即关于投资者在2008年和其他历史事件中是否意识到了危机爆发前累积的风险，或是未能觉察到危机即将到来。更一般地说，为了提出更好的预期形成理论和信贷周期理论，需要识别经济波动中有规律的信念模式，关于预期的问卷调查数据对此会有所助益。

我们的这种方法是对行为金融学中由来已久的研究议题的自然

拓展。传统行为金融学通过考察证券的投资收益率的可预测性，来间接地检验信念是否符合理性。因为当市场有效时，证券的收益率基本上是不可预测的，所以各种表明证券的投资回报可预测的一致研究结果证明，预期是非理性的。本书又向前迈进了一步，认为我们应该直接研究实际的预期数据。这些关于预期的实际数据可以帮我们理解投资者的想法、投资者的交易和市场行为。关注高杠杆率情形中的信念至关重要（如对信贷周期的研究），因为正如雷曼兄弟倒闭后我们所看到的那样，人们预期的改变会触发对金融体系的巨大破坏。

尽管直接使用预期数据理所当然，但由于一个重要的方法论上的原因，这样做在经济学中一直备受争议。在过去的四十年中，理性预期假说一直主宰着宏观经济学，而与之类似的有效市场假说则一直主宰着金融学。作为20世纪经济学的重要理论成果的宏观经济学理论和金融学理论认为，经济主体是理性的，因此在给定经济结构的情况下，以一种统计上的最优方式形成经济主体关于未来的预期。这种观点产生了一个影响深远的后果，即预期是由经济结构本身决定的，因此，关于预期的问卷调查数据是多余的、有噪声的信息。这种看法的缺点是，理性预期假说和其他任何假说一样，不能仅仅靠假设成立。相反，正如经有力论证的，理性预期假说也应该得到实证的检验（Manski，2004）。评估关于信念的问卷调查数据的统计最优性是一个自然的出发点。

在2008年危机爆发前夕，关于购房者对未来住房价格上涨所持有的预期，投资者对住房价格下跌和住房抵押贷款违约风险所持有的信念，以及来自私人部门和美联储的预测者对经济活动所做的预测，我们都有很多的数据。我们还有各种当时的文件和政策制定者的讲话，以及联邦公开市场委员会（FOMC）会议上的讨论，这些资料也有助于我们理解政策制定者的信念。那么，我们可以直接追问：当引爆金融危机的各种事件发生时，购房者、银行、投资者还有政策制定者在想些什么呢？

这个问题的答案让人质疑对这场金融危机的"大而不倒"论解释：这种解释认为，银行知道有风险，但倚仗政府救助而过度冒险。但数据表明，银行主管和职员的预期似乎与其他投资者的预期很相似。银行家对住房市场也有乐观的预期，因此，他们发放抵押贷款，自己也购买住房。没有证据表明，银行家比任何其他人更了解风险。

信念与 Kindleberger（1978）及 Minsky（1977）强调危机前人们过度乐观的经典分析更为一致。购房者对未来住房价格上涨有不切实际的乐观预期。抵押贷款和抵押贷款支持证券的投资者，包括金融机构，虽然考虑到住房价格也许会下跌的可能性，但没有充分意识到住房价格下跌会造成多大的破坏性和怎样的破坏性。在2008年夏之前，来自私人部门和美联储的宏观经济预测者在对宏观经济形成自己的预期时，始终没有意识到美国的金融部门和经济所面临的风险。这一证据倒不是说投资者或政策制定者对美国金融体系中的风险一无所知或者毫无察觉；更准确的说法应该是，他们没有充分意识到尾部风险，直到雷曼兄弟倒闭使尾部风险暴露无遗。

雷曼兄弟倒闭前，关于信念的数据表明了两种主要的信念偏差，即要么将过去的住房价格上涨趋势外推到未来，要么忽略概率较小的下行风险。将过去的住房价格上涨趋势外推到未来的做法解释了住房市场泡沫的产生，忽略下行风险的做法则解释了美国金融体系的杠杆如何变得那么高。人们曾普遍认为，住房价格不可能暴跌，多元化投资和风险对冲能使金融机构免受不利冲击，这些信念针对美国家庭和金融机构的高杠杆提供了最令人信服的解释。

忽略下行风险可以解释为什么花了一年时间（从最初的不利消息到雷曼兄弟倒闭）才引发金融恐慌。随着住房价格开始下跌，经济主体的信念也变得悲观起来，致使银行对自己不想接受的风险敞口采取收缩策略——从 2007 年夏开始，这引发了抵押贷款违约、法拍房（foreclosure）[†]、资产甩卖（fire sale）、清算、对一些金融机构的挤兑，以及与金融危机相关的其他问题。但尽管住房市场泡沫破裂，市场并没有崩盘，美国的金融体系还是撑了一年有余。这一方面是因为美联储成功的流动性干预，另一方面是因为尽管住房价格下跌，人们仍然认为银行不易受极端的尾部风险的影响。雷曼兄弟倒闭之所以让人们大吃一惊，正是因为它的倒闭暴露了极端的下行风险。投资者意识到，认为情况仍可控真是大错特错。这就是错误的信念如何驱动和铸成了 2008 年的金融危机和随后的"大衰退"

[†] 在更一般的债务合约中，foreclosure 指"丧失抵押品赎回权"。对于住房抵押贷款合约，foreclosure 指贷款买房的人在出现停止偿还贷款的行为时被债权人强行收回房子并进行拍卖，我国一般称这类房子为法拍房。——译者注

(Great Recession)。

信念视角可以将经济学家熟悉的经济危机的各种传导机制（参见 Brunnermeier，2009）统一起来。在雷曼兄弟倒闭前，美国的金融体系已经出现很不稳定的迹象，如资产甩卖、银行挤兑和政府对要倒闭的金融机构进行救助等；但因为投资者没有预见到金融体系的全面崩溃，所以并未出现重大危机。在雷曼兄弟倒闭后，同样的放大机制在没有资本注入的情况下就会完全失控；在政府注入资本以防止大规模资不抵债之前，美国的金融体系已几近崩溃。雷曼兄弟事件让人们大跌眼镜。它表明，金融机构面临的风险远超预料。为了理解雷曼兄弟倒闭在这次金融危机中所起的关键作用，我们需要搞清楚信念的演变过程。

研究关于信念的数据的意义不局限于 2008 年的全球金融危机，对理解金融脆弱性也具有一般性的意义。关于投资者和专业预测者对股市、个股和信贷市场以及实体经济的预期，有大量的问卷调查数据可供研究。本书给出的证据（对前期研究中的证据的总结和新的证据）表明，根据过去的趋势进行外推实际上是投资者、公司管理层和专业预测者预期的一个共性。这与其他几个泡沫破裂事件的研究相一致（Kindleberger，1978；Glaeser，2013；Greenwood，Shleifer and You，2018）。正如 Rajan（2006）与 Taleb（2007）所指出的，对风险的忽略是非常普遍的。在文献中讨论过的几种金融创新［如资产组合保险和指数期权（Coval，Pan and Stafford，2014）］以及信贷扩张的情形中（Baron and Xiong，2017），人们都忽略了下行风险。我们在 2008 年所看到的人们的上述两种信念偏差,也出现在其他金融和经济问题中。

关于预期的数据实际上揭示了更深层次的东西。在许多经济领域,预期偏差是可预计的,即使对于专业预测者来说也是如此。在经济繁荣期,预期会过度乐观;在经济低迷期,预期会过度悲观。这违反了理性预期假说,该假说认为:统计上的最优预测应基于所有可获得的信息,由此避免可预计的预期偏差。在经济分析中标准经济学模型的一个重大缺陷就是不能解释预期,因为它忽略了金融不稳定性的一个潜在的关键影响因素。我们有足够的证据来认真分析"信念造成不稳定性"这一假说。

关于预期的心理学原理

关于预期的数据在实证上对理性预期假说提出的挑战,仅仅是开始。我们要用一个新的预期理论来取代现有理论。关于非理性信念的过于简单的理论,不能解释外推式预期与忽略下行风险这二者之间的联系,也不能解释在 2008 年前后或者其他情况下,这些信念是如何形成和消失的。对过去趋势的机械式外推,即适应性预期,可以解释住房市场泡沫的累积,但解释不了住房市场泡沫在 2006 年开始破裂后美国的金融体系为什么依然能维持运行,也解释不了如雷曼兄弟倒闭这样的单个事件为何会引起人们对预期的大幅修正。

这引出了本书要实现的第二个目标:通过对预期数据的分析,得出可以解释事实的新的预期形成理论。我们给出了一个基于心理学原理的预期形成理论,并称之为诊断性预期理论。我们和佩德罗·

博尔达洛（Pedro Bordalo）一起在过去的几年中发展出这一理论，并与凯瑟琳·科夫曼（Katherine Coffman）、马悦然（Yueran Ma）和拉法尔·拉波特（Rafael La Porta）一起在理论和实证上将其应用于若干不同领域的问题。这个理论肯定不是对预期建模的终点，但它表明，如果我们沿着基于心理学、符合现实的方向偏离理性预期假说，我们会加深对金融市场真实情况的理解。

我们在提出诊断性预期理论时，遵循了以下四个主要的考量。首先，我们希望信念形成理论在生理学和心理学上都能令人信服，特别是，信念形成理论要基于从实验数据中获得的有关人类判断的证据。数十年来，心理学家一直在研究不确定性下的人类判断及其偏差，信念形成理论也应该从这些证据开始构建。

其次，我们希望信念形成理论在 Matthew Rabin（2013）的意义上是普适的。也就是说，我们希望同一个理论可以解释来自心理学实验、个体的社会判断、金融市场以及其他领域的证据。我们没有令人信服的理由表明，金融市场中的信念形成不同于任何别的领域。当然，我们可以说，和其他领域不同，在金融市场中，理性套利者的获利交易消除了非理性噪声交易者的信念扭曲对证券价格的影响。但这种观点在金融学中早就被否定了：套利受到套利者的资本约束和风险厌恶的限制，通常不会消除市场价格中的低效率（De-Long et al.，1990；Shleifer and Vishny，1997）。

再次，我们希望信念形成理论中的信念是前瞻性的。在理性预期革命之前，经济学家依赖适应性预期模型；在这种模型中，决策者机械地根据过去的信息进行外推,而不是对新信息做出反应。Robert Lucas（1976）对这种模型进行了有力的批判。他在逻辑和实证上指出,经济主体在形成信念时会对关于未来的信息做出反应。来自心理学的证据也表明,人类是基于信息来修正自己对不同事件发生概率的信念,而不是机械地更新。卢卡斯批判未予以解答的疑问,不是经济行为人是否有前瞻性并会对信息做出反应,而是他们是否会对信息做出恰当的反应。在我们的理论中,他们并没有对信息做出恰当的反应。

最后,我们希望信念形成理论可以通过有关信念的证据得到验证。现有的证据表明：关于预期的问卷调查数据并非噪声,投资者和公司管理层的决策都与他们在问卷中所填报的预期一致。我们认为,这些预期数据和其他经济学模型需要做出解释的实证数据一样重要。成功的预期形成模型首先必须能够解释这些可观测的预期。

心理学家丹尼尔·卡尼曼（Daniel Kahneman）和阿莫斯·特沃斯基（Amos Tversky）于1972年最早提出的著名的不确定性下人类决策的代表性启发式判断,是我们讨论的预期模型的基础。根据Kahneman和Tversky（1983）,某个特征具有诊断性是指其在某一类别中很有代表性；也就是说,相比有关的参照类别（reference class）,这个特征在某一类别中出现的相对概率要高得多。代表性会引起的一个判断错误是：人们会高估代表性特征在某一类别中出现的可能性。

举例来说,假定请某个人来预测一个爱尔兰人最有可能的发色。

在我们所进行的几次非正式问卷调查中，许多人说是红色。诚然，红色头发在爱尔兰人中比在其他人群中客观上更常见：10%的爱尔兰人有红色头发，而其他人群中只有 1%的人有红色头发。但是，由于红色头发是爱尔兰人的一个代表性特征，所以和实际情况相比，人们往往认为爱尔兰人有红色头发的可能性更大。代表性判断的确有一定的道理，因为人们按照客观上正确的方向对信息做出反应。然而，人们反应过度了。由此，人们会高估佛罗里达州居民中 65 岁以上老年人的占比，或者高估贫困人口在非洲裔美国人中的占比，也会低估没有代表性的类型的人出现的可能性。

代表性判断是一种普遍的启发式决策，可以解释许多令人惊讶的实验结果，也与记忆的生理学有关，后者可以解释选择性回忆。代表性判断是我们提出的预期理论的基础，会产生被社会心理学家称为"一孔之见"（kernel of truth）的信念扭曲：信念夸大数据中的真实模式；或者说，在动态场景下，信念对信息反应过度。这意味着可以用真实情况来预测信念及其偏差。例如，回到前面红色头发爱尔兰人的例子，人们在估计一个人的发色时，会对这个人是爱尔兰人这一信息反应过度。当不知道某个人的国籍时，人们也许会估计某个随机的人的发色为黑色，因为黑色是人类最常见的发色。但一旦人们得知某个人是爱尔兰人，就会立刻想起红色头发，因为根据数据，红色头发这一类型在爱尔兰人中比在其他人群中要相对普遍得多。因此，人们一想到爱尔兰人，发色的概率分布就会大幅偏向红色头发。

代表性判断在被用来解释宏观经济学和金融学中的预期形成时，具有一些特别的含义。"一孔之见"这一逻辑表明，人们往往会过于看重那些基于新获得的数据而变得更有可能的未来结果。正如人们在估计一个人的发色时，会对这个人是爱尔兰人这一信息反应过度一样，人们按照正确的方向对宏观经济方面的信息做出反应，但会反应过度。在对未来状态的判断中，宏观经济方面的利好消息会使得未来好的结果更有代表性因而被过于看重；宏观经济方面的不利消息则正好相反。这些适用于实验室实验和社会判断的信念形成原则，可以一对一地转化为我们的诊断性预期模型。

在一定条件下，诊断性预期将外推式预期和忽略尾部风险联系了起来。表明经济增长有更大可能性的消息，会使经济高增长情形更有代表性，而使经济衰退情形没有代表性，从而导致投资者既忽略下行风险，又对一般经济状况或平均经济状况过度乐观。表明市场波动减少的消息，则会使得极端冲击没有代表性，从而导致投资者忽略风险。诊断性预期也意味着，在没有消息时，投资者的乐观信念和悲观信念会发生系统性的反转。当消息所反映的趋势减弱时，没有任何特别的市场结果有代表性，预期会向理性预期回归。如果不利消息足够糟糕，左尾结果就变得有代表性，投资者会表现出过度悲观。信念的这些变化，完全是由于投资者对客观上有用的信息反应过度，而非对过去的机械式外推。

本书提出的诊断性预期的正式模型符合我们对预期形成理论所设定的四个标准：该预期形成理论基于广泛的心理学证据；该预期

形成理论有普适性，因为该预期模型适用于实验室实验，适用于社会判断［如刻板印象（stereotype）］，也适用于金融市场；该预期形成理论对于经济和金融中的预期演变提供了可验证的预测；该预期形成理论是前瞻的，因为其首要的是一个人们如何对信息做出反应的理论。但与理性预期下的情形不同，在诊断性预期下人们对信息的反应不是统计上的最优反应，而是被人类判断的一个基本原则扭曲了的反应。

诊断性预期与金融脆弱性

诊断性预期为2008年全球金融危机提供了一个有用的统一解释。诊断性预期可以为住房市场上的外推式信念提供一个理论基础，因为外推式信念可以被看作对住房价格和总体经济状况的持续利好消息的预期更新和反应过度。但诊断性预期也可以解释人们对经济下行风险的忽视，因为经济状况方面的利好消息（这使得左尾结果没有代表性）和金融机构安全性方面的利好消息使人们忽略了下行风险。更微妙的是，诊断性预期还可以解释在2007年夏住房市场和金融市场最初的波动（这被美联储非常成功地控制住了）与最终雷曼兄弟倒闭之间出现的安静期。即便住房市场泡沫破裂，并且人们下调了对经济状况的预期，但由于美联储的政策和对新的保险机制——"分散化的神话"（diversification myth）过度乐观的信念，人们对尾部风险的认知不足。因此，诊断性预期可以解释，为什么直到2008年8月末，美联储和私人部门对未来经济活动的预测均表明人们所广泛认同的一个过度乐观的信念是：尽管早期有轻微波动，但情况仍然可控。

　　诊断性预期也解释了当金融体系的尾部风险暴露无遗，市场参与者进行应对时，市场对雷曼兄弟倒闭的极端反应。雷曼兄弟倒闭表明，情况远非可控，而且金融机构之间高度关联，因此系统性风险比原先预期的要大得多。因此，原先被忽略的左尾结果变得有代表性，由此得出的信念会过于看重如金融崩溃这样的"黑天鹅"事件。市场恐慌、资产甩卖、对金融机构的挤兑、为避免破产而兼并，当然还有政府救助，都可以被看作（至少部分地）反映了对金融脆弱性的诊断性预期的大幅修正。雷曼兄弟危机是一场信念危机。

　　诚然，这仅仅是对一个重要事件的描述。更全面地评估诊断性预期理论，需要用到更加系统性的数据。幸运的是，自 2008 年全球金融危机爆发以来，经济学家收集了大量描述信贷扩张、信用估值和经济活动之间的关系的信贷周期方面的事实。简言之，经济学家从中发现，基于私人信贷扩张特别是家庭信贷扩张，可以预测未来发生经济危机的概率，以及进行信贷扩张的银行的低股票回报率。这种可预测的脆弱性也反映在债券市场中。高风险债券在债券发行中的较高占比，以及高风险债券与安全债券之间很小的利差，均是显示债券市场风险承担（risk-taking）偏好的指标。数据中的这些对债券市场的看涨指标（bullish indicators）预示了信贷条件将会出现反转，即高风险偏好预示了高风险债券未来的低投资回报和发行量的下降，并且这些看涨指标也预示了未来的经济增速下降。这些证据表明，信贷周期是可以预测的：泡沫化的信贷市场可能预示着未来的金融和经济困境。雷曼兄弟倒闭乃至"大衰退"是极富戏剧性的，但一点也不罕见。

通过信贷市场状况可以预测经济结果和证券回报这一点表明，理性预期模型也许并非解释这些数据的最自然的方法。相反，证据表明，金融不稳定性源自预期本身。诊断性预期对这一假说进行了模型化，为信贷周期提供了统一的解释。住房价格上涨或者总体经济状况得到改善等经济利好消息，会使右尾结果更有代表性。这导致投资者既高估未来的平均经济状况，又忽略没有代表性的住房价格下跌风险，这导致了杠杆和实际投资的过度扩张。当不再有利好消息时，即使没有不利冲击，投资者也会下调其预期。这些修正导致信用利差逆转，放贷者业绩不佳，经济状况和金融状况恶化，进而导致去杠杆和实际投资下滑。如果新出现的消息糟糕到足以令左尾结果有代表性而被夸大，则重大危机会接踵而至。

金融体系的脆弱性完全源于信念。如果没有诊断性预期，冲击当然会引起市场波动，但如果没有重大冲击，市场压力就不会变得很大。但在诊断性预期情形下则截然不同，这不仅因为可预测的期望逆转会导致可预测的经济状况逆转，还因为当左尾结果变得有代表性时，诊断性预期会导致金融体系极度脆弱。诊断性预期以一种符合直觉的方式，提供了一个关于由代表性预期的转变驱动的恐慌的理论。

全书内容安排

本书其余部分会更系统、更正式地阐述上述观点。第 1 章概述了与 2008 年爆发全球金融危机有关的基本事实，并重点提到需要做出解释的几个关键事实，例如，在 2007 年住房市场一开始爆出不利消息与 2008 年雷曼兄弟倒闭之间存在长达一年的延迟。第 2 章接着给出了各种关于 2007—2008 年这一年间的信念的证据，其中既有来自问卷调查的证据，也有来自政策制定者的讲话和叙事的证据。第 2 章主要传达的信息是，外推式预期和忽略左尾风险是实证上可测度的住房市场泡沫时期的信念的特征，而且在 2007—2008 年甚至在住房市场泡沫破裂之后，市场下行风险被忽视了。只要我们认真考察有关预期的数据，那么"大而不倒"或"银行挤兑"等理性预期模型与这些事实是不符的。

第 3 章给出了一个金融体系模型，与标准模型的唯一不同是，人们忽略了下行风险。该模型旨在评估这种信念扭曲能否解释这次金融危机的关键特征。第 3 章只是假定人们忽视了下行风险，而没有从一个具有微观基础的信念形成模型中推出这一假定。我们阐明了为何忽略下行风险不仅会导致投资者所认为安全的债券的过度发行，而且会使得发行这些债券的银行杠杆率上升，还导致为发行这些可获利债券寻找资产成为必要。当被忽略的风险再次浮现时，投资者意识到信贷扩张过度了，而且在他们和银行之间存在风险的错配。初始头寸的平仓使得债券价格大幅下跌，触发了严重的金融不稳定性。除了忽略下行风险，该模型没有施加任何其他非标准假设，仍然能得出关于金融危机的一些特征事实。

本书前三章引出了两个问题。第一，外推式预期和忽略风险是其他市场波动时期中信念的一般特征吗？从2007—2008年这一单个时期可以得出的推断有限，所以，更广义地评估信念偏差是评估其对金融脆弱性的重要性的关键。第二，第3章的信念扭曲模型对信念表现出外推性和忽略风险的条件做了几个假设，这些假设符合现实并适用于其他情形吗？在这里我们看到了以更系统性的心理学基础作为出发点的重要性。全书的余下内容都是为了回答这两个问题。

第4章概述了关于预期的方兴未艾的实证研究证据。这些关于预期的实证研究证据源自多个领域，包括对美国股市整体收益率的预期，对公司盈利增长率的预期，以及对信贷市场状况的预期。第4章还确立了对我们的分析最重要的四个主要事实[†]。第一，在同一预期有多个数据来源的情况下，各问卷显示的预期非常一致。根据这些证据，我们就可以否定认为关于预期的问卷调查数据是噪声[††]的看法。第二，投资者和公司管理层做出的决策均与其在问卷中所述的预期一致。投资者在预期美国股市收益较高时，会将资金投入权益类共同基金。公司管理层在预期公司盈利增长率较高时，会规划更多的投资。在我们考察的每个领域，关于预期的问卷调查数据看起来均可信地反映了市场参与者的信念。第三，在某些领域，在问卷中填报的预期是外推式的。当股票过去的投资回报一直很高时，

[†] 原书为"三"，根据下文应为四个主要事实。——译者注
[††] 指前述问卷调查结果中存在一定的系统性模式，而非受访者随机作答所造成的测量误差。——译者注

投资者预期未来的回报也很高。当过去的公司盈利增长率一直很高时，分析师和公司管理层预期未来的公司盈利增长率也很高。第四，预期并非机械式外推，而是与相关经济活动的特点有关。那些客观上变得更有可能的结果发生的概率会被信念夸大；当相关经济活动更加持续地出现时，信念更新也会更加激进；这也与机械式外推不符。这样的"熟虑式"（sophisticated）外推是有待解释的信念的一个主要特征。

我们还在第 4 章概述了与信贷周期有关的证据。最重要的是，这些关于信贷周期的实证研究证据表明，基于显示信贷市场中存在泡沫的指标（如信贷扩张、很小的信用利差以及高风险债券在债券发行中的高占比等），人们可以预测宏观经济状况和证券回报。这种可预测性清楚地表明，我们需要一个关于预期的理论。

第 5 章介绍了我们和佩德罗·博尔达洛发展的预期形成模型，这可能是本书最重要的创新之处。这个模型是建立在心理学基础之上的。我们首先概述 Kahneman 和 Tversky（1974）对代表性判断的研究，接着描述了关于代表性启发式判断的一个数学模型，以及该模型如何将未来结果的实际概率分布转换为在诊断性预期下得出的概率分布。我们说明了这个模型可以解释著名实验中的发现，而且可以更一般地解释社会领域中如刻板印象这类扭曲的信念。我们接着用这个模型来解释 2008 年全球金融危机各个阶段的现象：住房价格上涨时候的繁荣期、最初的不利消息开始出现之后的平稳期、雷曼兄弟倒闭之后的市场崩盘期。与其他理论不同的是，诊断性预期模型不仅可以解释在此期间的市场结果，也可以解释市场参与者信念的变化。

第6章通过给出诊断性预期下关于信贷周期的一个丰富的动态经济学模型把各方面因素整合了起来。在这个模型中，利好消息造成了过度乐观的预期以及信贷和经济活动的过度扩张。关键是，即使没有不利消息，这种过度扩张也会自我纠正，因为过于乐观的信念最终会回归基本面。这个模型不仅可以解释第4章所概述的信贷周期事实，而且表明当尾部结果变得有代表性时，代表性判断将如何造成预期和经济活动的剧烈变动。

第7章总结了全书。我们期望实现三个目标。第一个目标是：给出关于2008年全球金融危机的一种新的阐释，其中信念对市场的相对平稳期和极端波动期起到关键解释作用。第二个目标是：调查预期的问卷对于经济分析来说是一种有效和非常有用的数据来源。这些数据可以用来检验传统的原假设（如理性预期假说）。或许更重要的是，关于预期的数据能被用来检验和区分不同的经济波动模型。第三个目标是：证明可以从最基本的心理学原则（如代表性）出发来构建信念模型。因此，我们提出的诊断性预期模型可以融入标准的动态经济模型，如信贷周期模型。本书给出的诊断性预期模型既严密又可检验；它与理性预期模型一样可以用于指导经济分析，但在实证上更符合有关信念的证据。

不过，对于本书的内容，也许背后还有一种更具整体性的思想。我们希望说明的是，行为经济学蔚然成风，已不再仅仅是对新古典经济学的批评。研究者可以从基本的心理学原理开始构建关于信念的正式模型，将这些模型融入标准的市场模型，并用数据来验证理论预测。易于处理且基于心理学原理的信念模型可以融入金融经济学和宏观经济学的标准分析。这种方法可以解决现有分析方法所面临的问题，并使之更符合现实，这是大有裨益的。

致 谢

我们要感谢许多帮助我们进行本书的研究并帮助我们最终完成本书的人和机构。最要感谢的是和我们一起进行研究的合作者，首先是佩德罗·博尔达洛，我们和他一起构建了本书核心的诊断性预期理论。我们还要感谢凯瑟琳·科夫曼、罗宾·格林伍德（Robin Greenwood）、拉法尔·拉波特、马悦然与罗伯特·维什尼（Robert Vishny），与他们的合作研究都融入了本书。

本书还得益于许多其他同事的智力投入。他们当中最要感谢的是哈佛大学商学院的山姆·汉森（Sam Hanson）和阿迪·桑德拉姆（Adi Sunderam），他们阅读了本书的初稿并做出了全面的评论。山姆对头几章的评论详尽到我们可以说本书被"山姆化"了。阿迪则不仅给出了详细的评论，还给出了本书的书名。

本书同样获益于几位细心的读者的细致评论。美国前财政部长蒂姆·盖特纳（Tim Geithner）读了本书前几章有关2008年全球金融危机的内容；他不仅给出了许多建议，还提出了一些不同看法。他的看法对我们极其重要，影响了我们对许多事件的阐释，即使我们最终还是坚持己见。其他几位细心的读者则包括 Fausto Panunzi、Stefano Rossi、Matthew Rutherford、Joshua Schwartzstein、Jeremy Stein、René Stulz、Nancy Zimmerman 以及普林斯顿大学出版社的两位匿名评审人。

我们也得到了非常勤勉认真、才华横溢的助理研究员的帮助，他们是 Serena De Lorenzi、Paul Fontanier、Giovanni Montanari 和 Gianluca Rinaldi。Angela Ma 当时还是哈佛大学的一名本科生，她帮我们制作了书中所有的图，并且独立地完成这项工作。

本书的研究获得了欧洲研究委员会（European Research Council）的资助（GA 647782），还得到了潘兴广场人类行为基础研究风险基金（Pershing Square Venture Fund for Research on the Foundations of Human Behavior）以及霍华德·齐默尔曼（Howard Zimmerman）的资金支持。

我们还要感谢普林斯顿大学出版社的乔伊·杰克逊（Joe Jackson），他非常专业的出版工作使本书得以如期付梓。

真纳约利要感谢意大利博科尼大学的许多人，包括提供了极好的后勤保障的行政人员，以及创造了富有活力、幽默和友好氛围的各系同事，特别是 Francesco Corielli、Carlo Favero、Fulvio Ortu 和 Stefano Rossi。

最后，史莱佛要感谢哈佛大学商学院在 2017—2018 学年所提供的帮助。在哈佛大学商学院，由罗宾·格林伍德负责的"行为金融学与金融稳定性项目"（Initiative on Behavioral Finance and Financial Stability）所属的金融组与由布莱恩·霍尔（Brian Hall）负责的谈判、组织与市场（Negotiations, Organizations, and Markets, NOW）组提供了大量的智力支持。谈判、组织与市场组还提供了一间梦寐以求的办公室，让史莱佛在那里度过了较为安静的一年。

以上这些人和机构都以不同的方式对本书做出了不可或缺的贡献。但对本书的疏漏之处，我们承担全部责任。

目　录

第1章　2008年全球金融危机 /001

　　住房市场泡沫和住房金融体系 /002

　　证券化 /007

　　MBS 的买方 /011

　　压力之下的金融体系 /012

　　雷曼兄弟事件 /018

　　金融体系所遭受的损失 /026

第2章　他们当时在想什么？ /030

　　从21世纪初到2007年夏的信念演变 /031

　　2007年之后人们的信念 /038

　　有关2008年全球金融危机的理论 /047

　　道德风险与激励扭曲 /048

　　银行挤兑模型 /050

　　对银行挤兑模型的评判 /055

　　　　资产甩卖 /057

　　　　总　结 /060

第3章　2008年全球金融危机的风险忽略模型 **/063**

　　　　忽略风险、杠杆以及金融危机 /066

　　　　忽略风险、贷款供给以及市场流动性不足 /078

　　　　影子银行业务：打包和分级 /083

第4章　金融市场中的外推式预期 **/094**

　　　　对股市整体收益率的预期 /101

　　　　对股市横截面收益率的预期 /107

　　　　预期与投资 /113

　　　　来自信贷市场的研究证据 /115

　　　　总　结 /125

第5章　代表性判断与诊断性信念 **/128**

　　　　代表性判断 /134

　　　　关于代表性判断的一个数学模型 /136

　　　　代表性判断与金融学中的信念 /145

　　　　债券发行量与雷曼兄弟倒闭之前的市场平稳期 /154

　　　　总　结 /158

第6章　诊断性预期与信贷周期 **/160**

　　　　代表性判断、反应过度与外推式预期 /162

　　　　诊断性预期下的信贷周期 /170

　　　　信用利差中的信贷周期 /178

投资周期　　　　　　　　　　/181
　　　总　结　　　　　　　　　　　/184
第 7 章　**有待回答的问题**　　　　　　　**/186**
　　　理解信贷周期　　　　　　　　/187
　　　预　期　　　　　　　　　　　/193
　　　基　础　　　　　　　　　　　/196

附录：证明　　　　　　　　　　　**/199**
参考文献　　　　　　　　　　　　**/225**

第 1 章
2008 年全球金融危机

2008 年全球金融危机是美国现代史上最具有戏剧性的经济事件之一。其特点包括：美国金融体系实际上的崩溃，政府对金融机构的大规模救助，以及深度、持久的经济衰退。尽管 10 年之后美国经济几乎完全恢复，但这次危机向我们提出了关于金融体系脆弱性及其对经济影响的基本问题。在本章中，我们给出关于这次危机的起源、危机本身及其后果的基本描述。

出于以下两个原因，我们首先从 2008 年全球金融危机开始讨论。第一个原因是，这次危机尽管极富戏剧性，但实际上相当典型——与其他危机具有很多基本的共性。这次金融危机起源于住房市场泡沫，该泡沫在很大程度上是由抵押贷款支撑起来的。抵押贷款的扩张不仅导致美国家庭的杠杆高企，也导致暴露于住房市场风险的银行和其他金融机构的杠杆高企。从 2006 年开始的住房市场泡沫破裂直接导致这次金融危机：住房市场泡沫破裂导致抵押贷款违约，银行资产价值的暴跌，金融机构的亏损，甩卖式的资产清算，巨大的经济困境。

　　密切关注这次危机的第二个原因是，2008年全球金融危机发生的时间很近，并得到学界、媒体和政策制定者如此多的探究和讨论，我们非常了解各事件发生时各类市场参与者当时在想些什么。在价格迅猛上涨的住房市场中，申请抵押贷款购买住房的家庭的信念是什么？住房价格上涨时，商业银行、投资银行和保险公司大量暴露于高度杠杆化的抵押贷款风险敞口的原因何在？自2007年夏开始当住房市场泡沫的破裂日益明显时，投资者和政策制定者的信念又是什么？为什么雷曼兄弟倒闭是彻底改变人们对市场和经济的信念的关键事件？对于2008年全球金融危机，我们拥有足够的数据来回答关于这些可观测行为背后的信念和预期方面的问题。

　　本章概述了与2008年全球金融危机有关的基本事实，第2章则会重点讨论在这次危机中市场参与者的信念。余下各章则会从原理上给出我们对这些问题的看法。本书旨在解释历史事件，为此我们必须从大家公认的事实出发。

住房市场泡沫和住房金融体系

　　对于2008年全球金融危机的每种说法，都要先提到住房市场的过度繁荣。例如，罗伯特·希勒（Robert J. Shiller）认为，在20世纪90年代中期之前的100年间，经通货膨胀调整后的美国住房价格只是适度上涨。但是，图1.1表明，美国实际住房价格在自1996年开始的10年间翻了一番。在美国一些住房供给缺乏弹性的地区，比如重点城市，住房价格的上涨甚至更为迅猛（Saiz, 2010）。图1.1

也展示了美国实际住房价格在这一长达 10 年的显著上涨后，接下来在 2006 年开始下跌，并在 2007 年加速下跌。在 2006—2010 年这 5 年内，美国住房价格基本跌去了 1996 年后 10 年间的上涨幅度。

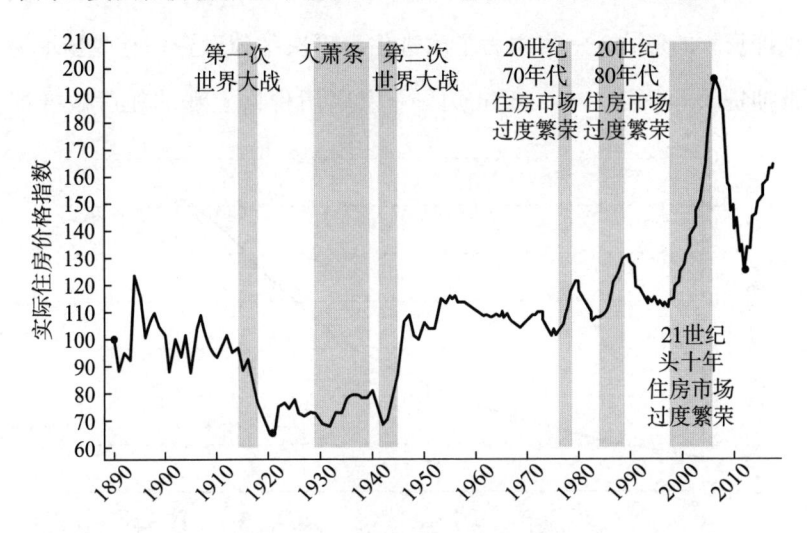

图 1.1　美国历史上的住房价值

经通货膨胀调整，1890 年价值为 10 万美元（1890 年的实际住房价格指数被标准化为 100）的住房，在 1920 年的价值为 6.6 万美元（1920 年的实际住房价格指数为 66），在 2006 年的价值为 19.5 万美元（2006 年的实际住房价格指数为 195），后来又跌至 12.6 万美元（实际住房价格指数为 126）。

注：图中为罗伯特·希勒给出的美国的实际住房价格指数（即美国普通现有住房经通货膨胀调整后的价格指数）；设定 1890 年的指数为 100。

资料来源：Shiller, Robert J. 2016. *Irrational Exuberance: Revised and Expanded Third Edition*. Princeton, NJ: Princeton University Press.

在美国，人们主要通过抵押贷款来为自有住房融资，80%～90% 的住房购买价格是由抵押贷款来支付的。如图 1.2 所示，美国住房价格是与家庭债务一起显著上涨的。在家庭债务的增加中，有些来自从未拥有过住房的人购买住房：美国的住房拥有率从 1994 年的 64% 上升至 2006 年末的 69% （Federal Reserve Bank of St. Louis，2017a）；有些来自现有房主换了更昂贵的住房；有些采取的是第二次抵押贷款的形式——房主为了改进住房再次举债融资；有些显示为抵押贷款再融资（refinancing）[†]——家庭用价格上涨的住房做抵押

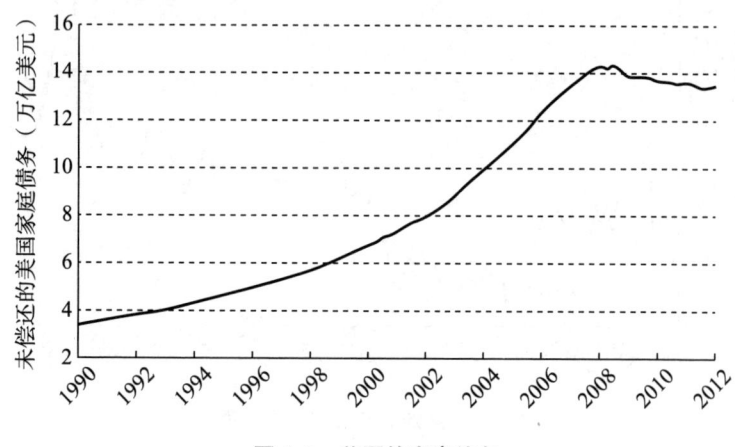

图 1.2 美国的家庭债务

注：图中为未偿还的美国家庭债务总额。

资料来源：Board of Governors of the Federal Reserve System. 2017. "Debt Outstanding, Domestic Nonfinancial Sectors, Households—LA154104005. Q: 1945—2017." December. https://www.federalreserve.gov/releases/z1/default.htm.

[†] 作为抵押物的房地产，其价值往往会随着时间的推移而上升，房屋贷款余额则会随着借款人持续分期偿还贷款而减少。当抵押物价值高于贷款数额时，借款人可通过申请一笔新的贷款还清现有房贷，并将房产价值套现从而套利。再融资是放贷银行面临的房地产抵押贷款早偿风险的一种来源，进行再融资的借款人过多将导致银行房贷业务亏损。值得注意的是，造成再融资的原因不一定是投机性的，其随借款人类型和市场环境有所不同；投机性的再融资往往在市场利率较低时更容易发生（因为此时债务的价值降低，再融资更容易获利），而家庭也可能因为换新房等原因需要进行再融资。系统性再融资的发生将导致银行房贷业务面临一定的损失。——译者注

而借入金额更高的抵押贷款，从而"套现"，甚至利用一部分住房净值（housing equity）。最后一点也很重要，美国住房市场过度繁荣的一个主要特征是：投资者出于投机目的而购买多套住房，希望当住房价格上涨时再转售给别人（DeFusco，Nathanson，and Zwick，2017）。由于上面的这些原因，美国的家庭债务从 1998 年的 5.7 万亿美元增加到 2008 年末的 14 万亿美元，同期，家庭债务与家庭收入的比率从 0.9 左右上升到 1.3，的确是巨量的增加（Board of Governors of the Federal Reserve System，2017；Federal Reserve Bank of St. Louis，2017b）。

值得关注的是 1998—2008 年这 10 年间美国住房金融体系的另外两个特征。第一个特征是，原先因信用评分很低而不能取得抵押贷款的许多美国家庭，在 1998—2008 年这 10 年间能够取得抵押贷款。以前，这样的次级抵押贷款（又称"次贷"）的占比不到 10%。如图 1.3 所示，在 2004—2006 年在美国住房市场繁荣达到顶峰时，按美元价值计算，次级抵押贷款占到当年发放的抵押贷款的 1/5～1/4。美国家庭在 2006 年获得了 6 000 亿美元的次级抵押贷款，在 1998—2008 年这 10 年间次级抵押贷款总计超过了 2 万亿美元。由于次级抵押贷款最终以很高的概率违约，所以其在对危机的解释中起着至关重要的作用。

图 1.1 至图 1.3 描述了极端金融脆弱性的基本元素。当住房价格下跌至少 30%，并且房主的借款占到住房价格的 80% 或 90% 时，对于许多美国家庭来说，其住房净值最终为负，从而会在抵押贷款上

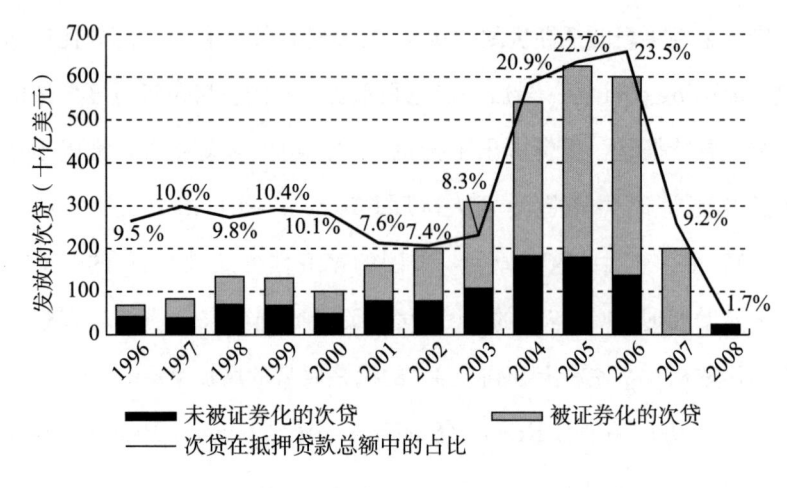

图 1.3 美国发放的次级抵押贷款

注：图中为 1996—2008 年美国每一年被证券化的（securitized）和未被证券化的（non-securitized）次级抵押贷款及其总额即美国总的次级抵押贷款在美国当年的抵押贷款总额中的占比。

资料来源：Financial Crisis Inquiry Commission, 2011. *The Financial Crisis Inquiry Report: Final Report of the National Commission on the Causes of the Financial and Economic Crisis in the United States*. Washington, D. C.：U. S. Government Printing Office.

违约，在遭遇失业等财务困境时尤其如此。即使这些美国家庭没有失去住房，其支出能力也大幅下降。当房主延迟偿还抵押贷款或者违约时，持有这些抵押贷款的投资者就会亏钱。重要的问题是，当这么多财富被毁，并且这些财富由高杠杆的法人实体拥有时，这又会对美国的金融体系和经济造成怎样的影响。

为了回答关于 2008 年金融危机的这个问题，需要对美国住房金融体系的第二个特征，即证券化加以说明。证券化是美国住房市场繁荣时期抵押贷款的主要特征，通过证券化，抵押贷款被打包，通过金融工程被转化为可交易的证券，这样银行就实现了对这些贷款的出表。经过让人叹为观止的金融创新，这些可交易的证券大部分被视为极其安全。由此，证券化造成杠杆的大幅提高，大大增加了金融体系的脆弱性。

证券化

在这一时期的美国，银行或其他金融中介可以采用以下三种方式之一来处理发放的抵押贷款。第一，把抵押贷款作为一项资产继续留在自身资产负债表上。第二，把抵押贷款卖给政府支持企业（GSE），即"房利美"和"房地美"（又称"两房"）——其负债有美国政府的隐性担保。发放抵押贷款的银行大量采用这种方式，但房利美和房地美通常只买入合规（总金额不太大，风险不太高并且材料齐全）的抵押贷款。房利美和房地美有时会把买入的这些抵押贷款作为资产继续留在自身资产负债表上，但更常见的是将其证券化，后面我们将对此进行具体的描述。第三，将抵押贷款卖给私人投资银行，后者将其证券化后再卖给投资者，这就使得投资者成为抵押贷款违约风险的最终承担者。

尽管包括车贷和学生贷在内的各种贷款都能进行证券化，但证券化增长速度最快的还是住房抵押贷款市场。这种证券化操作包括两步，即打包（pooling）和分级（tranching），通过这两步最终形成住房抵押贷款支持证券（MBS）。打包是指由多项单独的住房抵押贷款构建一个住房抵押贷款组合或者抵押贷款池，通过分散化来对冲单项住房抵押贷款之间不相关的风险从而获得安全保障。分级是指基于住房抵押贷款池,根据不同的优先级创造出不同的索偿权。这意味着,根据资产池中的住房抵押贷款发生违约或者延迟偿付的程度,现金流损失将首先由劣后级承担,在劣后级完全亏损后,再把损失配置给优先级。分级操作为优先级较高的 MBS 提供了额外的安全垫。打包和分级相结合的思路有力地降低了风险,使得优先级 MBS 几乎被视为百分之百安全。证券化尽管在住房市场繁荣期并未被创造出来,但在新的 MBS 产品创造中达到了前所未有的规模,既包括政府支持企业发行的 MBS(agency MBS),也包括私人部门发行的 MBS(private-label MBS)。

对于这一时期美国对证券化产生巨额需求的确切原因,目前还存在很多争论,但根源必定是投资者对安全资产的庞大需求。这一需求一部分来自国外,特别是具有高储蓄水平的亚洲国家的投资者,他们在这一时期把万亿级的美元投入了美国市场(Bernanke et al., 2011)。还有一些需求来自财富日益增加的美国家庭和公司,他们以安全资产的形式持有一部分财富。证券化通过生成 AAA 级的优先级 MBS 满足了这一需求。据估算,60%或以上以美元价值衡量的 MBS 经过这一过程最终被评为 AAA 级(Fitch Ratings,2007)。相比之下,按美元价值计算,只有约 1%的公司债被评为 AAA 级(Fitch Ratings,2007)。

人们也许会问证券化所生成的劣后级 MBS——被设计用来最先承受资产池中部分抵押贷款违约损失的 MBS——该何去何从。其中一些劣后级 MBS 由金融中介自持,从而由它们自己承担住房抵押贷款的集中风险。但更多的情况是，这部分劣后级 MBS 被进一步证券化，创造出所谓的担保债务凭证（CDO）。具体来说，金融中介把劣后级 MBS 收集起来另行打包后再进行分级，生成具有不同级别索偿权的证券。惊人的是，优先级 CDO 的评级也是 AAA 级。在 2005 年前后，按美元价值计算，接近 70% 的 CDO——并非只由原始住房抵押贷款生成的 MBS，还包括由劣后级 MBS 生成的 CDO——被评为 AAA 级。CDO 最终被金融机构大量持有，在 2008 年全球金融危机中成为金融机构亏损的主要来源。

对证券化产品的需求同时由准公共部门和私人部门的供给来满足。政府支持企业把合规的住房抵押贷款证券化为政府支持企业 MBS，一部分向市场出售，一部分留在表内。由于有隐性的政府担保，政府支持企业 MBS 被视为美国国债的近似替代品。更进一步，私人投资银行也利用抵押贷款证券化的手段，将其持有的风险更大的次级抵押贷款作为抵押品，更大程度地转化为 AAA 级的私人部门 MBS。被评为 AAA 级的依据不是政府担保，而是评级机构所采用的违约模型。

2005 年前后，证券化达到了令人难以置信的体量。截至 2007 年，除了有超过 2.5 万亿美元的私人部门住房抵押贷款支持证券（RMBS）外，还有超过 4 万亿美元的政府支持企业 MBS。2006 年证券化达到了顶峰，私人部门 RMBS 发行额超过了 1.2 万亿美元，远远超过公司债的发行额。更为惊人的是，在这些证券化产品中，绝大部分底层资产是次级住房抵押贷款，其风险往往高到不符合政府支持企业的购买标准。如图 1.3 所示，2006 年美国发放的次级住房抵押贷款中约有75%被证券化——近5 000亿美元的次级住房抵押贷款被打包、分级后形成AAA级MBS。

除了发行额巨大之外,证券化还因以下三个突出的原因而在2008年爆发的全球金融危机中扮演举足轻重的角色。第一,是次级住房抵押贷款的信贷扩张推动了住房市场泡沫,还是住房价格上涨通过提高抵押品价值推动了信贷扩张,这是一个"先有鸡还是先有蛋"的问题。一方面,越来越多的证据表明,信贷宽松对住房价格有影响——对支持这一观点的大量研究的综述参见Mian和Sufi (2017);另一方面,在利率极低的21世纪初期,在次级住房抵押贷款大规模扩张之前,住房价格已开始上涨,并且可能造成了抵押品增值和信贷扩张,因此,住房价格也可能是信贷扩张的原因。我们认为,最恰当的结论是住房价格上涨和信贷扩张是相互增强的。

第二,对证券化产品的需求助长了次级住房抵押贷款市场中的欺诈和其他可疑的做法,包括对借款人的收入、信用评级、首付款以及其他可能信息的虚报等(Keys et al., 2010; Bubb and Kaufman, 2014; Piskorski, Seru, and Witkin, 2015; Mian and Sufi, 2017)。关于对MBS的需求是否造成了上述虚报行为还存在很多争论。金融危机的爆发在多大程度上可以归因于这种欺诈行为,又在多大程度上可以归因于住房价格下跌,仍然是一个有待回答的问题。

第三,证券化产生了严重的风险错配,在我们看来这是问题的关键。包括金融机构、对冲基金、主权基金和货币市场基金在内,投资者之所以买入AAA级MBS或CDO,是出于偏好或监管的原因需要安全资产。当住房价格开始下跌，同时 AAA 级 MBS，特别是 AAA 级 CDO 失去价值和 AAA 级信用评级时，这些投资者不仅亏了钱，而且最终持有了其不愿持有或由于监管的原因不能持有的证券。这使得他们卖出这些证券，导致证券价格暴跌。风险错配是第 3 章给出的模型的主要特征。

上述讨论总结了由于住房市场繁荣，哪些证券被发行，以及这些证券是如何被估值的。那么，是谁买了这些证券，他们又是如何支付的呢？

MBS 的买方

有关私人部门 MBS 持有人的数据很难找到，不过，商业银行、对冲基金、投资银行和其他利用杠杆的金融中介看起来是这些 MBS 的主要买方。这些投资者会把一些 MBS 留在表内。此外，银行与其他金融中介会设立独立的法人主体，即所谓的结构性投资工具（structured investment vehicle，SIV）来买入私人部门 MBS。SIV 主要（但并非全部）买入 AAA 级 MBS 或 CDO 作为自身的资产，然后发行短期债务来为资产融资。这些短期债务通常采取资产支持商业票据（ABCP）的形式，每过几周需要展期。只要货币市场基金或者资产支持商业票据的其他买方愿意展期，设立 SIV 的银行就将赚取 SIV 的资产收益与短期融资成本的利差。此外，银行通常会为 SIV 提供资金担保，以防资产支持商业票据资金流中断。不过，银行由于提供这种担保以及表外风险敞口，被要求持有的监管资本金，比其直接在表内持有这些资产被要求持有的监管资本金要低得多。在金融危机期间，SIV 成了这些银行的大麻烦，它们最终在 MBS 和 CDO 的价格暴跌时吸收了 SIV 的损失（Acharya, Schnabl, and Suarez, 2013）。

国际货币基金组织（IMF）估计，在金融危机爆发之前，美国银行买入了 1.5 万亿美元的 RMBS，以及 1 960 亿美元的 CMBS（商业地产 MBS，约占当时未清偿额的 20%）。银行持有的 CDO（尤其是劣后级）占比更大，约达 25%。Erel、Nadauld 和 Stulz（2014）估计在金融危机达到顶峰时，高达 2 500 亿美元的私人部门 MBS 由 SIV 持有，而 Krishnamurthy、Nagel 和 Orlov（2014）指出，40% 的私人部门 AAA 级 MBS 由 SIV 持有。这还没有包括基于未证券化的住房抵押贷款和商业地产的其他房地产风险敞口。

在主要的商业银行和投资银行，它们资产负债表上资产的增加体现为杠杆率的提高。Greenlaw 等（2008）指出，截至 2007 年，三大投资银行（高盛、摩根士丹利和雷曼兄弟）净资产占总资产的比重均降至 3%～4%。对于商业银行和投资银行来说，杠杆率的提高与资产的增加同时发生是更为普遍的现象，而并不仅仅发生在这段时间（Adrian and Shin, 2010）。

总而言之，对有潜在高风险的住房抵押贷款进行证券化以及高杠杆金融机构对这些证券的大量风险敞口，都将金融泡沫破裂的风险集中到了金融中介。

压力之下的金融体系

正如我们在图 1.1 中所看到的，美国的住房价格在 2006 年年中达到顶峰，此后开始下跌。这一下跌传染至整个金融体系。不出所料，住房价格的波动首先表现为次级抵押贷款违约率的快速上升（如图 1.4 所示）。2006 年，次级抵押贷款的年违约率仅为 2%，进一步支撑了 AAA 级所暗含的安全性及次级 MBS 和 CDO 的定价合理性。2007 年，次级抵押贷款的年违约率翻一番至约 4%，最终在 2008 年和 2009 年上升到 16%，这一违约水平在 2006 年和 2007 年发行的次级抵押贷款中达到了最高值。不出 5 年，在这些年份发行的次级抵押贷款中，有近 1/3 都违约了。

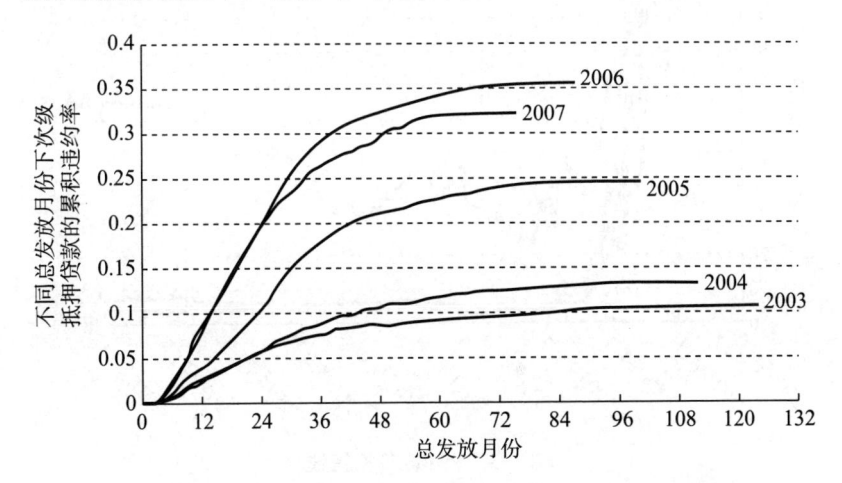

图 1.4　不同总发放月份下次级抵押贷款的累积违约率

注：图中为 2003—2007 年间在 5 个不同年份所发放的次级抵押贷款在自发放后到 2013 年的不同总发放月份下的累积违约率。当某项次级抵押贷款所基于的抵押品——该项次级抵押贷款的借款人通过该项贷款所购入的房地产——存在被取消抵押品赎回权的迹象时，只要该项次级抵押贷款之后未足额偿还，就视其违约。

资料来源：Palmer, Christopher J. 2015. "Why Did So Many Subprime Borrowers Default during the Crisis: Loose Credit or Plummeting Prices?" Working paper, University of California-Berkeley, Berkeley, CA, September. http://faculty.haas.berkeley.edu/palmer/papers/cpalmer-subprime.pdf.

次级住房抵押贷款违约一开始时导致劣后级 MBS 的价格暴跌。正如关键的图 1.5 所示，AAA 级以下 MBS 的价格截至 2007 年年中已经大幅下跌。但从 2007 年夏直至 2007 年年末，次级住房抵押贷款的高违约率也引起了 AAA 级优先级 MBS 的价格下跌。最终，次级 RMBS 的劣后级变得基本上毫无价值，而优先级的价格在 2009 年开始回升之前跌到低至最初价格的 1/3。

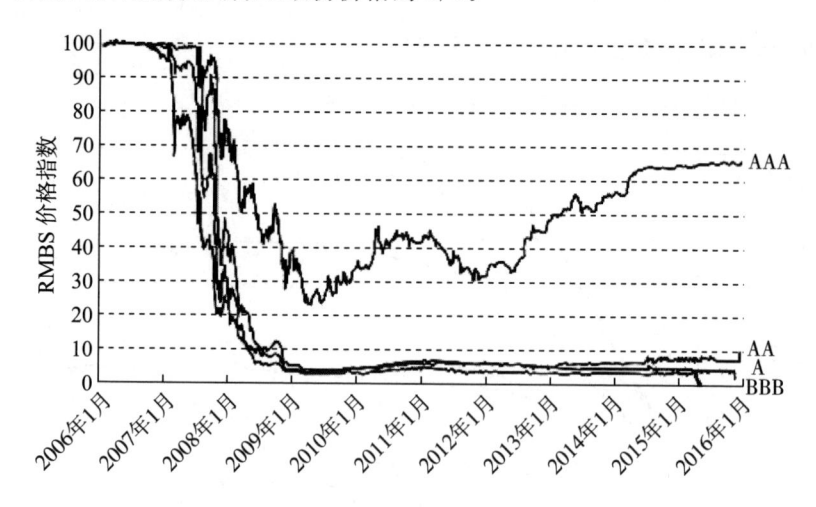

图 1.5　RMBS 价格指数

注：图中为埃信华迈 ABX 住房权益指数（ABX. HE），该指数反映了具有不同信用评级的 RMBS 的市场表现。

资料来源：Markit. 2017. "ABX Home Equity Index（ABX. HE）：2006—2017." Accessed August 15, 2017. https://ihsmarkit.com/products/markit-abx.html.

一旦 AAA 级 MBS 的价格开始下跌，金融体系几乎立刻承压，截至 2007 年暮春，尤其是 2007 年 8 月，人们开始感受到这种压力。金融机构不再发放次级住房抵押贷款，也不再基于这些抵押贷款创造次级MBS。2007年4月，头部的次级抵押贷款发行机构"新世纪"（New Century）申请破产保护；6月，投资银行贝尔斯登暂停了向其持有MBS的基金的赎回；7月，次级抵押贷款的主承销商全国金融公司（Countrywide Financial，最终于2008年1月被收购）做出"陷入困境"预警。银行间同业拆借利率飙升。更令人担忧的是，MBS的价值下跌给金融机构，尤其是SIV为持有MBS而进行的短期融资带来了巨大压力。正如图1.6所示，2007年夏资产支持商业票据市场崩盘，因此，SIV没有其发起者的注资就不能继续持有MBS。SIV必须获得发起者注入的流动性，否则，它们就要清算其MBS仓位。

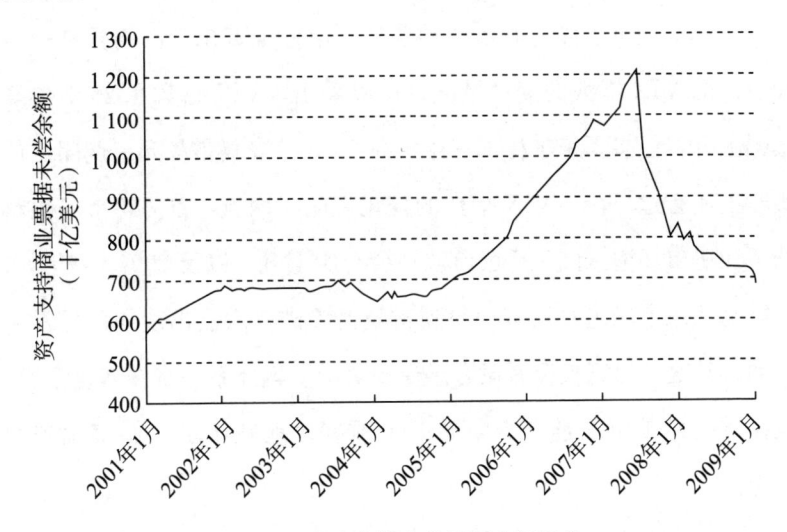

图1.6 资产支持商业票据市场崩盘

注：图中为资产支持商业票据未偿余额。

资料来源：Federal Reserve Bank of St. Louis. 2017c. "Asset-backed Commercial Paper Outstanding—DTBSPCKAM：2001—2017." Board of Governors of the Federal Reserve System. https://fred.stlouisfed.org/series/DTBSPCKAM。

美联储对金融市场出现的问题做出了回应。自2007年末开始，美联储通过削减利率、提供流动性以及安排对问题金融机构的收购，积极地进行了干预。对于此后全球金融危机爆发至关重要的一点是，美联储将金融市场出现的问题视为流动性短缺问题，即银行和SIV难以对其发行的为MBS融资的短期债务进行展期。这些短期债务需要流动性保证或者被替换。降低利率、为寻求流动性的金融机构提供有抵押的贷款，以及由运营相对良好的金融机构进行收购来救助困难金融机构，这些做法的综合运用看似在2008年初稳住了美国的金融体系。

图1.7展示了描述股市波动预期（由标准普尔500指数期权所反映）的VIX指数的变动情况。可以看出，VIX指数在2007年夏大幅上升，但接下来平稳了一年，在2008年春夏雷曼兄弟倒闭之前实际上还有过下降。VIX指数的变化说明了两点：首先，市场预料到了住房市场泡沫破裂后股市波动会有所上升，以及2007年夏会出现震荡，但市场绝对没有预料到雷曼兄弟破产后会出现如此异常的波动；其次，尽管投资者没有感受到美国金融体系一直在恢复正常，但在雷曼兄弟倒闭前，美联储的干预有效地减小了人们察觉到的风险。

2008年2月底，在芝加哥大学主办的一次有多位美联储官员出席的会议上，Greenlaw等（2008）一文的作者报告了这篇有先见之明的文章，该文不仅指出了短期融资市场中存在的严峻压力，而且重点讨论了银行所面临的住房抵押贷款损失。该文的作者指出，估计

图 1.7 VIX 指数

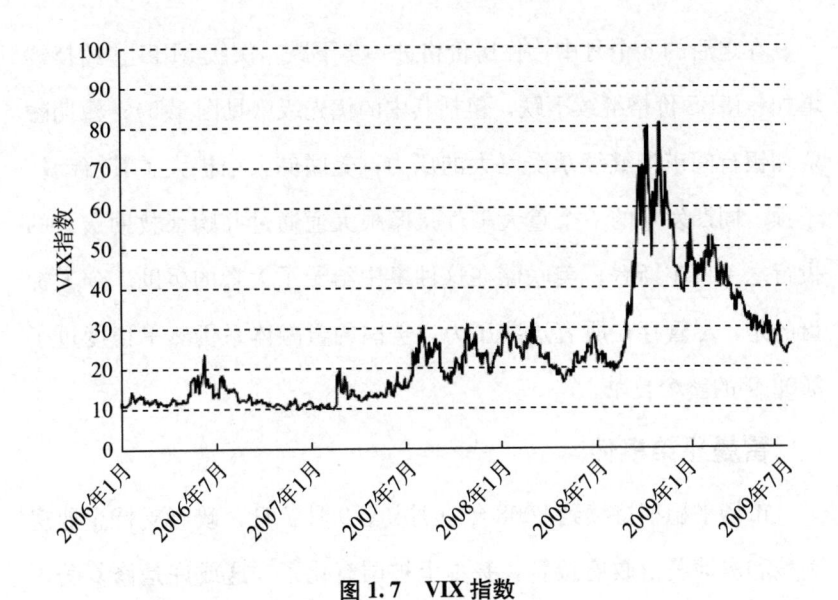

注：图中的芝加哥期权交易所波动性指数（VIX）反映了对股市波动的预期，该指数是根据标准普尔 500 指数期权计算出来的。

资料来源：Federal Reserve Bank of St. Louis. 2017d. "CBOE Volatility Index：VIX—VIXCLS：1990—2017." Chicago Board Options Exchange. https://fred.stlouisfed.org/series/VIXCLS.

表明，截至 2007 年底，住房抵押贷款损失达 2 500 亿美元，而且在极坏的情况下预计住房抵押贷款总损失将高达 5 000 亿美元。该文的作者还相当准确地预言，这样严重的损失会导致短期融资停止，从而必须通过甩卖来变现 MBS 组合，致使进一步的价格下跌和金融中介的资产负债表恶化。他们提醒道，如果不追加资本金，美国金融体系面临的将不仅仅是流动性短缺，更严重的是失去偿付能力。这在他们看来对银行贷款和美国经济构成了严重的威胁。

在之后的 6 个月中，住房价格进一步下跌，次级 MBS 违约持续增加，MBS 价格继续下跌，包括其中的优先级（见图 1.5）；短期融资和银行间市场继续承受巨大的压力；美联储大幅扩大了其流动性干预。同期发生的一个重大事件是摩根大通通过并购来救助最大的投行之一贝尔斯登，美联储在这件事中给予了大量的援助。令人惊讶的是，尽管存在所有这些压力，美国的金融体系仍然平稳度过了 2008 年的整个夏季。

雷曼兄弟事件

市场平稳期持续到 2008 年 9 月初。9 月 7 日，政府支持企业房利美和房地美由政府接管，基本上被国有化了。这或许是修复美国金融体系的最重要的一步，但这一步来得太晚了。在 2008 年 9 月 13—14 日这个周末，美联储和美国财政部未能成功组织对最大的投行之一——雷曼兄弟的救助，致使其在 2008 年 9 月 14 日宣告破产。据称，自对贝尔斯登进行救助以来，雷曼兄弟面临基于 MBS 和房地产的大量风险敞口，出现了流动性不足，乃至可能资不抵债，这样的谣言流传了好几个月（Sorkin, 2009）。但普遍的看法是：雷曼兄弟大而不倒，美国政府会安排一家更大且运营良好的银行对其进行收购，或者将其拆分，至少也要提供流动性担保来对其进行救助。毕竟，和贝尔斯登相比，雷曼兄弟更大并且金融关联度更高。

可是，美国政府没有救助雷曼兄弟。关于不救助雷曼兄弟的原因一直存在争议。美国财政部长亨利·保尔森指责英国政府不批准英国银行巴克莱在 2008 年 9 月 13—14 日这个至关重要的周末对雷曼兄弟进行收购。而当时许多人认为,雷曼兄弟的高层过于傲慢且脱离实际,未能更早地将雷曼兄弟出售给银行,这才致使财政部长亨利·保尔森大发雷霆,想给他们一个教训(Sorkin,2009)。但无论是在这个周末之前还是就在这个周末,亨利·保尔森都坚持认为,道德风险已经发展到了猖獗的地步,和贝尔斯登不同,美国政府不会出一分钱来促进对雷曼兄弟的收购,这可能打消了一些有意收购者的念头。亨利·保尔森和其他政府官员面临来自国会的不救助雷曼兄弟的强大政治压力。

在这些理由中究竟哪一个在这个至关重要的周末起到了主导作用我们不得而知,但当几周后雷曼兄弟的倒闭引发美国金融体系的崩溃成为现实时,主要政策制定者给出了一个解释:在拯救雷曼兄弟这件事上,无论是在它被第三方收购时购买它的部分资产,还是为它提供流动性担保,美联储都没有法定权力,因为美联储能这样做的前提是美联储确信雷曼兄弟尚未出现资不抵债。美联储官员没有这样的把握,正因如此,他们不能救助雷曼兄弟。正如当时的美联储主席本·伯南克后来所言,对于雷曼兄弟,"我们已竭尽全力"(Bernanke,2015)。

劳伦斯·鲍尔(Laurence Ball)在 2018 年对这一解释提出了质疑。他认为,法律是模糊的,而美联储和美国财政部的官员没付出多少努力去弄清楚雷曼兄弟是否可以被合法救助。事实上,政府连续数月都坚称不会为救助雷曼兄弟花一分钱。他指出,政府没有救助雷曼兄弟的法定权力这种说法是在灾难开始显现之后被杜撰出来的。雷曼兄弟刚一破产，美国最大的保险公司——美国国际集团（AIG）——就被政府救助了，而政府对AIG偿付能力的担忧应该和对雷曼兄弟一样真实存在，这在一定程度上支持了鲍尔的看法。鉴于对事实的记录不完整，我们很难确切地获知真相，也许永远也不会知道真相。但雷曼兄弟倒闭的影响的确极大。

雷曼兄弟倒闭震惊了金融市场，其影响显然出乎投资者和监管者的意料。雷曼兄弟倒闭导致股市在2008年9月15日这个周一下跌了500点，并触发了对金融机构的一系列重大救助。如图1.7所示，度量波动性认知的VIX指数飙升。美国政府在选择不救助雷曼兄弟的同时，除了安排对大型保险公司AIG（其大量出售对冲MBS违约风险的保险产品）进行救助外，还安排了由美国银行收购以救助美林这家比雷曼兄弟更大的投资银行。在这两起救助事件中，燃眉之急都在于债权人提高了抵押品需求，一部分源自对AIG和美林偿付能力的担心。

雷曼兄弟倒闭使美国陷入历史上仅次于大萧条的第二大金融危机。金融市场混乱不堪，除非有政府债券做抵押，否则短期融资基本完全中断。图1.8表明，大量的货币市场基金投资从所谓的优选基金（prime funds）[†]——为雷曼兄弟之类的投资银行持有MBS提供短期融资——被再配置给了投资美国国债的货币市场基金。几

[†] 优选货币市场基金即优先货币市场基金，是投资于非国债的货币市场基金。——译者注

周之内，当投资者转向安全资产（政府债券）而逃离其认为不再安全的资产时，约 5 000 亿美元的活期储蓄撤出了优选货币市场基金。

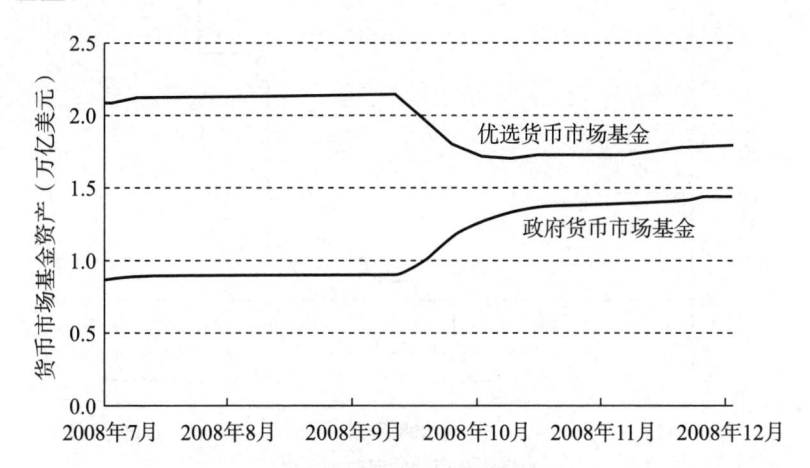

图 1.8　货币市场基金资产

注：图中展示了投资者如何从为持有 MBS 的机构提供融资的优选货币市场基金逃向政府货币市场基金。

资料来源：Investment Company Institute. 2008—2012. "Weekly Money Market Fund Assets." www.ici.org/research/stats.

图 1.9 展示了关于回购（回购即以证券作为抵押品的隔夜贷款）折扣率（haircut）的事实。接近 0 的折扣率意味着，以 1 美元证券作为抵押品，债权人愿意提供约 1 美元的隔夜贷款；40% 的折扣率意味着，以 1 美元证券作为抵押品，债权人只愿意提供 60 美分的隔夜贷款。显然，为持有 MBS 的机构提供短期融资的市场条件严重恶化，这意味着若没有大额资本金的投入，就不能继续持有 MBS。

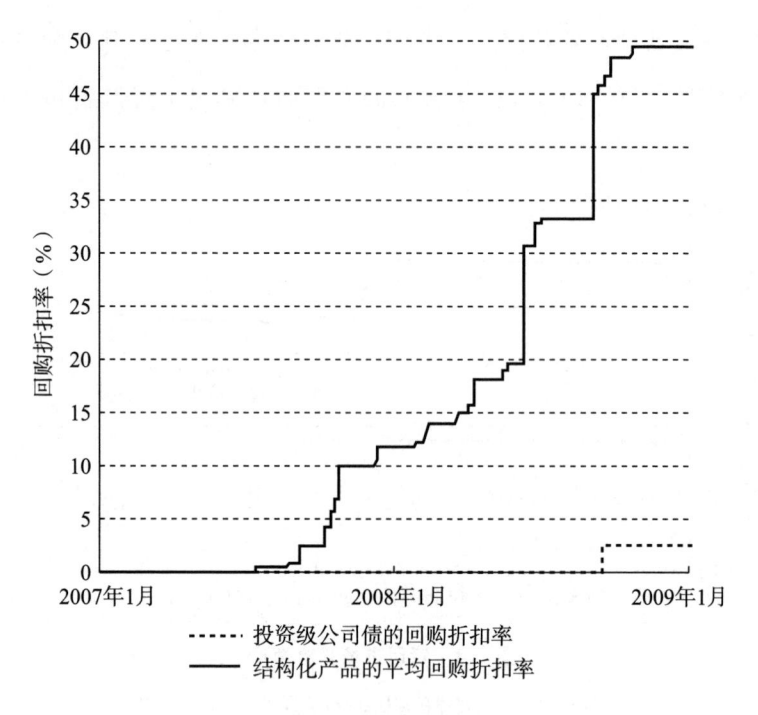

图 1.9 回购折扣率

注：图中给出了结构化产品双边回购的折扣率和投资级公司债的回购折扣率。

资料来源：Gorton, Gary B., and Andrew Metrick. 2010a. "Haircuts." *Federal Reserve Bank of St. Louis Review* 92 (6): 507–519.

雷曼兄弟事件为何如此关键？雷曼兄弟本身肯定毫无特殊之处。如果破产的是 AIG 或美林，我们会看到同样的市场崩盘。所以，在雷曼兄弟事件中，真正令投资者和政策制定者为之震惊的信息到底是什么？市场和政策制定者得知了什么他们之前不知道的？这个消息当然不是雷曼兄弟深陷泥潭，因为这已经众所周知数月——事实上，政策制定者近半年的时间一直在公开尝试说服雷曼兄弟与另一家公司合并；这个消息也不是住房市场泡沫正在破裂，因为到2008年9月这一消息也已经过时；这个消息也不是金融机构正在亏损上千亿美元，因为这在当时也已广为人知。

市场似乎从雷曼兄弟申请破产中获知了两件事。一是美国政府会让一个具有系统性影响的金融机构破产。尽管美国财政部长亨利·保尔森反复强调并大力宣称不会再有政府救助，市场却不太相信他。大多数投资者认为政府的态度会有所松动。讽刺的是，雷曼兄弟破产后，美国政府在救助政策上来了个急掉头。

二是在那个生死攸关的周末，人们开始确信美国的金融体系陷入了难以控制的崩塌。投资者，可能还有监管者，意识到那些面对上千亿美元损失的金融机构是高度相互依赖的，这既因为它们之间有复杂的衍生品和其他合约，也因为它们持有类似的资产。雷曼兄弟倒闭加快了寻求补充自有资本和流动性的投资者对衍生品合约的清算以及对资产的出售。这一过程重新点燃了资产甩卖的燎原之火，使得美国金融体系的坍塌更加难以阻止。在雷曼兄弟倒闭前的记录中，几乎没有什么证据表明政策制定者充分意识到了将被释放出来的波及整个金融体系的资产变现压力。

为了应对安全资产价格的快速下跌以及短期融资的消失，商业银行和投资银行不得不甩卖资产来偿付债权人。这样的资产甩卖行为导致MBS的价格进一步下跌，商业银行和投资银行更加需要将资产变现，这正是Greenlaw等（2008）所精确描述的2008年2月的恶性循环。图1.10对第3章的分析非常关键，它展示了AAA级

MBS 在 2008 年 1 月到 2013 年 1 月价格恢复这段时间内的价格波动模式。自 2008 年初到 2009 年春，安全级 MBS 的价格暴跌了几近 70%，在接下来几年中也只回升了 120%。这一图形看上去就是经典的资产甩卖模式，其中价格变动呈现出典型的 V 形。[①]

图 1.10 对 RMBS 的甩卖过程

注：图中 AAA 级 RMBS 价格指数（由 ABX. HE RMBS 指数来反映）呈现出经典的资产甩卖模式。

资料来源：Markit. 2017. "ABX Home Equity Index（ABX. HE）：2006—2017." Accessed August 15, 2017. https://ihsmarkit.com/products/markit-abx.html.

通过重组金融机构、注入资本、安排收购以及提供由风险资产做抵押的贷款，美联储和美国财政部积极应对雷曼兄弟倒闭所造成的负面影响，最终买入了上千亿美元的政府支持企业 MBS 并将其纳

[①] Merrill 等（2014）对一个风险敞口受到严格监管的保险公司买卖 MBS 的数据集进行了分析，发现了该公司对承压的 MBS 进行甩卖的直接证据。

入美联储的资产负债表。这最终在 2009 年春之前稳住了美国的金融体系，这确实是使美联储和美国财政部理应得到褒扬的非凡成就。这样的成就不该被低估，不难想见，如果问题没得到解决，美国的金融体系和经济将会陷入数十年之久的颓势。

但大规模的破坏已经形成。美国经济陷入了严重的衰退——后被称为"大衰退"，数年都没能恢复过来。在金融危机爆发后的 10 年内，相对于经济趋势的产出损失据估计达 2 万亿美元。住房价格持续下跌；建筑业基本停止发展且持续停滞不前，时间比其他部门要长。失业率则在 2009 年 10 月达到 10% 的至高点（U. S. Bureau of Labor Statistics，2012）。

许多研究探究了金融危机与大衰退之间的因果关系。大量的证据支持了其中两种机制。第一种机制是标准的银行贷款渠道：当银行的资产负债表由于对住房和 MBS 市场的风险敞口恶化时，它们就会缩减对企业和家庭的贷款，这又进一步削减了实物资本投资和耐用品消费。Chodorow-Reich（2014）与 Benmelech、Meisenzahl 和 Ramcharan（2017）等研究支持了这一渠道。第二种机制是家庭债务渠道：当家庭失去在住房上的权益乃至对抵押贷款违约时，它们会削减支出，从而加重经济衰退。一系列令人信服的研究（Mian and Sufi，2009，2011，2014a）考察了这一渠道，并在 Mian 和 Sufi（2014b）一书中有精彩的总结。他们认为即使没有发生金融危机，美国经济也会经历严重的衰退，因为美国家庭在住房价格暴跌后损失了太多的财富。还有一些证据表明，公司的损失也是造成大衰退的原因之一（Giroud and Mueller，2017），但这些关于公司的证据不如关于金融机构和家庭的证据那样显著。

金融体系所遭受的损失

估计金融体系所遭受损失的数额和发生时点是有用的。这有助于回答市场崩盘是否在雷曼兄弟倒闭前就可预见这一关键问题，也有助于量化令金融机构几近资不抵债的挤兑和资产甩卖等放大机制的量级。

我们依据 IMF 对美国金融体系所遭受损失的估计，这一估计也使我们能看到损失量级如何随时间推移而变化。早在 2007 年 10 月，IMF 就预测资产支持证券（大部分为 MBS）和 CDO 的所有持有者的盯市（mark-to-market）损失将达 2 000 亿美元。2008 年 3 月，IMF 给出了更详细的估计：全球所有证券（包括公司债）的损失将达 7 200 亿美元，其中一半左右，即 3 400 亿～3 800 亿美元将由银行承担。据 IMF 的估计，银行的损失大部分来自次级 MBS 和 CDO，在银行总损失中有一半的损失将由美国银行承担——大致 2 000 亿美元。这些估计与 Greenlaw 等（2008）描述的基本情景相仿。这种规模的损失对于银行来说应该没有构成生存威胁，但或许会给银行资本金捅一个大窟窿，并严重阻碍银行在未来放贷。

截至 2008 年 10 月，损失估计陡然上升，而这些数字还是 IMF 在资产变现大行其道前所估计的。当时预计的整体损失上升至 9 800 亿美元，银行依然占到一半，差不多 5 000 亿美元。有趣的是，IMF 还预测到了有关 AAA 级 MBS 的巨额损失。与此同时，IMF 还估计银行贷款的减值（与证券的减值分开）高达 3 000 亿美元。如果我们认为银行总损失中有一半来自美国的银行，则可以预测美国的银行的损失合计达 4 000 亿美元。这一损失规模就接近构成生存威胁的临界点了——即使是在雷曼兄弟倒闭的影响遍及美国金融体系之前。

2009 年 4 月，IMF 估计贷款减值规模达 1.07 万亿美元，证券减值规模达 1.64 万亿美元。IMF 还大幅上调了在这些损失中银行所占的份额，这部分是因为 CDO 价格的大幅下跌，而银行大量持有 CDO。具体来讲，IMF 预测银行在贷款上损失 6 000 亿美元，在证券上损失 1 万亿美元。如果取其中的一半作为美国银行的损失，则估计的损失将由 4 000 亿美元上升至 8 000 亿美元。事实上，2009 年 10 月，IMF 估计美国银行在贷款上损失 6 540 亿美元，在证券上损失 3 710 亿美元，合计约 1 万亿美元。

对于上述数据，应该注意以下几点。第一，可以说，对于整个美国金融体系，即使是 1 万亿美元的损失也算不上巨大，因为在没有重大扰动的情况下，在几周甚至几天之内股票市值的变动就可以达到这个数字。不过，这一计算没有考虑到银行的高杠杆率这一重要且显著的事实，哪怕只是几个百分点的资本金损失，也会威胁到它们的偿付能力和运营能力。正如 Chodorow-Reich（2014）与其他研究的有力证明，即便没有生存威胁，对次级贷款的风险暴露也会使得银行大幅缩减贷款发放规模。

第二，我们重点讨论的是美国银行而非其他金融机构和外国银行的损失。然而，由于证券市场是一个整体，各类利用杠杆的投资者同时卖出，证券价格的相应下跌和损失就会影响所有人。尽管我们重点讨论银行，但资产甩卖也导致了多家对冲基金、共同基金甚至保险公司破产。

第三，尽管雷曼事件引发了一次危机，如果没有美国政府的大规模干预，该危机很可能已经摧毁美国的金融体系，甚至是在雷曼兄弟倒闭之前，所预测的损失就不仅数额巨大，而且极大地威胁美国金融机构及美国经济。这些预测的损失对金融机构偿付能力和生存所造成的风险在数月之内不断攀升，我们在阐释有关证据时将会着重强调这一点。

第四，在雷曼兄弟倒闭之前但更多的是在此之后，当短期融资消失时，因为资产甩卖和变现，这些损失变得更加惊人。资产甩卖与恶化的基本面相伴随，解释了为何仅仅针对美国银行所预测的损失就从4 000亿美元增加到高达1万亿美元。事后看来，Greenlaw等（2008）给出的2008年2月的最坏情况比事实还要好一些。

总之，美国经济在此期间所经历的是一场经典的信用危机。显而易见的诱因是住房市场泡沫及其随后的破裂。这样的住房市场泡沫是由住房抵押贷款——大部分被转化为MBS——支撑起来的，这又进一步导致美国家庭和金融机构的杠杆率大幅增长。当住房价格开始下跌，杠杆周期开始启动，进而导致金融体系的大幅损失，资产的变现，以及资产价格的下跌。当美国的金融体系崩溃时，只有大规模的政府干预才能成功使其恢复。

在住房市场泡沫破裂前夕，美国经济（包括家庭和金融机构）

一直承担大量的住房价格风险。然而，市场参与者似乎尚未充分意识到这一风险的严重性，这可以从对 AAA 级 MBS 特别是对这一风险给出极低定价的 CDO 的巨大需求和供给，以及金融部门愿意继续承受对住房价格的大量风险敞口判断出来。事实表明：市场参与者和政策制定者都没有意识到金融机构对住房价格的风险敞口有多大，以及一旦住房价格开始下跌，它们之间的相互依赖性将导致怎样重大的系统性风险。不过，这些仅仅是基于市场行为的印象而已，而非关于信念的直接证据。

在第 2 章，我们将进一步考察不同参与者的观点、模型和预测。这些关于信念的证据除了阐明投资者和政策制定者所做出的选择外，还指出了关键的市场结果。维持住房市场泡沫的到底是什么样的预期？基于有风险的抵押贷款大量发行 AAA 级资产，背后的想法是什么？当 2007—2008 年住房市场泡沫开始破裂时人们持有怎样的信念？市场又为何会保持平稳？为什么雷曼兄弟在触发 2008 年全球金融危机上如此关键？我们的目标是，根据关于市场参与者当时想法的更直接证据来理解金融危机。

第 2 章
他们当时在想什么？

第 1 章描述了当住房市场泡沫破裂时美国家庭、金融机构、投资者和政策制定者所做出的一系列选择，正是这些选择导致了 2008 年全球金融危机。关键是，2008 年发生的各种事件，包括雷曼兄弟倒闭，震惊了投资者和政策制定者。这表明，投资者和政策制定者可能忽略了金融体系中的一些关键风险，比如，抵押贷款大面积违约的可能性，抑或是金融部门面对这些违约事件有多脆弱，或者两者兼有。要评估这种可能性，我们需要问的是：市场参与者做出选择时在想些什么？这个问题是能够回答的，因为 2008 年危机离现在并不久远，而且对这次危机的大量描述使得我们可以更仔细地考察到底发生了什么。而对这一问题做出回答很重要，因为这有助于我们比较和评判有关 2008 年金融危机的几个不同理论。

当然，有关事前信念未预见到 2008 年危机的记录并不足以证明存在判断错误。这种预见错误也许实际上是由于坏运气，而不一定是由于欠佳的推断。尽管如此，本章将证明，被扭曲的信念在 2008

年金融危机的爆发中起到了重要作用。基于这一关于信念的证据，本章末列举了几个用于描述 2008 年金融危机的理论。我们将在第 4 章给出金融市场中存在预期偏差的系统性证据。坏运气不能解释这些可预测的偏差，进而也不能解释雷曼兄弟倒闭这一出人意料的结果。

区分分别对应第 1 章所概述的两组不同事实的两个时期有助于对信念的分析。第一个时期是从 21 世纪初到 2007 年夏，即住房价格上涨与证券化时期。这一时期见证了住房价格的快速上涨和私人部门 MBS 的大量发行；当投资者意识到住房价格在下跌而金融中介遭受短期融资的第一波挤兑时，这个时期就结束了。当时支撑住房价格上涨、抵押贷款融资和证券化的信念到底是什么？第二个时期是从 2007 年夏一直到 2008 年 9 月雷曼兄弟倒闭。为什么花了这么长时间住房市场泡沫破裂[†]才导致金融危机的全面爆发？市场参与者和政策制定者当时在想些什么？特别是在 2008 年 3 月之后，当他们目睹美国金融体系从一开始慢慢瓦解到轰然崩溃时，他们在想些什么？

从 21 世纪初到 2007 年夏的信念演变

先谈谈关于住房价格上涨的信念，这是银行对抵押贷款和证券化产品进行投资的关键决定因素。有关这一时期长期住房价格上涨的预期的数据非常有限。一个极好的资料来源是 Case、Shiller 和

[†] 前面提到过，美国的住房市场泡沫于 2006 年开始破裂。——译者注

Thompson（2012）在美国的四个县所做的问卷调查，这四个县依次是：加利福尼亚州的阿拉梅达、马萨诸塞州的米德尔塞克斯、威斯康星州的密尔沃基和加利福尼亚州的奥兰治。位于加利福尼亚州的阿拉梅达和奥兰治经历了非常快速的住房价格上涨。在这些问卷中，Case、Shiller 和 Thompson（2012）重点通过询问"接下来的 10 年，平均而言，您预期您的房产价值每年会变化多少？"来揭示对长期住房价格增长的预期。在 2008 年之前的 5 年间，阿拉梅达、米德尔塞克斯、密尔沃基和奥兰治这四个县的受调查者预期房产价值的年均变化率依次约为 11.6%、8.1%、9.5% 和 13.2%。这些数字大致与这四个县在开展问卷调查之前所经历的极其快速的住房价格上涨相符，但远高于之后实际实现的长期住房价格上涨比例。从历史上看，美国的住房价格上涨比例一直在强劲地向均值回归（mean reverting），所以这种认为住房价格会持续上涨的预期是不切实际的。[①] 一项更近的研究，即 Kuchler 和 Zafar（2017）发现的相关证据表明美国家庭用本地住房价格上涨的比例来预测全国未来住房价格的增长。

这种预期在行为经济学中非常典型，尽管在新古典经济学中并非如此。因把住房价格的大幅上涨外推至未来，这种预期被称为外推式预期；经历了几年快速的住房价格上涨之后，这种乐观预期会愈发膨胀。这种预期在几乎每一种对住房市场泡沫的合乎经验事实

[①] 其他的有关美国家庭外推式预期的研究包括：Niu 和 van Soest（2014），Armona、Fuster 和 Zafar（2016），DeFusco、Nathanson 和 Zwick（2017）。

的说法中都起到了关键作用，21 世纪初的住房市场泡沫也不例外（Case、Shiller, and Thompson, 2012; Glaeser, 2013; Glaeser and Nathanson, 2017; DeFusco, Nathanson, and Zwick, 2017）。正如后面第 4 章将会指出的，外推式预期对信念的描述相当具有一般性。

但对住房价格的乐观信念是如何转变为美国家庭甚或金融中介杠杆率的快速提高的呢？这一对平均住房价格增长的乐观信念又是如何推动证券化以及 AAA 级 MBS 的大量发行的呢？毕竟，即使有打包和分级带来的安全性好处，投资者也必定是预期住房价格绝不可能大幅下跌，因此抵押贷款基本不会违约，否则不可能有高达 60%～70% 的 CDO 被评为 AAA 级。这种对抵押贷款和 AAA 级 MBS 甚或 CDO 的安全性的信念是证券化和金融中介杠杆率高企的核心。

我们的第一份证据来自一张表格，即图 2.1 所复现的 2005 年 8 月 15 日接近美国住房市场泡沫顶峰时雷曼兄弟在《美国资产支持证券周报》上的报道。这张被 Foote、Gerardi 和 Willen（2012）发现的表，描述了对于一个次级抵押贷款资产池，住房价格增值（HPA）的 5 种情景："暴涨"（aggressive），即在资产池存续期内，每年有 11% 的 HPA——非常接近 Case、Shiller 和 Thompson（2012）所给出的预期；"大涨"（less aggressive），即在资产池存续期内，每年有 8% 的 HPA；"慢涨"（base），即截至 2005 年末减缓至每年有 5% 的 HPA；"不涨"（pessimistic），即在接下来的 3 年每年有 0% 的 HPA，此后每年有 5% 的 HPA；"暴跌"（meltdown），即在接下来的 3 年每年有 −5% 的 HPA，此后每年有 5% 的 HPA。

	称谓	情形	累积损失	概率
(1)	暴涨	在资产池存续期内,每年有11%的HPA	1.4%	15%
(2)	大涨	在资产池存续期内,每年有8%的HPA	3.2%	15%
(3)	慢涨	截至2005年末减缓至每年有5%的HPA	5.6%	50%
(4)	不涨	在接下来的3年每年有0%的HPA,此后每年有5%的HPA	11.1%	15%
(5)	暴跌	在接下来的3年每年有−5%的HPA,此后每年有5%的HPA	17.1%	5%

图 2.1　抵押贷款违约与损失的条件预测值

注:雷曼兄弟的分析师了解住房价格下跌的后果。然而,他们严重低估了住房价格下跌的概率和幅度。

资料来源:Mago, Akhil, and Sihan Shu. 2005. "HEL Bond Profile across HPA Scenarios." *U.S. ABS Weekly Outlook*, Lehman Brothers Fixed-Income Research, August 15.

有两点值得注意。第一,这张表赋予住房价格继续较快上涨——虽然或许不如前10年那样快——这一"慢涨"情形的概率是50%。实际上,这张表赋予了"暴跌"以外的其余四种情形95%的概率。这四种情形没有考虑住房价格会下跌,最糟不过是住房价格有一段短暂的零增长。因此,他们认为最糟不过是使次级MBS中的劣后级有少量损失,而AAA级不会有任何损失。按照2005年雷曼兄弟分析师的观点,住房价格几乎确定性地继续上涨,即使会有短暂的不大可能的停顿。

第二,这张表考虑了住房价格暴跌的情形,即在2005年后接下来的3年每年住房价格下跌5%,然后恢复稳定上涨。尽管在这种暴跌情形中次级MBS中的劣后级有风险,但AAA级仍然完全安全。

当然,与雷曼兄弟的分析师所描述的暴跌情形相比,住房价格和包括AAA级在内的次级MBS所实际发生的情形要糟得多。如

图 1.1 所示，住房价格下跌得更多，次级 MBS 中的劣后级基本全额亏损，更关键的是，AAA 级也损失了上千亿美元的价值。这么大的预期偏差很可能是由于雷曼兄弟的分析师赋予住房价格大幅下跌过低的概率，这种情形他们甚至从未想象过。我们没有理由认为雷曼兄弟的分析师不同于常人，或者只是在推销 MBS 和 CDO：在 Foote、Gerardi 和 Willen（2012）所考察的其他市场参与者中，关于平均住房价格上升和下跌风险的乐观信念也十分常见。在这样的乐观信念下，银行会持有大量的 CDO 和低评级 MBS，并为 SIV 提供担保，同时提高杠杆。它们确确实实是把资金放到了它们所认为的关键之处。

Cheng、Raina 和 Xiong（2014）所给出的证据也表明，至少对于住房价格预期而言，在投资银行工作的证券化专家和其他所有人一样。这些学者对这些证券化专家在 21 世纪头十年买房及房子价格表现的数据进行了汇总。如来自该文的图 2.2 所示，在投资银行工作的证券化专家和其他所有人一样：在 21 世纪头十年中期买房，经历了住房价格最初的上涨和随后的骤跌。没有证据表明，这些专家对住房价格下跌风险有更好的了解。

另一个重要的疑点是，对各种情景的概率分布的信念是如何转变为把抵押贷款转化为 AAA 级 MBS 的？怎么会有占到全部价值的 60％的 CDO 被评为 AAA 级？当然，主要原因在于证券化过程中的打包和分级，这在相当大的程度上确实保护了 AAA 级 MBS 的投资者。但事实表明这并不够，所以至少有什么东西出了差错。对此有两种解释。第一种解释是 MBS 和 CDO 的 AAA 级信用评级是由评级

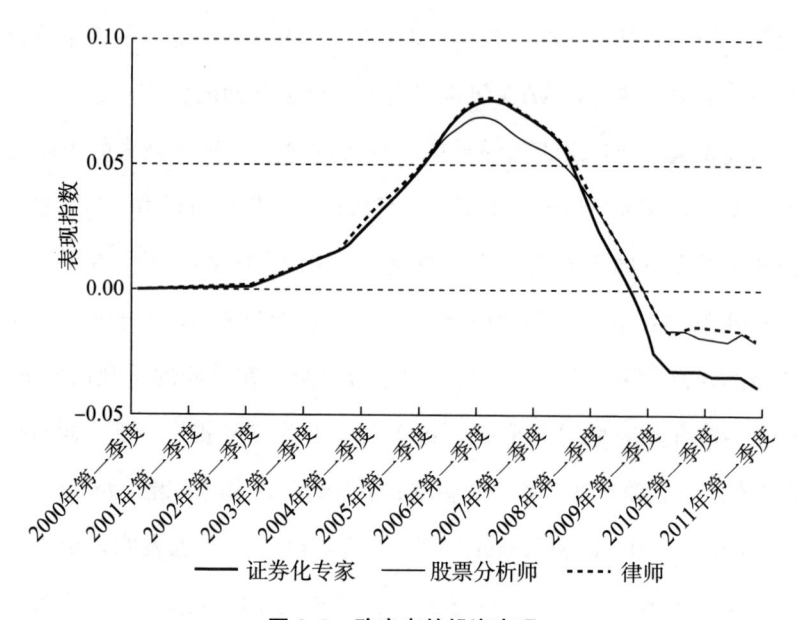

图 2.2　购房者的投资表现

注：图中给出了三组购房者在买入住房上的投资表现。在投资银行工作的证券化专家对住房价格下跌风险似乎并没有更好的了解，因为他们同样未能成功把握住房市场泡沫的变化时机。

资料来源：Cheng, Ing-Haw, Sahil Raina, and Wei Xiong. 2014. "Wall Street and the Housing Bubble." *The American Economic Review* 104 (9)：2797–2829.

机构给出的，它们可能为了从投资银行那里竞争评级业务而对评级标准有所妥协。这种解释肯定有一定的道理，但却不是全部的原因。毕竟，有许多 MBS 和 CDO 被银行留在表内或者被对冲基金之类的老练投资者[†]购入，所以，认为评级机构把所有投资者都骗了的想法

[†] 老练投资者（sophisticated investor）指具有较高的金融受教育程度，熟悉金融实操技能和金融市场走向，或相比其他投资者具有一定信息优势的投资者，多指机构投资者。——译者注

有点牵强。

Jarrow 等（2008）识别出了一个更深层次的问题，Coval、Jurek 和 Stafford（2009a，2009b）对这一问题进行了进一步的研究。这个问题是，投资银行和评级机构在对 MBS 特别是 CDO 进行定价时都用了不正确的模型。其中的一部分错误来自如图 2.1 所示的对住房价格过度乐观的假设，但还有一个关键错误来自低估了单项抵押贷款的违约率之间的相关性，即忽略了这些风险中的系统性风险。AAA 级信用评级背后的关键假设是各项抵押贷款违约率之间的相关性较低——这就使得一个抵押贷款资产池比其中各项抵押贷款要安全得多。如 Coval、Jurek 和 Stafford（2009a，2009b）所指出的，一旦这种相关性高于所假设的相关性，哪怕只高一点，所有劣后级 MBS 很快就都会违约，并且会以超出预期的速度波及优先级 MBS。Coval、Jurek 和 Stafford（2009a，2009b）给出了很有说服力的证据，证明这些错误会对 CDO 的信用评级和定价产生实质性的影响。

来自用于对 CDO 进行信用评级的不正确模型的系统性错误，加大了预测未来住房价格情形的偏差。如图 1.5 所示，高于预期的抵押贷款违约率，特别是各项抵押贷款违约率的相关性，会大幅提高 AAA 级 MBS 的风险。与 CDO 风险模型的预测相比，抵押贷款的违约率要高得多，而且具有高得多的相关性，这导致了 AAA 级 CDO 的市场损失。不正确模型中的错误导致了对 MBS 和 CDO 投资组合下行风险的忽略。

关于信念的可得数据表明，在 2007 年之前，许多市场参与者对住房价格上涨过度乐观，认为住房价格、AAA 级 MBS 与 CDO 不存在下行风险，因此，银行的资产负债表也不会恶化。这种乐观的预期是第 3 章描述的关于金融危机的风险忽略模型的基石。从这个角度来看，在 2007 年的某段时间，美国的金融体系极其脆弱。通过各种担保，各金融机构的资产负债表持续面临着对定价过高的资产的高度杠杆化的风险敞口。资产之所以被定价过高，既是因为住房市场泡沫，也是因为 MBS 特别是 AAA 级 CDO 的风险没有被准确地反映到价格中。投资者和金融机构都低估了尾部风险。

2007 年之后人们的信念

2007 年夏，当住房价格的下跌越来越明显时，至少私人部门发行的劣后级 MBS 失去了大部分价值，甚至连优先级 MBS 的风险也似乎远超预期（参见图 1.1、图 1.4、图 1.5 和图 1.10）。私人部门 MBS 的价格下跌造成了严重的流动性危机，其中，几项 SIV 和一些投资银行不能将其短期融资展期——资产支持商业票据市场在 2007 年 8 月就崩盘了。不过，市场用短期贷款解决了这个问题，主要是借助低利率和美联储的担保贷款便利（collateralized lending facility）——如短期标售便利（term auction facility）和之后的一级交易商信贷便利（primary dealer credit facility）。美国的金融体系没有崩溃，而是继续艰难运转了一年有余。问题是为什么会这样。怎么可能甚至在市场获知住房价格正在下跌，以及连 AAA 级 MBS 也有大量风险时，美国的金融体系又平稳度过了一年？为什么非要等雷曼兄弟倒闭金融体系才自由落体？

我们认为最好的解释是 2007 年夏之后整整一年内,投资者和政策制定者都没有充分意识到金融体系已累积起来的尾部风险。从 2007 年夏开始的流动性干预让市场平稳了下来,或许也让投资者和政策制定者放下了心来,尽管事实上各金融机构的损失仍一直在快速增加。证券化创造的安全感也对住房价格的下跌幅度有限这一信念产生了促进作用。在这个意义上,从 2007 年夏到 2008 年 9 月市场的相对平静再次表明人们对尾部风险的忽略。如果人们能够恰当地了解风险,那么当 2007 年夏住房市场泡沫明显开始破裂时,市场就应该做出强烈的反应。相反,正如图 1.7 所示,市场保持了相对平稳。正如我们将在第 5 章论述的,市场对新出现的不利消息的反应不充分,是由于对美国金融体系过高的安全感,这一直持续到雷曼兄弟倒闭才消失。

2008 年春,来自 IMF 和消息灵通的市场观察人士如 Greenlaw 等(2008)的警告没有产生什么效果。市场参与者和政策制定者似乎都没有充分意识到银行面临的风险敞口与损失以及系统性的偿付风险达到了何种程度。只要金融中介能够继续持有 MBS 并为之再融资,即使是在美联储的帮助下,金融体系就还是稳定的。美国政府有几种有效解决流动性短缺的机制,包括基于有风险的抵押品向金融中介提供贷款和安排收购状况差的金融机构。正如前言所介绍的,本·伯南克和亨利·保尔森都认为,到 2008 年暮春,最糟糕的情况已经结束。甚至直至 2008 年七八月,住房市场崩盘似乎不大可能或者并非迫在眉睫。

信念危机

由于在2007年后人们对风险的忽略对我们的分析很重要，我们对此详加说明。我们首先考察对经济增长的预测，数据来自专业预测者问卷调查（Survey of Professional Forecasters，SPF）和为联邦公开市场委员会（Federal Open Market Committee，FOMC）会议准备的《联邦储备绿皮书》（*Federal Reserve Greenbook*）。图2.3给出了SPF中预测的下一年真实GDP增长率和实际的下一年真实GDP增长率。图2.4则给出了《联邦储备绿皮书》对应的数据。这

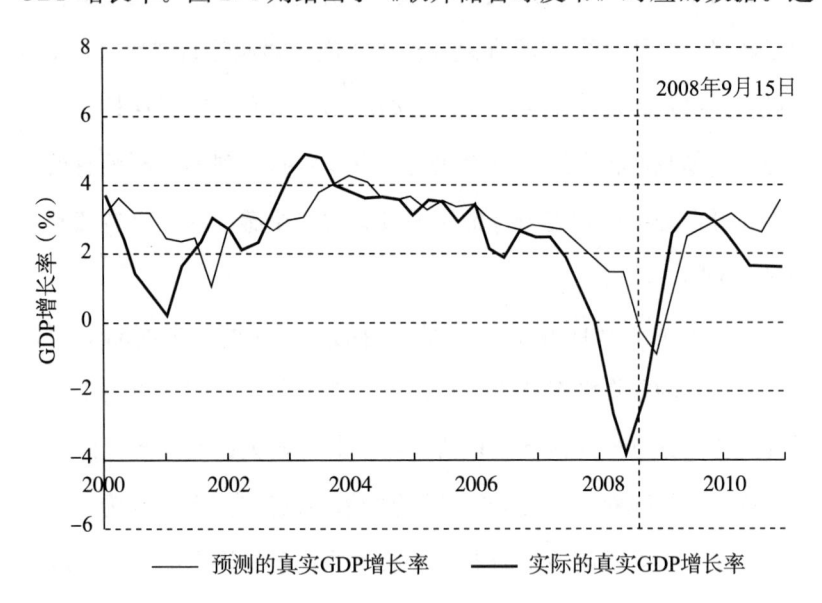

图2.3 专业预测者问卷调查中预测的真实GDP增长率和实际的真实GDP增长率

资料来源：Federal Reserve Bank of Philadelphia. 2017a. "Survey of Professional Forecasters：1968—2017." https://www.philadelphiafed.org/research-and-data/real-time-center/survey-of-professional-forecasters.

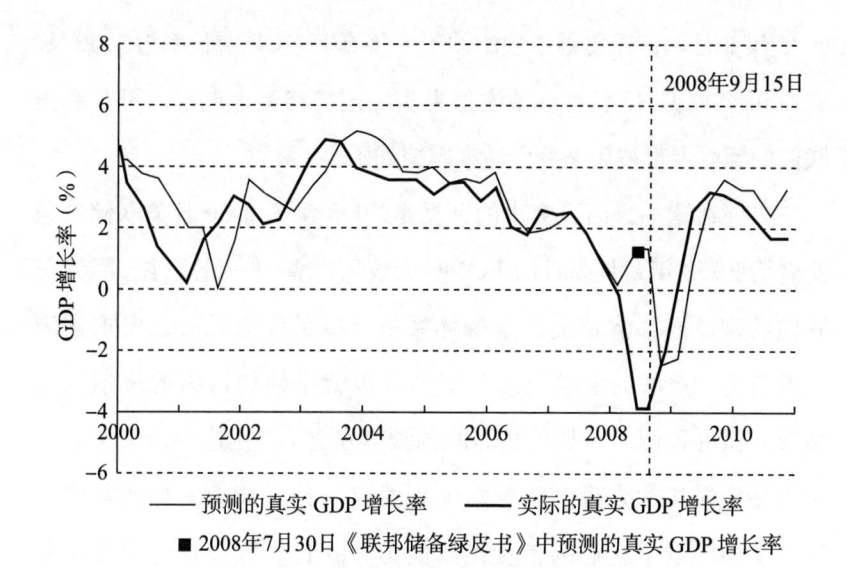

**图 2.4　《联邦储备绿皮书》中预测的
真实 GDP 增长率和实际的真实 GDP 增长率**

资料来源：Federal Reserve Bank of Philadelphia. 2017b. "Greenbook Data Set：1966—2012." Board of Governors of the Federal Reserve System. https://www.philadelphiafed.org/research-and-data/real-time-center/greenbook-data.

两个图都经过了处理，使得在每一个时点都分别给出预测的下一年真实 GDP 增长率和实际的下一年真实 GDP 增长率。

图 2.3 表明，直到 2008 年第三季度，当实际的真实 GDP 增长率为 −3.90% 时，SPF 中预测的下一年 12 个月的真实 GDP 增长率平均为 1.36%；在 2008 年第四季度，即便在雷曼兄弟倒闭后 SPF 中的预测值下降了，但也只降到 −0.40%，这极大地高估了未来发生的事实。图 2.4 表明，即便有美联储可以接触到的全部信息助力，《联邦储备绿皮书》中的预测值也没有比 SPF 中的预测值准确多少。

2008年6月，该绿皮书中预测的下一年真实GDP增长率为1.13%，到2008年7月30日，该预测值事实上还被略微上调了。SPF和美联储的预测者都被后来发生的事震惊到了。

或许在这一方面最突出的证据是2008年7月30日美联储的预测者为2008年8月5日的FOMC会议所准备的一份文件。因为美联储的官员们都清楚美国金融体系所承受的压力，所以要求预测者准备为"严峻的金融压力"情形（也就是他们认为的最糟糕的情形）做好预测。正如美联储的预测者所述："在这种情形下，对于许多金融机构来说，信贷损失和对自身偿付能力的担忧都将加剧，从而限制了它们的信贷供给能力，并且导致放款标准相比基础情形大幅收紧。"在这种最糟糕的情形中，美联储的预测者预测：真实GDP增长率在2008年下半年为-0.4%，在2009年会上升到0.5%，在2010年则会上升到2.6%；失业率在2009年会达到最高点6.7%（而实际上2009年美国的失业率达到了最高点10%）。离雷曼兄弟倒闭还有6周，美联储对即将发生的事仍然一无所知。

同样具有信息含量的是FOMC委员对这些预测的讨论。他们大多数人担心美国金融体系所承受的压力，就金融机构将在房地产贷款和证券上损失上千亿美元达成了明确的一致意见。但即使是在这些感到忧心的委员中，仍有一些人表示他们没有悲观到认为美国会出现"严峻的金融压力"情形。FOMC的其他委员，特别是一些区域银行的行长，则似乎毫无觉察。其中有人表示："我认为系统性风险的等级已经显著降低,可能已降到 0。"① 很难看出离雷曼兄弟倒闭还有 6 周时 FOMC 那间会议室中的人已经十分清楚美国金融体系有多脆弱,除非他们选择闭口不提。

预测记录和监管者的行动和发言相一致。2013 年,美联储理事杰米里·斯坦恩(Jeremy Stein)对那段时间的感想反思总结道(Stein,2013):

> 人们在 2007 年 8 月就察觉到了与危机相关联的第一次严重震荡,当时,法国巴黎银行停止赎回其货币市场基金,多个资产支持商业票据项目出现投资者挤兑。在这一刻,我们不再怀疑所面临的冲击的本质——即使准确的量级还没有确定。并且一年多后雷曼兄弟在 2008 年 9 月倒闭才引发了这次危机的高潮。此外,从 2007 年初到 2008 年第三季度,美国最大的金融机构——这些机构在接下来的三年总共需要继续偿还 3 750 亿美元的贷款——通过普通股股利和股份回购向其股东偿付了近 1 250 亿美元的现金,而通过普通股股权只筹到了 410 亿美元的资金。这一切都发生在市场越来越清楚地意识到这些金融机构所面临的偿付挑战的时候。的确,这些金融机构总的股票市值自 2007 年初到 2008 年 6 月底下降了大约 50%。

从预测和股利支付来看,私人部门不是低估系统性风险的唯一一方。2008 年 8 月 22 日,即离雷曼兄弟倒闭还有 3 周时,美联储主

---

① 参见 2008 年 8 月 5 日 FOMC 会议纪要的第 51 页。

席本·伯南克在怀俄明州杰克逊霍尔召开的联储行长峰会上发表了演讲。本·伯南克对金融体系所面临的压力——他称之为"金融风暴"——深感担忧,他解释了在前一年美国政府所做出的几次干预,包括对贝尔斯登的救助。他对这样的救助感到不安,并且多次提到"大而不倒"问题。本·伯南克把美联储尝试解决的美国金融市场所面临的压力描述为流动性短缺和提供短期资金的问题,但没有提到危机中大规模的资不抵债或者系统性风险。我们很难把本·伯南克的这次演讲解读成一艘将要下沉的大船的船长所说的话。

但这当中的关键点,不是私人部门预测者、绿皮书、金融机构甚或高级官员情有可原的完美预见力的缺乏,而是美联储和私人部门似乎都把住房价格下跌、MBS(包括 AAA 级 MBS)的价格下跌、银行资产负债表恶化和市场流动性下降,视为虽然严重但尚可控的问题,而非金融体系崩溃的前兆。直到 2008 年 9 月,全面爆发金融危机和陷入衰退要么被视为不太可能,要么不会在日常对话中被提及。

根据这一点,我们就不难理解为什么雷曼兄弟倒闭后的金融体系崩溃会如此出人意料了。因为它使得投资者和监管者都清楚地意识到,系统性风险比他们预想的要高得多。严重暴露于住房市场风险以及对住房市场的高度依赖性使得整个金融体系变得极其脆弱和不稳定。雷曼兄弟倒闭让人们意识到了这一现实,并且触发了金融体系的崩溃。这还表明,没有政府救助——美联储官员一直坚决不提供政府救助,直至雷曼兄弟倒闭——美国的金融体系就会崩溃。雷曼兄弟破产后,美国政府立即采取极其激进的行动来增加金融机构的资本金而不仅仅是增加流动性，才让市场确信金融体系会渡过危机。事后看来，很难想象如果美国财政部和美联储知道之后会发生什么时还会对雷曼兄弟放任不管。

这把我们带回了雷曼兄弟倒闭前一年对公共政策的基本质疑：政策在多大程度上受到忽略风险的影响，在多大程度上是由于缺少干预金融部门的法定权力，又在多大程度上是由于害怕惊动市场而引发更早的崩盘？一些政策制定者在某段时间的确对金融脆弱性感到担忧。早在 2008 年 4 月，美国财政部就筹备了一个被称为"破釜沉舟"（Break the Glass）的银行资本重组计划，并得到了美联储的认可。这一提案旨在大力加强银行资本金，但最终还是不了了之。纽约联储的几名官员也表达了相当多的担忧。但这些担忧并不普遍；政策制定者支持提高金融体系中的流动性，但几乎没采取什么措施来稳固金融机构的资本金，直到雷曼兄弟倒闭。为什么会出现这种被动行为？

"缺乏法定权力"这一观点有许多优点。毕竟，直到 2008 年夏，各银行仍然遵守正式的监管要求，银行监管者没有法定权力来迫使各银行停止支付股利或者提高资本金，除非它们的财务状况看起来确实很糟糕，就像花旗银行一样。陷入困境最严重的投资银行，比如雷曼兄弟，甚至不受美联储的监管，这使得迫使雷曼兄弟接受其不乐意的兼并条件变得相当困难。这次危机实际上是从美国金融体系中不受美联储监管的边缘领域开始蔓延的，比如投资银行、外国银行和保险公司。

直到雷曼兄弟倒闭，政策制定者进行干预或者说扩大权力的政治资本依然相当有限。美国财政部长亨利·保尔森利用其令人信服的能力，劝说国会让美国政府接管那些肯定会资不抵债并且造成比雷曼兄弟更大破坏性的政府支持企业。美国国会、联储行长和各总统候选人广泛认可银行有故意冒险的行为，这使得政府干预极其不得人心。政策制定者本来已充分意识到所存在的问题，尽管他们已尽可能积极地修复金融体系，但想要在雷曼兄弟倒闭之前大干一番仍然遭到了严重的妨碍。

政策制定者很可能也不想成为危机的导火索。过多地谈论美国金融体系的偿付能力可能只会惊动市场参与者，也许会在美联储和美国财政部都还没有应对危机的工具时就更早地触发危机。也许强调流动性短缺而非偿付能力问题正是这一计划的一部分。

但为了完全接受本·伯南克的"我们已竭尽全力"这一说法，我们需要很多的理由。即使没有法定权力，政策制定者也掌握许多被政治学家称为"软实力"的权力。毕竟，美联储通过短期标售便利和一级交易商信贷便利，控制了对金融机构的流动性供给，这会对雷曼兄弟和其他借款方产生极大的影响。没有这种不要求银行增加资本金的强有力的流动性支持，就没有几家金融机构能够撑到2008年9月。

政策制定者本来可以在救助贝尔斯登之后就对金融体系的健康状况敲响警钟，并且强迫性地要求——即便不能命令——银行停止支付股利，同时筹集更多的资本金。美联储官员本来可以早一点提及金融机构出现的偿付能力问题，而不是坚称问题仅仅在于短期融资的可获得性。2008年8月5日的FOMC会议的与会者要是意识到了美国金融体系中的风险，那么他们本来可以质疑美联储预测者在"严峻的金融压力"情形中所表现出的高度乐观态度，而不是附和这种态度或者持有这种过度乐观的核心预测。

很难相信，美联储官员不愿行使监管权并对金融机构的偿付能力问题保持沉默仅仅是想要维护金融稳定的公共形象。另一种观点是，政策制定者真的相信自己掌控了一切，直到他们控制不住。即便是那些最好的政策制定者也没有充分意识到在美国金融体系中积累起来的尾部风险。

总之，把重点放在定量预测和官员讲话所反映的信念上会告诉我们一些有关即将发生的危机的根本性问题：美国的私人部门和公共部门尽管都清楚金融体系承受着压力，但没有充分意识到金融体系所面临的系统性风险。正如第3章所示，对系统性尾部风险的忽略把有关2008年全球金融危机的一切都串联了起来。

有关2008年全球金融危机的理论

2008年全球金融危机激发了许多合理的解释或许并不出人意料。对各种事件的来龙去脉进行详细描述，结合对市场参与者信念的理解，将有助于我们把其中一些解释区分开来。本章余下部分将考察有关2008年全球金融危机的主要理论。我们首先考察道德风险理论，该理论认为，金融机构充分意识到了金融体系中的风险，但其激励被某些因素如"大而不倒"所暗示的隐性担保扭曲了。然后将考察著名经济学家和政策制定者所广泛接受的、或许被视为有关金融危机最具主导地位的理论，即银行挤兑理论，该理论原则上把金融危机视为与银行挤兑相似的流动性危机。我们认为，道德风险理论和银行挤兑理论这两个理论都漏掉了有关这次危机的一些重要事实，我们得出的结论是必须把预期放在首位，这样才能形成更好的理论。

道德风险与激励扭曲

银行的道德风险问题是民粹主义政治家和理论经济学家的最爱，也是银行监管者包括美联储高级官员一抓住机会就严肃且衷心表达的担忧。从最广义的角度来看，这一理论有两个版本。第一个版本是"大而不倒"论：银行承受了过高的风险，指望在高风险赌博有好结果时获益，而在高风险赌博没有好结果时得到政府救助。第二个版本被称为"欺诈做法"（fraudulent practices）论：银行故意承受过高的风险，然后把这些风险转嫁给不老练的投资者。

应用于对2008年金融危机的分析，"大而不倒"论认为：银行想通过加杠杆在住房市场中赚一把。它们知道自己持有的抵押贷款和MBS以及对SIV的流动性担保比风险评级所揭示的风险更高，但尽管如此，银行还是乐于承担这些风险，因为它们指望会得到政府救助。因为美联储的监管框架轻易接受了MBS和CDO的AAA级信用评级，所以不能对这些承担了巨大风险而把损失留给纳税人的银行施加适当的风险管控。对贝尔斯登的救助仅仅是坚定了人们认为美联储准备好要救助大型金融机构的看法。

"欺诈做法"论则认为，银行会把单纯的客户骗去取得有风险的抵押贷款或者购买 MBS 之类看似安全的证券。银行发行高风险的证券化产品，就是为了把这些劣质资产分发出去。银行职员知道其中的风险，但优厚的奖金给了他们很强的激励去促成这些交易。在第 1 章我们提到的次级抵押贷款市场中存在的欺诈现象与这一理论相一致。

道德风险理论的核心假设是银行知道住房市场整体，尤其是 MBS（以及 CDO）的一些别人不知道的情况，即它们的风险比风险评级所表明的更高。也就是说，银行向投资者和监管者隐瞒了一些关于所持有的 MBS（以及 CDO）的风险的特殊信息。该假设的问题在于我们几乎没什么证据表明银行对自己投资的资产（至少是在 2005 年和 2006 年）的风险拥有过人的知识。正如我们在第 1 章所强调的，银行继续保有大量的对住房市场直接或间接的风险敞口，而且并不像"欺诈做法"论所预测的那样十分急于削减这样的风险敞口。相反，如图 2.1 所示，银行表现出相当的乐观且对下行风险不以为意。图 2.2 所概述的 Cheng、Raina 和 Xiong（2014）的研究同样表明，对于房地产，证券化专家和其他人持有完全一样的乐观态度。这一证据与认为银行家关于住房市场泡沫知道得更多的观点相左。当住房市场泡沫破裂时，他们在自家房子上亏钱，在持有的所供职公司的股权上亏钱，有许多人还丢了工作。这看起来不像是过人的知识。

事实上，我们从银行内部材料和其他数据（见图 2.1）中获知的信息表明，银行秉持的信念与评级机构以及投资者相似。它们一直到 2007 年都非常乐观，并且在那之后想要出售持有的 MBS（以及 CDO）以降低杠杆率，尽管显然不够快。Fahlenbrach、Prilmeier 和 Stulz（2017）给出了更广泛的研究证据，表明银行通常从市场中获取信息，并且在市场给予高股权投资回报时扩大贷款组合。这意味着在这一时期银行会更深入地致力于发放抵押贷款和证券化。甚至在 2007 年第二季度，在 2007 年夏的危机之前，银行的股票市值达到了最高点，这表明市场和银行都认同 MBS 是不错的投资对象。这并不是说银行没有试图在资产估值上掺杂水分，或者延迟确认损失。确切地说，银行之所以投资 MBS 和 CDO，是因为市场认为这是不错的投资策略。

总之，道德风险理论尽管在政治和理论上有优势，但难以与研究证据相符。或许，引致金融危机的那一时期的主要特点是美国家庭、银行及其职员、投资者和政策制定者普遍具有相同的信念和预期。当然，事后的结果表明，一些秉持不同信念的投资者很高明，或许他们事前就高明地通过卖空 CDO 而在住房市场崩盘时大赚了一笔。不过，这样的投资者属于少数，他们通常因太早卖空而破产，似乎在引发金融危机中没有起到作用。我们没有证据确知银行是否属于这些高明的或者说幸运的投资者。相反，银行是随大流的，而不像道德风险理论所说的那样（拥有特殊信息优势）。

银行挤兑模型

或许对于 2008 年金融危机最有影响力的解释是，这是一次流动性危机，或者一次银行挤兑。在这样一次危机中，向对冲基金、SIV或投资银行等影子银行提供短期融资的投资者，要么拒绝贷款展期，要么大幅提高折扣率，迫使这些影子银行通过资产甩卖或亏本买卖来将持有的证券变现，潜在地导致了这些影子银行资不抵债。本·伯南克是银行挤兑理论的重要拥护者，2010年他在国会证言中提出并屡次重申这一理论。

银行挤兑的故事始于Diamond和Dybvig（1983）的经典模型。这个模型有些不切实际地把随机发生的"太阳黑子"事件视为触发挤兑的诱因；Goldstein和Pauzner（2005）对这个模型进行了修正，把关注点放在了银行的偿付能力上。Gorton和Metrick（2010a，2010b，2012）这一系列有影响力的后续研究对这一模型进行了修改，从而使其与金融危机的事实相符。我们将简要论述上述所有的研究。2015年，本·伯南克在美国国家经济研究局的一次讲话中指出："Diamond和Dybvig（1983）的模型非常好地描述了在金融危机中所发生的一切。"

在Diamond和Dybvig（1983）的模型中，银行拥有一些长期资产，比如贷款或者通过活期存款之类的短期负债进行融资的项目。模型假设没有存款保险。如果银行资产在短期内被变现，收回的价值会比持有至到期要低得多。银行负债的一个主要特征是储户提取活期存款遵循"先到先得"原则：只要银行有资金给付，想取款的储户就可得到全额付款；如果银行没资金给付，那些晚一点要求取款的储户就一分钱也取不出来。

Diamond 和 Dybvig（1983）描述了自我实现的银行挤兑：假设有一天，毫无征兆地，一些储户无端地开始担心其存款可能拿不回来，并且到银行排队取钱。一个小储户听说有人在排队取钱，就会担心如果有很多人从银行取钱，他自己可能就被落在后面而一分钱都取不出来。那么，这个小储户也会去排队取钱。但当越来越多的储户排队取钱时，其他储户同样也会匆忙地跑来排队以免最后落得两手空空。这样，每个储户都在排队。这就是一次银行挤兑。为了给付储户存款，银行不得不立刻筹集现金，为此，银行需要收回贷款或出售资产。但如此快速的清算变现是低效率的，并且会造成亏损，从而排在最后的那些储户就会得不到给付，他们最后只能空手而归。无缘无故地，这家银行就破产了，它的许多储户也拿不回自己的存款。

除了有糟糕的分配结果——先去排队的那些储户取出了全部存款而排在后面的一分钱也取不出来，这样的银行挤兑还是极其浪费的，因为高收益的银行资产被早早地打折清算来给付排在前面的储户。银行最终因为负债超出了大幅减值的资产而变得资不抵债。对一家尽职尽责（指不存在道德风险）的经营良好的银行的完全随机的挤兑，既毁了这家银行，也伤害了其储户。在这一模型中，存款保险是非常高效且低成本的，它向储户保证了流动性——无论他们什么时候要求取款，因而他们即使感到不安也不必匆忙赶去取款了。因为有存款保险，银行资产没被变现而是被持有至到期，结果，所有储户都取出了自己的全部本金及利息。

原始的Diamond-Dybvig模型有一个极端和不切实际的假设：银行挤兑由非基本面因素触发。Goldstein和Pauzner（2005）通过一个更加切合实际的假设对这一假设进行了修正，即低效率银行挤兑发生的概率随着对银行偿付能力的担忧程度提高而提高。当储户担心银行的偿付能力时就会去排队取钱，这当然只会放大银行资不抵债的可能性，因为银行需要清算资产来满足储户的需求。Goldstein-Pauzner模型还有一个优点，那就是它只有一个均衡；当银行远不至于资不抵债时，就不会发生银行挤兑。

最初的Diamond-Dybvig模型以及Goldstein-Pauzner修正模型适用于其负债是无保险的存款而其资产是构成共同资产池（common pool）的项目或贷款的银行。这样的模型并不直接适用于对影子银行的挤兑；在影子银行中，每一笔短期贷款如资产支持商业票据或者回购协议都有各自的抵押品。在这样的情形中，一个回购协议持有者对另一个持有者不会产生明显的外部性。

为了在这一设定下考察银行挤兑，Gorton和Metrick（2010a，2010b，2012）把重点放在了有抵押的借贷，特别是投资银行和SIV等影子银行为了长期持有AAA级MBS而利用回购所进行的短期融资上。Gorton和Metrick（2010a，2010b，2012）的出发点是这类短期融资依赖于低折扣率，所以影子银行每借1美元就能用于接近1美元的投资。在这种情形下，影子银行几乎不需要什么资本金，也不需要发起银行的担保。这种融资方式的秘诀在于抵押品安全的完全确定性。只要短期融资的提供者有这样的确定性，它们就不必耗费资源来弄清抵押品是什么或者其价值是否会下跌。换言之，优选货币市场基金或其他回购融出方实质上只依靠机械性交易。它们不具备调查抵押品价值的技能，从而必定是假设抵押品绝对安全（才会借出款项）。一旦对抵押品的价值产生一丝疑虑，这些资金提供方就一定会大幅提高折扣率或者抽贷。

因此，我们从对货币市场基金的分析开始，假设只有在确保抵押品安全时，货币市场基金才提供回购融资，并且一个很小的不利冲击就会引起对抵押品价值的担忧，或许就像2007年夏所发生的那样。在Gorton和Metrick（2010a，2010b，2012）看来，这些资金融出方要么拒绝债务展期，要么大幅提高折扣率以确保能收回本钱，即便是隔夜贷款。银行现在需要更多的资本金才能继续持有AAA级MBS。随着不确定性的增大，这种担忧（和折扣率）就会大幅提高，任何不能获得资本金或者触发流动性担保的影子银行或其他银行都需要将资产变现。一家银行将资产变现会进一步降低资产价值，从而加重其他银行的资金困难。我们又回到了对广泛的、低效率的资产变现的探讨，正如Diamond-Dybvig模型中的资产变现。

在Gorton-Metrick模型中，没有资本金或流动性担保形式的外部支持，一旦对抵押品的绝对安全产生疑虑，影子银行就会解体。这一模型简洁地描述了当长期资产的资金来源是短期安全负债时，很小的冲击如何造成一次灾难。正如Diamond-Dybvig模型，事前有偿付能力的机构为这些负债提供的担保和事后政府提供的流动性救助都能有效解决问题，因为它们阻止了资产的变现。

对银行挤兑模型的评判

银行挤兑模型有几个重要的优点。首先,它描述的事确实发生了:2007年夏资产支持商业票据市场的挤兑,以及2008年夏末和2008年9月投资银行与其他影子银行在回购市场的融资出现中断。这些时期的特点是短期融资的突然枯竭。银行挤兑模型还说明了2007年夏资产支持商业票据市场崩盘时,美联储的流动性干预在稳定金融体系方面是极为有效的。这一模型还解释了为什么这些流动性干预如此有效——它们阻止了资产甩卖和变现,从而稳定了短期融资债权人的情绪。

银行挤兑理论的优点还在于对政策制定者来说非常便利。因为在纯粹的 Diamond-Dybvig 模型乃至 Gorton-Metrick 修正模型中,危机都是不可预测的,因此,没能预测危机不是政策制定者的责任。政策制定者必须像消防员一样警觉,但不应试图成为警察,因为他们不能预言"太阳黑子"会在何时以及以何种方式来袭。政策制定者的最佳选择是事后基于有风险的抵押品的借贷,或者为银行负债提供流动性担保。

那么,把2008年金融危机视为一次(影子)银行挤兑的问题出在哪里呢?我们认为,流动性理论的主要问题在于本末倒置。在纯粹的 Diamond-Dybvig 模型(或 Gorton-Metrick 修正模型)中,银行挤兑均始于从运营良好的机构撤出短期融资,由此引发了资产变现和更多短期融资撤出的恶性循环。但这并非2008年所发生的。相反,正如我们从 IMF 的数据中所看到的,有关 MBS 和其他房地产资产的重大损失自2008年初贝尔斯登被收购开始随着时间的推移逐渐累积，引起了对主要金融机构（包括雷曼兄弟）的偿付能力的担忧。上千亿美元的损失和对损失加大的恐惧，引发短期融资的撤出，由此导致金融体系的瓦解。Goldstein-Pauzner模型更好地描述了上述银行挤兑，因为它把银行挤兑与之前发生的损失和偿付担忧联系了起来。在这当中，银行挤兑是"末"，重大损失和失去偿付能力的威胁才是"本"。

纯粹的Diamond-Dybvig模型和Gorton-Metrick修正模型都基于一个前提假设：危机始于一个很小的未被预见到的冲击。实际上，2007—2008年的冲击很大，更重要的是它由来已久。即使没有从2007年开始并在雷曼兄弟倒闭后加剧的资产甩卖，金融部门也会由于对房地产、MBS和SIV的担保的直接风险敞口而逐步损失上千亿美元。投资者和政策制定者可以看到，巨大的、可觉察的、越来越严重的资不抵债威胁正在向金融体系袭来。一旦考虑了资不抵债，银行挤兑最好是被看作击溃已备受巨额损失威胁的金融体系的最后一击，而不是危机产生的原因。继银行挤兑，资产甩卖和变现以及进一步的损失使得金融机构进一步濒临破产。

这一问题并非无关紧要的学术争论。正如第1章所示，IMF和其他研究人员自2008年初就清楚地预言金融机构会遭受重大损失。这意味着，如果有人接受Goldstein-Pauzner的观点，认为银行挤兑由对偿付能力的担忧引发，那么如此大规模的挤兑发生的概率至少可以被部分地预见到。要是真对银行的偿付能力产生担忧，要完全稳定美国的金融体系，光有流动性干预是不够的。这时候需要增加资本金。然而，在雷曼兄弟倒闭后政策才转向注入资本金，这挽救了金融体系，但它来得太迟而没能阻止大衰退的发生。政策制定者被周期远远甩在了后面。

对金融脆弱性反应如此迟钝的关键，在于对风险的忽略。根据专业预测者和美联储预测者所给出的关于预期的定量证据，以及监管者所采取的政策和发表的讲话，我们可以判断，直到2008年9月，当危机已经避无可避，人们才充分意识到资不抵债的风险及其系统性的后果。政策制定者并非没有意识到市场所承受的压力，他们显然是意识到了。或许他们认为这只是一系列可控的挑战。确切地说，各金融机构之间经由资产甩卖、衍生品合约清算或者其他传染机制建立起来的关联并未得到充分的认识。美国政府一再重申的"不救助"政策和绝不会救助雷曼兄弟的决定反映了这一点。

资产甩卖

对这次危机的严肃解释都有一个共同的特点，即强调当金融机构不再获得融资时，成本高昂的资产变现或者资产甩卖对引发危机的重要性。资产甩卖会造成损失，进一步引发出资方的撤资，最终导致金融机构乃至整个金融体系资不抵债。鉴于资产甩卖的重要性，下面较为详细地对这些机制加以论述。

资产甩卖是指金融机构被迫以低于基本面价值的价格出售所持有的资产；这种情形之所以会发生，是因为资产的高估值买方——其他金融机构——自身也处于困境，而且没有资金来源来买入资产。

在这种情况下，资产价格会下跌到比已经很低的基本面价值还要低的水平。我们可以从图 1.10 给出的 AAA 级 MBS 价格数据中看出资产甩卖的迹象。

在 2008 年金融危机期间以及此后对危机的分析中，人们均意识到了资产甩卖的重要性。例如，美国财政部 2009 年的一份报告指出："最初与住房市场泡沫破裂和经济状况恶化相关的基本面冲击，给包括银行在内的杠杆化投资者造成了损失……由此产生的降低风险的需要，触发了市场大规模去杠杆，造成了资产甩卖。"类似地，顶尖的美国金融经济学家在对金融危机进行探讨时（French et al., 2010, 67）认为："某家遭受了巨额损失的银行被迫以极低的价格甩卖资产来降低风险。如果别的银行必须按照这一当时很低的市场价值来对自身的资产进行估价，那么最初这家银行的资产甩卖会引发连锁性的资产甩卖，从而进一步给许多金融机构带来损失。因此，无论是通过正式违约还是资产甩卖，一家处于困境的银行会伤及许多其他银行，从而减弱金融体系承担风险和提供贷款的能力。"美联储保证货币市场基金的流动性的政策，在阻止资产甩卖的恶性循环方面是有合理性的。

有关资产甩卖的理论基础是 Stewart Myers（1977）最早提出的债务积压（debt overhang）[†]思想。根据 Stewart Myers（1977），债务高企减少了股东的投资回报，因为这些回报要优先偿付债权人。

[†] 债务积压是指企业或者个人的债务如此之高，以至限制投资和消费的现象。——译者注

Hart 和 Moore（1995）进一步研究了这一思想并指出在某些情形下，债务积压可以成为控制公司管理层随意花钱的一种有效机制，即使这偶尔会导致出售资产或舍弃一些投资项目。Shleifer 和 Vishny（1992）开创的有关资产甩卖的研究就是建立在上述思想之上的。Shleifer 和 Vishny（1992）提出了债务积压的一般均衡效应。如果某一行业（如金融业）中的几家企业同时面临债务积压，那么这些企业出售资产的价格会跌破基本面价值，因为这些资产的天然买主（natural buyers）[†]正是这些面临债务积压问题而不能进行投资的企业。

Shleifer 和 Vishny（1992）分析了实物资产（例如轮船或工厂等）的情形，指出：当估值最高的资产所有者不得不将资产变现，并且高估值买方正是受到融资约束的这类资产所有者时，资产的估值会下跌，因为资产被转让给了估值较低但面临的融资约束较小的买方。Shleifer 和 Vishny（1997）将这一想法用于面临被要求赎回的对冲基金变现的金融资产。这两篇文章均指出，当卖方被迫出售资产时，高估值买方因为是受到融资约束的卖方而不能参与市场交易并给出最高的价格。在 Shleifer 和 Vishny（1997）一文写成后不久，该理论就在众所周知的对冲基金长期资本管理公司（LTCM）破产这一支持性证据中得到了检验。正如当时的美联储主席艾伦·格林斯潘（1998）在国会证言中对这一事件的描述："在这样的市场

[†] 天然买主指的是估值高的买主。——译者注

条件下,快速清算一个暴露于各种风险的复杂资产组合如LTCM会导致资产被甩卖。在压力时期所接受的资产价格不能反映长期的潜在回报,进一步加大了损失。"

Brunnermeier和Pedersen(2009)给出了一个有关金融市场中的资产变现周期的优美模型,进一步发展了上述观点。在他们的模型中,当投资者开始担心为其提供融资的资产的抵押品价值时,他们会提高贷款的折扣率。这会迫使他们出售作为抵押品的资产,这会进一步降低抵押品的市场价值,提高贷款的折扣率,又导致更多的资产变现,依次类推。Brunnermeier和Pedersen(2009)还引发了Greenlaw等的分析——就不断增大的银行损失会给金融稳定性带来危险做出警示。Gorton和Metrick(2010a,2010b,2012)的银行挤兑模型也与Brunnermeier和Pedersen(2009)的模型有关。

更一般地,对MBS和其他资产的甩卖在2008年的危机中成为关键的放大机制,一些金融机构的困境就像火一样烧遍了整个金融体系(参见Stein,2013)。这一放大机制不仅在现实中、在银行挤兑模型中起作用,还在第3章给出的模型中起作用。本书的创新之处就在于证明了预期偏差正是资产甩卖所放大的冲击。

总　结

对2008年金融危机的两种标准解释——道德风险理论和银行挤兑理论,不能解释数据的一些基本特征(尤其是关于信念的数据)。道德风险理论没有抓住如下基本事实:家庭、金融机构和政策制定者均对住房市场和证券化有乐观的预期。尽管银行存在一定程度的欺诈做法，但这一因素与住房价格上涨的浪潮和推动这一浪潮的MBS市场相比似乎微乎其微。事实表明银行持有和其他人一样的乐观态度，还试图对这一乐观态度加以利用，于是和其他人一样，当住房价格崩盘时，银行也陷入了困境。

事实上，证据也与2008年金融危机是对还算运营良好的银行和影子银行的一次未被预见到的挤兑的观点不符。几乎和所有人一样，银行对住房市场和MBS市场的未来给出了不准确的预测，并为此付出了代价。截至2008年，投资银行和商业银行都面临巨额损失，这不仅触发了一连串挤兑，而且在银行试图补充资本金时造成了资产甩卖。美联储传统的流动性干预可以延迟但不能阻止一次重大危机和严重衰退的发生。这次危机看起来就像人们在银行资产负债表严重恶化，并通过变卖资产提高资本金时所预料到的。在这当中，投资者和政策制定者都没有看到金融体系由于在与住房有关的资产上的重大损失所承担的尾部风险。雷曼兄弟倒闭前出现的市场平稳期，就强调了市场参与者的信念在决定市场结果中的重要性。

在本书的余下部分，我们提出的观点是：信念与预期偏差是理解2008年金融危机和更一般的信贷周期的核心。在第3章，我们将给出一个专门用于理解2008年金融危机的金融体系模型。这一模型试图捕捉影子银行业务的根本特征以及其在充满被忽略的风险和预期偏差的世界中的脆弱性。我们认为，这一模型捕捉到了第1章和第2章所讨论的2008年金融危机的主要元素。

在接下来的章节，我们会考察更一般的预期和信念形成模型——在某种程度上是为第 3 章的分析提供微观基础。第 4 章给出了对金融市场和经济的预期的问卷调查方面的研究证据，并且指出信念系统性地偏离了理性预期——在理性预期假说下，经济主体会最优地采用正确的经济模型来形成信念。第 5 章给出了可用于替代理性预期的另一种预期，我们称之为诊断性预期。这一模型是直接根据人们如何处理信息的心理因素推导出来的。第 6 章提出了一种为信贷周期建模的更一般的方法来理解至此本书所概括的 2008 年金融危机的基本特征，并理解关于信贷、信念和实体经济的数据的更系统性的特征。

第3章
2008年全球金融危机的风险忽略模型

本章给出了一个有关忽略下行风险情形下的金融脆弱性的基本模型。[①] 在这一模型描述的金融体系中,银行等金融中介会进行风险转换;这是直接受2008年金融危机所启发的,并反映了本书前两章的解释。这个基本模型有两个基本要素:一是投资者对安全资产有强烈的需求;二是对下行风险的忽略。对安全资产的需求来自比金融中介更有耐心,但不愿意持有风险资产的投资者。为了满足投资者对安全资产的需求,金融中介会持有风险资产,并将其作为抵押品来为自己发行的安全债券提供担保。金融中介为了使自身的现金流更加安全,还会把持有的风险资产打包;将打包后的风险资产作为抵押品让金融中介可以发行更多的安全债券。这些交易会带来体现金融中介债券发行量的杠杆率的上升,还会导致进行风险投资和在表内保留风险的金融部门的扩张。在理性预期假说下,这样的安

[①] 本章的分析基于Gennaioli、Shleifer和Vishny(2012,2013)两篇文章,但本章采用了不同的表述方式。

排是有效的，金融体系是稳健的，因为对下行风险的认知会限制金融中介的安全债券发行量。

在这里我们的第二个假设非常关键。当金融中介和投资者均忽略资产表现的下行风险时，债券与实际情况相比会被认为更加安全。在这种情形下，金融部门过度扩张，风险分担不再是有效的，金融体系变得很脆弱。如果坏消息让人们意识到被忽略的风险，风险厌恶型投资者就会在市场上抛售安全债券。这在一定条件下会导致资产甩卖和事后的风险错配。

在 2008 年的背景下，我们将金融中介视为传统银行或投资银行，风险资产就是抵押贷款，安全债券就是 AAA 级 MBS，把住房抵押贷款转换为 AAA 级 MBS 就是证券化，投资者就是对安全资产有需求的对冲基金、养老基金或者主权基金。被忽略的风险就是前两章广泛讨论过的、在住房市场上进而在 AAA 级 MBS 上的回报率很低的风险，或者是会有损于银行的其他不利冲击的风险。我们没有把期限转换（也就是通过资产支持商业票据或回购等短期债务为持有 AAA 级 MBS 融资）纳入模型。实际上，我们强调的是，金融体系的脆弱性是源于住房抵押贷款过度扩张和风险错配而非期限转换。和第 2 章给出的关于 2008 年全球金融危机的银行挤兑模型所描述的一样，短期债务是金融脆弱性的又一个来源。不过，我们会证明，本章给出的一个忽略下行风险的简单模型，即使不引入银行挤兑，也既能描述 2008 年全球金融危机的基本特征，又能描述市场参与者的信念。

在第 2 章讨论的基础上,本章做出了一个简化的假设:每个经济主体——既包括金融中介也包括投资者——都秉持相同的信念。这个假设尽管很强,却反映了来自第 2 章的证据:市场是由被广泛认同却有偏差的预期推动的。在本章中市场参与者的信念被视为给定的。在本书的后半部分市场参与者的信念会由一个更基本的基于心理因素的模型推导出。

本章分了三步来讨论。第一步,我们构建一个初始模型,其中所有风险资产的回报是完全相关的,不存在把各种风险资产即各项抵押贷款打包来进行多元化以减小风险的可能性,而且金融中介所持有的资产总额不变。这个初始模型要解决的唯一问题是,金融中介将持有的各种风险资产作为抵押品可以发行多少 AAA 级安全债券。我们考察了在这个初始模型中引入忽略下行风险这一假设造成的后果。第二步,我们允许贷款总额的内生决定——金融中介根据发行 AAA 级债券所能获得的融资来决定发放多少贷款。这一对初始模型的扩展使得我们不仅可以研究被忽略的风险对银行杠杆率的影响,还可以研究其对金融部门的总规模及流动性的影响。第三步,我们考察金融中介的特异性风险 (idiosyncratic risk),以及资产池被分级和安全债券被创造出来之前对资产进行交易和打包的好处。我们描述了为何上述对初始模型的每一步扩展均提高了金融脆弱性。沿着这三步,我们就可以讨论这一模型能解释 2008 年金融危机哪些方面的特征。

忽略风险、杠杆以及金融危机

模型有两个时期：$t=0,1$；有两类经济主体：金融中介和投资者。代表性金融中介会最大化如下经贴现的两期期望利润之和：

$$\Pi_0 + \beta_l \Pi_1 \tag{3.1}$$

其中，Π_t 是金融中介在 $t=0,1$ 的期望利润，$0<\beta_l<1$ 是金融中介的贴现因子。

金融中介通过将持有的抵押贷款组合作为抵押品发行如 AAA 级 MBS 这样的安全债券来最大化期望利润。这些抵押贷款在 $t=1$ 时会产生随机偿付额 $\widetilde{X} \in [0, +\infty)$，其概率密度函数 $f(\widetilde{X})$ 自左尾递增且向右尾递减（从而极端市场结果出现的概率很小）。[①]

在 $t=0$ 时，金融中介以现金流 $\widetilde{X}$ 为担保，发行数量为 N 的安全债券。每单位安全债券承诺的偿付额与其面值相同，即偿付额为 1。安全债券被卖给投资者，金融中介则自留剩余权益。这种对抵押贷款进行分级以生成安全的优先级和有风险的劣后级的金融活动，可以发生在信托公司或结构性投资工具（SIV）等单独的法人实体内部——我们把这一金融活动称为证券化。

投资者是养老基金、主权基金或对冲基金等对安全资产有需求的既有耐心又富有的经济主体。在 $t=0$ 时，代表性投资者获得了一大笔禀赋 W 并用来买入安全债券。投资者比金融中介更有耐心，即

---

① 更正式地，$\lim_{\widetilde{X} \to 0} f(\widetilde{X}) = \lim_{\widetilde{X} \to +\infty} f(\widetilde{X}) = 0$，且存在阈值 X_L 和 X_H，$0 < X_L \leqslant X_H$，使得当 $X < X_L$ 时，$f(\widetilde{X})$ 递增，而当 $X \geqslant X_H$ 时，$f(\widetilde{X})$ 递减。

贴现因子满足：$1 \geqslant \beta_h > \beta_l > 0$[†]。关键是，代表性投资者对违约概率小于其风险容忍度（risk tolerance）极限 δ^* 的安全债券有很强的偏好。投资者对违约概率小于 δ^* 的安全债券是风险中性的。不过，当代表性投资者持有违约概率大于 δ^* 的安全债券时，会要求很高的风险溢价：在 $t = 0$，他们对这样的债券的偿付额进行贴现时会有一个额外的贴现因子 $0 < \epsilon \ll 1$——使得 $\epsilon \beta_h < \beta_l$。$\delta^*$ 这个参数反映了投资者的"偏好习性"（preferred habitat）[††]：δ^* 确定了代表性投资者能够舒适地容忍风险的极限。我们认为 δ^* 非常小（比如，$\delta^* < 0.0001$），使得能产生对 AAA 级 MBS 这样的安全债券的需求。

金融中介与投资者之间存在交易利得：耐心的投资者对安全债券的支付意愿超过了安全债券对金融中介的价值，但前提是安全债券足够安全。最佳的例子还是在证券化中对抵押贷款进行分级以生成 AAA 级 MBS。由 δ^* 反映的代表性投资者的"偏好习性"使得我们的分析非常易于处理而且符合直觉，且 Gennaioli、Shleifer 和 Vishny（2012）指出，我们的定性结论也适用于更平滑的偏好情形。[①]

[†] 下标 h 表示 β_h 是较大（high）的贴现因子，下标 l 表示 β_l 是较小（low）的贴现因子。——译者注

[††] "偏好习性"：常见于利率期限结构理论中，原意指投资者对不同期限资产存在异质性偏好，特定投资者仅投资期限在一定范围内的资产；此处指投资者对风险的偏好，即某些投资者仅投资风险在一定范围内的安全资产。——译者注

[①] 在 Gennaioli、Shleifer 和 Vishny（2012）中，"偏好习性"假设由无限风险厌恶所捕捉——可视之为本节中偏好 $\delta^* = 0$，且 ϵ 被设定为使得债券的估值等于最低偿付额下安全债券的实际价值时的特例。不过，在这种极端的风险厌恶情形下，如果安全债券可能的最低偿付额为 0，则投资者绝不愿持有债券。只有当 $\tilde{x}$ 的有界支集大于 0 时，无限风险厌恶才会产生有意义的结果。

理性预期下的市场均衡

在引入忽略风险这一假设之前,我们先在金融中介和投资者的信念都是基于真实概率密度函数 $f(X)$ 形成的情形下求解这个模型。为了将安全债券卖给耐心的投资者,金融中介必须令其发行的安全债券的违约概率小于投资者的风险容忍度极限 δ^*。投资者的风险容忍度极限为 δ^* 这一约束限制了金融中介所能发行的安全债券的数量。假定代表性金融中介把住房抵押贷款用作抵押品,发行了数量为 N 的安全债券。由于面值为 1 的每单位债券约定的偿付额为 1,如果 $\widetilde{X}$ 足够大,即 $\widetilde{X} \geqslant N$[†],则债券会被足额偿付,否则债券会违约。为了满足投资者的风险容忍度,违约概率必须不大于 δ^*:

$$\int_0^N f(\widetilde{X}) d\widetilde{X} \leqslant \delta^* \tag{3.2}$$

我们称式(3.2)为"AAA 级约束"。如果违反这一约束,安全债券就风险过高,投资者对它的估值就会很低。因为卖出的债券越少(N 越小),AAA 级约束就越容易满足,所以,该约束决定了证券化的量。

如果 AAA 级约束得到满足,投资者对于一单位债券的保留价格为:

$$p(N) = \beta_h \left[1 - \int_0^N \left(1 - \frac{\widetilde{X}}{N}\right) f(\widetilde{X}) d\widetilde{X} \right] \tag{3.3}$$

[†] 根据上下文,在英文原书中此处的 $\widetilde{X} > N$ 应为 $\widetilde{X} \geqslant N$,其余有关各处做了相应修改。——译者注

依据风险中性，上式就是债券面值减去违约时的预期现金流缺口（expected shortfall）的现值。当债券违约（但违约概率不大于 δ^*）时，每单位债券所收到的偿付额为可得现金流的按比例部分 $\widetilde{X}/N$。

下面考察安全债券的价格和发行量如何确定。因为假设投资者的初始财富 W 很高，他们对安全债券较高的出价会提高安全债券的市场价格，直到安全债券的市场价格收敛于投资者的保留价格。那么，式（3.3）就确定了 $t=0$ 时安全债券的均衡价格。

为了确定安全债券的均衡发行量，我们来考察金融中介的利润，它是安全债券发行量 N 的函数。金融中介从投资者那里获得发行收入 $Np(N)$ 并自留偿付额中的有风险层 $\max(0, \widetilde{X}-N)$。根据式（3.1）到式（3.3），代表性金融中介选择最优的发行量 N 来最大化利润：

$$\max{}_N (\beta_h - \beta_l) \left[N - \int_0^N (N-\widetilde{X}) f(\widetilde{X}) d\widetilde{X} \right] + \beta_l \int_0^{+\infty} \widetilde{X} f(\widetilde{X}) d\widetilde{X}$$

$$\text{s. t.} \quad \int_0^N f(\widetilde{X}) d\widetilde{X} \leqslant \delta^* \tag{3.4}$$

式（3.4）中的目标函数表明，代表性金融中介的利润随着债券的发行量 N 递增：通过从 $\widetilde{X}$ 分级出更安全的债券，金融中介赚取价差 $\beta_h - \beta_l$。给定其他条件不变，金融中介会想要发行尽可能多的安全债券；同时，其必须满足式（3.2）中的 AAA 级约束，这限制了金融中介能够卖出多少安全债券。

在理性预期下，金融中介的最优安全债券发行量 N^* 使得 AAA

级约束恰好为紧约束：

$$\int_0^{N^*} f(\widetilde{X})d\widetilde{X} = \delta^* \tag{3.5}$$

此时，交易利得最大化。给定风险容忍度极限 δ^*，投资者延迟消费（进行投资）的意愿得到了最大限度的满足。金融中介通过以式（3.3）中投资者的保留价格卖出债券来获利。此外，因为金融中介更能承担风险，它们会自留现金流中的劣后级部分。在理性预期下，安全债券的发行和劣后级的风险配置都是有效的，金融危机和资产甩卖均不会发生。

忽略下行风险时的市场均衡

我们把忽略风险这一假设引入初始模型，即假设在 $t=0$ 时金融中介和投资者均秉持满足以下定义的信念。

定义 3.1 当经济主体所认为的现金流分布 $f^\theta(\widetilde{X})$ 低估了现金流 $\widetilde{X}$ 出现在阈值 $\underline{X}$ 左尾的概率时，我们称经济主体忽略了下行风险。具体而言，$f^\theta(\widetilde{X})$ 满足

$$\int_0^X f^\theta(\widetilde{X})d\widetilde{X} < \int_0^X f(\widetilde{X})d\widetilde{X}, \text{对于任意} X \leqslant \underline{X}$$

上标 θ 参数化了市场参与者的非理性信念。我们将在第 5 章给出 θ 这个参数的心理学基础，但本章不会用到这一基础。定义 3.1 以简约式（reduced form）的规范性表述了第 2 章所讨论的市场参与者信念的关键特征：忽略左尾风险，即对于任何低于阈值 $\underline{X}$ 的左尾实现 X（满足 $X \leqslant \underline{X}$），概率 $Pr(\widetilde{X} \leqslant X)$ 都被低估。由于抵押贷款

偿付额$\widetilde{X}$可自然地与住房价格上涨联系起来,这一数学表述捕捉到了图 2.1 所反映的市场参与者的信念——低估住房市场崩盘的可能性。

定义 3.1 仅涉及市场参与者对左尾事件的低估,而并未涉及在阈值 $\underline{X}$ 以上区间他们对现金流的看法。以下几种信念结构均符合定义 3.1 对忽略风险的定义。如果定义 3.1 适用于 $\widetilde{X}$ 的整个取值区间,当 $\underline{X} \to +\infty$ 时,则信念分布 $f^{\theta}(\widetilde{X})$ 会一阶随机占优真实分布 $f(\widetilde{X})$。在这种情况下,不仅低现金流出现的概率被低估,而且高现金流出现的概率被高估。在这一特例中,既出现了忽略下行风险,又得出了 Case、Shiller 和 Thompson(2012)所描述的对平均住房价格上涨率的高估。

但定义 3.1 也使得在平均价格估计不变时,忽略下行风险和忽略上行风险可以同时存在。更正式地,经济主体的信念分布 $f^{\theta}(\widetilde{X})$ 是真实分布 $f(\widetilde{X})$ 的均值保持收缩(mean-preserving concentration)。这就是 Gennaioli、Shleifer 和 Vishny(2012)一文原本考察的情形,他们假设所有不太可能的事件的发生概率都被低估,包括出现在右尾的事件。

由于投资者偏好存在易于处理的拗折点,我们关于债券发行的结论对超过 $\underline{X}$ 的信念是如何的(无论是高估还是低估)并不敏感。但我们的其他结论,如住房抵押贷款融资的过度扩张,建立在 Case、Shiller 和 Thompson(2012)所描述的高估均值的信念之上。由于这些原因,描绘信念分布 $f^{\theta}(\widetilde{X})$ 的整体形状会大有裨益。第 5 章描述的有心理学基础的模型提供了可检验的信念同时表现出忽略下行风险和高估均值的条件。

要计算忽略风险时的均衡债券发行量,需注意这一情形与理性预期的唯一差别在于,投资者和金融中介现在均采用被扭曲的概率密度函数 $f^\theta(\widetilde{X})$,而非真实的概率密度函数 $f(\widetilde{X})$。因此,忽略风险情形下的均衡债券面值 N^θ 由被扭曲的 AAA 级约束决定:

$$\int_0^{N^\theta} f^\theta(\widetilde{X}) d\widetilde{X} = \delta^* \quad (3.6)$$

通过比较式(3.6)和式(3.5),可得命题 3.1(其证明见附录):

命题 3.1 给定定义 3.1 中的 $\underline{X} > N^*$,则相对于理性预期,忽略下行风险会增加安全债券的发行量,即 $N^\theta > N^*$。

当 $\underline{X} > N^*$ 时,忽略下行风险会严重到足以损害投资者在安全债券发行量等于理性预期下均衡发行量 N^* 时对违约风险的看法。这一前提条件放松了理性预期下的 AAA 级约束,使得金融中介能增加安全债券的发行量。

由此,忽略风险可以解释过度证券化。对于固定数量的资产(如抵押贷款),金融中介会创造并卖出过量的 AAA 级债券(如 MBS)。它们有激励这样做,因为投资者对安全债券有强烈的需求。重要的是,金融中介在这一模型中没有使用任何欺诈手段。相反,忽略风险为金融创新创造了机会,而竞争性的金融中介会尽量利用这个机会——从而发行大量的 AAA 级 MBS。市场力量利用非理性的信念造就大量新的金融产品。更一般地,我们认为新的金融产品恰恰是在投资者没有完全认识到的地方承受了风险。在理性预期下，金融创新会改进风险分担和提高福利。相反，在忽略风险时，金融创新会使得风险分担低效率，产生发生危机的可能性。下面详细分析这一观点。

金融脆弱性与风险错配

在这个最基础的例子中，住房抵押贷款的总额保持不变，因此，忽略风险会通过金融中介与投资者之间的风险错配造成金融脆弱性。为了弄清楚这一点，我们注意到使用真实的概率密度函数 $f(\widetilde{X})$ 所计算出的在忽略风险时的真实违约概率为：

$$Pr(0 \leqslant \widetilde{X} \leqslant X \leqslant N^\theta) = \int_0^{N^*} f(\widetilde{X}) d\widetilde{X} + \int_{N^*}^{N^\theta} f(\widetilde{X}) d\widetilde{X} \quad (3.7)$$
$$= \delta^* + \int_{N^*}^{N^\theta} f(\widetilde{X}) d\widetilde{X}$$

这一真实违约概率大于投资者的风险容忍度极限 δ^*。通过鼓励发行投资者认为安全的债券，忽略风险会增大在真实现金流分布 $f(\widetilde{X})$ 下的违约风险。因此，投资者会持有相对于自身偏好而言风险过高的债券。他们本来愿意承担的违约风险最高为 δ^*，最后却承担了更高的风险。这就是造成风险错配和金融脆弱性的原因。[1]

当"安全债券"隐藏的风险重新浮现，并且投资者认识到他们

---

[1] 在理想情况下，金融中介应该承担 $\widetilde{X} \in (N^*, N^\theta]$ 时的现金流风险。然而，在存在被忽略的风险时，现金流风险被投资者低效地承担了。这是忽略下行风险——意味着 $N^\theta > N^*$——所造成的。

处于自身"偏好习性"范围之外时,金融危机便发生了。假定这发生在 $t=0$ 时,在金融中介刚发行安全债券之后。出现危机的原因也许是在 $t=0$ 时新出现了有关抵押贷款违约率或住房价格波动的不利消息——例如,2007 年夏让市场参与者意识到债券违约比过去所设想的更容易发生。为简化起见,假定金融中介和投资者在 $t=0$ 时接收到不利消息后清醒过来而且变得充分理性:他们用真实的概率密度函数 $f(\widetilde{X})$ 来替换自身的信念 $f^\theta(\widetilde{X})$。这样的简化走了一条捷径:我们在第 5 章的信念模型会严格刻画市场参与者信念的演变。

在 $t=0$ 时,当被忽略的风险再次显露时,投资者意识到自己买入的债券不够安全,且违背了式(3.7)得到的"偏好习性"δ^*。坏消息不必骇人听闻,只需要糟糕到足以提醒投资者可能会出现不利的状态。当这种情况发生时,对违约概率的信念会跳升至大于 δ^*;根据投资者的偏好,他们对安全债券的保留价格会跌至

$$p_{inv}^{crisis} = \epsilon\beta_h\left[1 - \int_0^{N^\theta}\left(1 - \frac{\widetilde{X}}{N^\theta}\right)f(\widetilde{X})d\,\widetilde{X}\right] \tag{3.8}$$

因为 $\epsilon \ll 1$,这一价格将远低于式(3.3)给出的保留价格。

相比之下,金融中介对安全债券的保留价格为

$$p_{int}^{crisis} = \beta_l\left[1 - \int_0^{N^\theta}\left(1 - \frac{\widetilde{X}}{N^\theta}\right)f(\widetilde{X})d\,\widetilde{X}\right] \tag{3.9}$$

因为 $\epsilon\beta_h < \beta_l$,因此被忽略的风险再次显露会使得金融中介对安全债券的估值比投资者更高。在数学上表示为式(3.9)的值大于式

(3.8)。耐心的投资者看重作为储蓄工具的安全债券,但不愿意承担以前被忽略的风险。

我们现在可以很明显地看出金融中介与投资者之间存在风险错配,而这引发了市场反应。为了免于承担被忽略的风险,投资者会在市场上抛售安全债券,对价格造成很强的下跌压力。金融中介则作为流动性的提供者,乐于购回被投资者卖出的安全债券。

金融中介与投资者之间的交易量有多大?债券价格又会下跌多少呢?答案取决于金融中介的流动性财富,其反映了金融中介买回最初发行的AAA级债券的能力。在债券发行时,金融中介的流动性财富等于从投资者那里获得的发行收入 $N^\theta p(N^\theta)$[1];假定金融中介会用掉占比为 $1-\sigma>0$ 的流动性财富,而留存占比为 $0<\sigma<1$ 的部分。截至目前,我们将自留率(retention rate)σ 视为外生的,但我们会在下一节把 σ 内生化。当被忽略的风险再次显露时,金融中介所留存的流动性财富为 $\sigma N^\theta p(N^\theta)$。

基于式(3.8)和式(3.9),可得:

命题3.2 当被忽略的风险再次显露时,二级市场结果如下:

(1) 如果 $\sigma \geqslant p_{inv}^{crisis}/p(N^\theta)$,金融中介会回购所有债券,债券的市场价格为 $\min(\sigma p(N^\theta), p_{int}^{crisis})$。

(2) 如果 $\sigma < p_{inv}^{crisis}/p(N^\theta)$,金融中介仅能回购数量为 $\sigma N^\theta p(N^\theta)/$

---

[1] 这里区分一下符号,$p(N^\theta)$ 表示基于式(3.3)使用被扭曲的信念计算出的均衡价格:

$$p(N^\theta) = \beta_h \left[1 - \int_0^{N^\theta} \left(1 - \frac{\tilde{X}}{N^\theta}\right) f^\theta(\tilde{X}) d\tilde{X} \right]$$

p_{inv}^{crisis} 的债券，投资者继续持有其余的部分，债券的二级市场价格为 p_{inv}^{crisis}。

在情形（1）中，金融中介留存了足够的流动性财富，能够从投资者那里买回在 $t=0$ 时发行的全部债券。债券的市场价格低于发行价格，所以投资者亏钱，金融中介获利。这种情形有两个优点：第一，风险进行了有效的再配置——风险厌恶型投资者不再需要承担过度的违约风险；第二，债券价格较高，甚至可能等于金融中介对债券的保留价格［见式（3.9）］。因此，尽管忽略了风险，但是投资者的亏损是有限的。① 当代表性金融中介留存了足够的流动性财富时，它们会为买入其发行的安全债券的投资者提供托底的保险。被忽略的风险造成了资产价格的一些波动，但不会产生大的风险错配。②

相反，在情形（2）中，金融中介留存了很少的流动性财富，从投资者那里买回债券的能力有限。在这种情形中，被忽略的风险再次显露所引发的金融危机具有以下两个特征：一是与典型的资产甩卖一样，债券的二级市场价格远低于金融中介愿意支付的"基本面

---

① 再一次，如果金融中介足够有耐心，即 $\beta_l \approx \beta_h$，并且被忽略的风险不太大，即 $N^\theta \approx N^*$，那么式（3.9）给出的金融中介的保留价格可能与债券发行价格相当接近。

② 或许会有人说，甚至在命题 3.2 的情形（1）中，被忽略的价格下跌风险仍会产生社会成本。这一推理没有考虑以下可能性：对金融中介来说，当买回发行的全部安全债券时，它可以把发行量为 N^θ 的安全债券中超出理性预期下安全债券均衡发行量 N^* 的数量为 $N^\theta - N^*$ 的安全债券转换为劣后级（权益）资产，如劣后级 MBS——这会重新使得其余的数量为 N^* 的安全债券在 $t=1$ 时的违约概率不大于反映投资者"偏好习性"的风险容忍度极限 δ^*，并让金融中介可以把这部分安全债券再卖回给投资者。考虑到这一可能性会改变金融中介对买回自身发行的安全债券的支付意愿，从而提高命题 3.2 的情形（1）中安全债券的二级市场价格。

价值"；二是投资者承担了过度的违约风险，这造成了风险错配，从而产生了社会成本。

这一危机反映了我们在第 1 章所描述的关键特征：其一，许多对安全性有需求的投资者于 2007 年夏开始在市场上抛售 AAA 级 MBS，并且在雷曼兄弟倒闭后加快抛售。其二，持有证券化所生成的劣后级 MBS 的商业银行和投资银行，要么由于直接持有有风险的贷款，要么由于为 SIV 提供流动性担保，最终也承担了损失。这些损失，再加上金融中介自身的高杠杆率以及所留存的流动性财富不足，损害了金融中介支撑 MBS 二级市场价格的能力。最终的市场结果是资产甩卖，MBS 的价格急剧下跌，投资者继续持有被认为风险过高的资产。2007 年，美联储提供的流动性足以产生足够的需求以阻止金融体系崩溃；2008 年雷曼兄弟倒闭之后，投资者对偿付能力的担忧超过了对流动性的担忧，而前者需要更多资本金才能消除。

图 3.1 所描述的因果关系链取决于两个假设。第一个假设是，投资者偏好的拐折点在风险容忍度极限 δ^* 附近。该假设使得即使很小的被忽略的风险出现，经济也容易出现危机，因为投资者的估值会对其所察觉风险的微小变化极度敏感。这个关于偏好的假设对于本章的分析并非必要，只是为资产甩卖这一放大机制提供了微观基础。第二个假设是，金融中介的流动性财富有限。该假设是引发资产甩卖和金融危机的一个必要关键因素。与命题 3.2 的情形（1）一样，当金融中介留存了大量的流动性财富（或者具有很强的借款能力）时，忽略风险的后果就会无关紧要。

忽略风险 ⟹ 过量发债 ⟹ 资产甩卖和金融危机

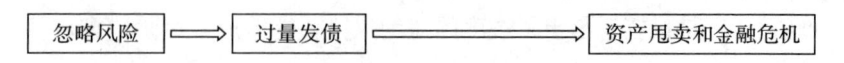

图 3.1　从忽略风险到发生金融危机的传导机制

尽管到目前为止我们将流动性财富有限视为给定，但对于金融中介来说，这是一个重要的选择变量。我们接下来将这一选择内生化，并证明这样做会放大金融脆弱性。这也使得我们可以解释第 1 章所描述的 2008 年危机爆发前夕的另一个关键特征：对贷款（如抵押贷款）的供给扩张。

忽略风险、贷款供给以及市场流动性不足

我们通过引入银行借贷，把金融中介的流动性财富（即自留率 σ）内生化。假定金融中介的借贷生产函数使得在 $t=0$ 时发放的抵押贷款 I 转换为 $t=1$ 时的偿付额 $\widetilde{A}q(I)$。经济状态 $\widetilde{A}$ 的不确定性导致偿付额随机，其分布由概率密度函数 $h(\widetilde{A})$ 决定。状态 $\widetilde{A}$ 刻画了住房价格或宏观经济状况。忽略风险依然由满足定义 3.1 的信念概率密度函数 $h^\theta(\widetilde{A})$ 来反映。采用前面的符号，可以把外部投资者可获得的总现金流定义为 $\widetilde{X}=\widetilde{A}q(I)$。由此，上一小节中的现金流分布 $f(\widetilde{X})$ 由生产率分布 $h(\widetilde{A})$ 得出，且取决于贷款水平 I。

由于借款人的信贷资质边际递减，因而金融中介的借贷生产函数 $q(I)$ 是递增的凹函数，且 $q(0)=0$。当然，这一函数性质是 2005 年前后市场的另一个主要特征，即次级贷款的扩张。在 $t=0$ 期末，银行没有用于发放贷款的资金被留存为流动性资本，并最终在二级市场出清后被分配掉。

第3章　2008年全球金融危机的风险忽略模型 | 079

金融中介通过选择安全债券发行量 N 和贷款总额 I 来最大化利润。每单位安全债券的面值依然为 1，因此当 $N > \widetilde{A}q(I)$ 时，N 单位安全债券都会违约。这一条件确定了使得全额偿付发生的经济状态 $\widetilde{A}$ 的临界值为 $N/q(I)$。在这里金融中介的目标函数与式（3.4）相同，只是这里利用了贷款发放额与可获得的现金流之间的关系：

$$\max_{N,I}(\beta_h - \beta_l)\left[N - \int_0^{\frac{N}{q(I)}}(N - \widetilde{A}q(I))h^\theta(\widetilde{A})d\widetilde{A}\right] \\ + \beta_l q(I)\int_0^{+\infty}\widetilde{A}h^\theta(\widetilde{A})d\widetilde{A} - I \quad (3.10)$$

式（3.10）中的利润包含三项。第一项是金融中介从买入债券的投资者那里掠取的租金，这些租金取决于债券发行量 N，N 又进一步取决于通过可获得的现金流提供的贷款总额 I。这些租金根据安全债券的价格等于在 AAA 级约束变紧时的投资者保留价格来计算。第二项是所认为的来自贷款的现金流的现值。第三项即贷款总额 I。金融中介的流动性财富由债券发行收入与贷款总额之间的差额 $p(N)N - I$ 间接决定。这一流动性财富不能为负，且取决于投资者在债券均衡发行量 N 处的保留价格 $p(N)$。

同样地，金融中介必须满足 AAA 级约束：

$$\int_0^{\frac{N}{q(I)}}h^\theta(\widetilde{A})d\widetilde{A} \leqslant \delta^* \quad (3.11)$$

金融中介通过扩大贷款总额 I 增加其现金流，从而能发行更多的债

券 N。

在最优处，金融中介发行债券使得 AAA 级约束刚好变为紧约束。这确定了经济状态的一个满足如下条件的临界值 A^θ：

$$\int_0^{A^\theta} h^\theta(\widetilde{A}) d\widetilde{A} = \delta^*$$

忽略风险提高了经济状态的临界值 A^θ。当市场参与者更加乐观时，金融中介就会发行更多的债券；这些债券仅在较好的状态下才会被足额偿付。当贷款总额为 I 时，安全债券的发行量为 $N^\theta(I) = A^\theta q(I)$，其发行量随着 I 递增并且高于理性预期下的均衡发行量 N^*。

命题 3.3 当存在被忽略的风险时，

(1) 贷款水平高于理性预期下的贷款水平：$I^\theta > I^*$。

(2) 如果关于平均经济状态的信念 $\int_0^{+\infty} \widetilde{A} h^\theta(\widetilde{A}) d\widetilde{A}$ 相比真实水平 $\int_0^{+\infty} \widetilde{A} h(\widetilde{A}) d\widetilde{A}$ 足够高，那么金融中介不会留存任何流动性财富：

$$I^\theta = p(N^\theta(I^\theta)) N^\theta(I^\theta)$$

当市场参与者忽略下行风险并且对平均经济结果的期望过度乐观时，我们的模型不仅会得出如情形（1）中对抵押贷款的过度投资，而且会得出如情形（2）中金融中介流动性过低的结论。为了从直觉上理解这些结论，注意到利润最大化时发放贷款的边际收益为：

$$q'(I^\theta) \left[(\beta_h - \beta_l) \left(\int_0^{A^\theta} \widetilde{A} h^\theta(\widetilde{A}) d\widetilde{A} + A^\theta(1-\delta^*) \right) + \beta_l \int_0^{+\infty} \widetilde{A} h^\theta(\widetilde{A}) d\widetilde{A} \right]$$

上式方括号中的第一项反映了金融中介发行债券的利润。金融中介通过增加贷款总额获得了更多的抵押品，从而放松了AAA级约束，进一步扩大了安全债券的供给，这对于金融中介来说是有利可图的。在忽略风险情形下，这一机制会更强大，并会增强金融中介的放贷激励。

方括号中的第二项反映了金融中介持有风险层抵押贷款的期望利润。当金融中介对平均经济状态 $\int_0^{+\infty} \widetilde{A} h(\widetilde{A}) d\widetilde{A}$ 很乐观，即 $\int_0^{+\infty} \widetilde{A} h^\theta(\widetilde{A}) d\widetilde{A}$ 很大时，增加贷款总额看起来非常有利可图。这一效应也会增强放贷激励。

命题3.3表明，当第二个效应足够强时，金融中介的放贷激励会比这些贷款带来的发行收入强得多。因此，一个对其留存的风险层抵押贷款的偿付乐观的金融中介会有激励去最大化贷款发放总额，甚至可能会超出债券发行收入。这样的金融中介会把所有的发行收入都用于发放抵押贷款，一点多余的流动性财富都不留存，即 $I^\theta = p(N^\theta(I^\theta))N^\theta(I^\theta)$。[①]

关键的一点是，忽略风险本身就会导致市场流动性不足和资产甩卖。引发金融危机的新的事件链条如图3.2所示。

[①] 因为发放抵押贷款的边际收益递减，所以每增加一单位贷款所能够维持的安全债券供给扩张会越来越小。不过，当金融中介对抵押贷款的平均收益有乐观的信念时，它就仍然会认为为抵押贷款提供融资是最优的——通过这样做，金融中介预期能从风险层抵押贷款中赚取更多的利润。

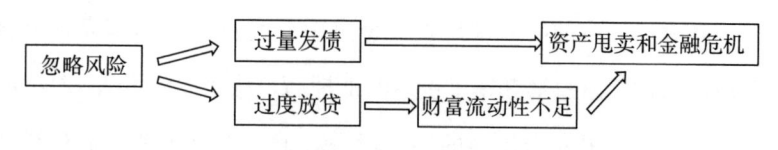

图 3.2 忽略风险、过度借贷与流动性不足

金融部门的过度扩张是将忽略风险与发生金融危机联系起来的关键机制：在忽略风险情形下，金融中介会把贷款的供给扩张到边际借款人，同时对这些边际贷款进行证券化以创造安全债券。不仅仅是债券创造扩张可以产生更多的贷款供给，贷款供给本身也会扩张来为债券创造提供抵押品，从而提高发行收入。投资者获得的大笔财富致使金融中介为了增加债券供给而把可抵押的现金流范围扩展到越来越接近边际的贷款。此外，金融中介对未来平均经济状态的乐观信念提高了留存风险层现金流的期望回报，这进一步增强了发放贷款的激励。过度放贷与过量发债结合在一起，导致金融中介资产负债表中的流动性缺乏，并造成金融体系的脆弱性。

上述分析更加接近第 1 章的描述——对证券化产品的需求实际上影响了对次级抵押贷款的发放，因为需要这些次级抵押贷款为生成 AAA 级 MBS 提供抵押品，我们在第 1 章讨论了关于这一机制的证据。本节的模型得出了这一机制：对 AAA 级 MBS 的需求促使金融中介贷款供给的扩张。在忽略风险情形下这一扩张会构成系统性风险。在这一模型中，不仅风险配置是低效率的[†]，生产也是低效率

[†] 即对安全资产有需求的风险厌恶投资者却承担了相对于其风险偏好过高的债券违约风险。——译者注

的：存在过量贷款乃至过度投资。因此，这一机制也解释了第1章所描述的关于住房建设和住房抵押贷款大规模扩张的证据。

最后，本节给出模型自然地会引发抛售 MBS 的结果，它是金融中介自身缺乏流动性财富带来的副产品。在乐观时期，金融中介会发放抵押贷款来支持证券化，并将 AAA 级 MBS 卖给投资者，从中赚取额外的利润。当被忽略的风险再次显露时，不满的投资者开始卖出，这时 AAA 级 MBS 的供给过高，而对其的需求则过低。

在这里缺乏流动性财富不仅取决于忽略下行风险，而且取决于金融中介对住房市场未来平均经济状态的乐观程度，它提高了金融中介的风险容忍度。[①] 这提醒我们，了解完整的信念概率分布而非仅仅是概率分布的左尾很重要。同样，第5章的模型将有助于回答这个问题。

影子银行业务：打包和分级

至此，我们已经证明，忽略风险可以阐释危机的三个主要特征：金融中介资产的过度扩张，以发行 AAA 级 MBS 为形式的证券化的过度扩张，危机中市场流动性不足及资产甩卖。在对证券化的建模中，我们还没有考察第1章讨论过的金融危机的一个根本特征：将存在特异性风险的资产进行打包以创造安全债券的抵押品。证明这一根本特征很重要——尽管在理性预期情形下打包会减小个体金融

---

① 比如当 $h^\theta(\widetilde{A})$ 一阶随机占优 $h(\widetilde{A})$ 时这一结论成立。

中介的风险,但在忽略风险情形下会通过导致 AAA 级债券的供给过度扩张成为金融脆弱性的另一来源。

为了将资产打包纳入我们的基本设定,我们放松了所有金融中介获得相同的现金流 $\widetilde{X}$ 这一假设。因此,与前面的代表性金融中介这一设定不同,本节用 $\widetilde{X}_i$ 来表示某一金融中介 i 的现金流。这一现金流面临特异性风险,这使得将各金融中介 i 的现金流打包以降低特异性风险有潜在的好处——打包可以通过降低现金流组合的风险增加 AAA 级债券的供给。为简化起见,下面我们的正式分析不再考虑贷款总额内生这一点,但考虑内生贷款发放的模型的分析几乎与上一节一致。

为了刻画特异性风险,假设金融中介 i 持有的抵押贷款(可以将之推广至一般贷款)的现金流为

$$\widetilde{X}\epsilon_i \tag{3.12}$$

其中,ϵ_i 是在区间 $[\underline{\epsilon}, \bar{\epsilon}]$ 上独立同分布,概率密度函数为 $g(\epsilon_i)$ 且具有单位均值 $\int_{\underline{\epsilon}}^{\bar{\epsilon}} \epsilon_i g(\epsilon_i) d\epsilon_i = 1$ 的特异性冲击。现金流因子 $\widetilde{X}$ 对于所有金融中介是相同的,且其分布仍然是真实概率密度函数 $f(\widetilde{X})$。冲击 ϵ_i 产生了金融中介特定的风险,比如由于金融中介特定的区域分工(某些金融中介在特定的地区开展业务)。

用 $f_i(\widetilde{X})$ 表示金融中介 i 的现金流分布。式(3.12)描述的特异性风险会在以下意义上具有左肥尾性:

引理 3.1 如果共同现金流因子 $\widetilde{X}$ 的概率密度函数 $f(\widetilde{X})$ 是区间 $[0,\hat{X}]$ 上的凸函数，那么对于所有的 $Z\in[0,\hat{X}\epsilon]$，引致的中介特定的现金流的概率密度函数 $f(\widetilde{X}_i)$ 比 $f(\widetilde{X})$ 具有更肥的左尾，即 $\int_0^Z f(\widetilde{X}_i)d\widetilde{X}_i > \int_0^Z f(\widetilde{X})d\widetilde{X}$。

现金流增加了特异性风险会增大现金流落在不太可能的左尾的概率［即 $f(\widetilde{X})$ 的递增区间的最左边部分］。这对任何现金流分布都成立，不管是引理 3.1 中明确的真实概率密度函数 $f(\widetilde{X})$，还是对 $f(\widetilde{X})$ 的被扭曲的信念 $f^\theta(\widetilde{X})$，只要该概率密度函数是区间 $[0,\hat{X}]$ 上的凸函数。就本章的研究目的而言，特异性风险对右尾的影响无关紧要。

有了引理 3.1，我们就能求解忽略风险情形下的模型。在该模型中，市场参与者认为的共同现金流因子 $\widetilde{X}$ 的概率密度函数 $f^\theta(\widetilde{X})$ 满足定义 3.1——不过市场参与者对特异性风险的信念仍为 $g(\epsilon)$。我们接下来比较忽略风险情形下与理性预期下的市场均衡。

特异性风险会使得 AAA 级约束 $\int_0^{N_i} f^\theta(\widetilde{X}_i)d\widetilde{X}_i \leqslant \delta^*$ 变紧，这会减少债券的供给。我们用 $f_i^\theta(\widetilde{X})$ 来表示受特异性风险影响的被扭曲的信念。AAA 级债券的供给从而由下面的条件决定：

$$\int_0^{N_i^\theta} f_i^\theta(\widetilde{X})d\widetilde{X} = \delta^* \tag{3.13}$$

因为 $f_i^\theta(\widetilde{X})$ 的左尾比 $f^\theta(\widetilde{X})$ 更肥，所以低现金流的概率变得

更大,从而减少 AAA 级债券的供给。用数学语言来表述就是,与式(3.6)下非特异性冲击的基准情形相比,式(3.13)下的债券发行量更小,即 $N_i^\theta < N^\theta$。

忽略风险时的打包和分级

为了避免特异性风险所造成的成本,金融中介之间可以互相交易现金流。假定金融中介 i 卖出自身现金流中占比为 α_i 的部分,并以相同的比例 α_i 买入其他金融中介的现金流资产池。因为特异性冲击 ϵ 具有单位均值,所以现金流资产池——通过根据式(3.12)对所有金融中介进行平均得到——等于 $\widetilde{X}$。因此,金融中介 i 总的现金流变为:

$$\widetilde{X}_i = (1-\alpha_i)\widetilde{X}\epsilon_i + \alpha_i \widetilde{X} \tag{3.14}$$

金融中介对特异性冲击 ϵ_i 的风险敞口随着打包程度 α_i 递减。当完全打包即 $\alpha_i = 1$ 时,金融中介获得的现金流就等于共同现金流因子 $\widetilde{X}$,这与本章前几节所讨论的情形完全一样。

我们允许每个金融中介通过卖出自身特异性现金流中占比为 α_i 的部分来买入相同数量的所有其他金融中介现金流打包而成的资产池。我们可以把抵押贷款资产池视作由一家面对竞争性市场条件从而利润为零的公司——比如抵押贷款发起人——进行组合并售卖。因为所有现金流在事前都相同,所以它们一定具有相同的价格,根据零利润条件,该价格也是贷款资产池的价格。因为这个原因,相互交易不会影响金融中介的平均利润,但会改变金融中介的抵押品:

金融中介现在可向外部投资者承诺自身在 $t=1$ 时会获得的全部现金流，包括自身留存的贷款和从市场上购入的资产池的偿付额。

由于金融中介具有同质性，它们都将卖出自有现金流中相同的份额并买入资产池中相同的份额。在这种情况下市场均衡如下所示：

命题 3.4 如果 $f^\theta(X)$ 满足引理 3.1 中的条件，那么在忽略风险情形下的市场均衡中，金融中介充分进行分散化（对于所有的 i 都有 $\alpha_i=1$），且债券发行量为 N^θ，与不存在特异性风险的模型一样。

在均衡中，打包被充分利用。通过以分散化的资产池替换自有现金流，金融中介使其现金流更安全。这进一步使得它们可以使用这些现金流作为抵押品发行更多的安全债券并提高发行利润。打包的结果与本章前文得到的市场结果相同。

特异性风险的引入使得模型能够解释金融危机之前的一些其他特征。其一，金融中介发放并卖出住房抵押贷款，当然，也可能只是从其他不同金融中介那里买入后者发放的住房抵押贷款。各个金融中介不会留存这些存在特异性风险的现金流，而是在市场上将其一部分或全部卖给那些将住房抵押贷款打包的资产池发起机构。这就是 2008 年金融危机爆发前的"发行并卖出住房抵押贷款"这一银行业务大大增加的情形。

其二，金融中介在市场上买入住房抵押贷款池，然后通过分级分出安全的优先级部分来为投资者创造 AAA 级安全债券。尽管金融中介由此降低了特异性风险，但其向投资者卖出的证券化产品仍然暴露于共同现金流因子$\tilde{X}$的系统性风险。分散化和打包可以降低特异性风险，但没有降低系统性风险。正如Coval、Jurek和Stafford（2009a，2009b）所指出的，系统性风险在一定程度上被低估或被错误计算，从而金融系统的脆弱性这时仍然存在，只是被分散化掩盖了。

其三，我们的模型以一种非常标准的方式解释了分级是如何导致保险与债券创造一起增加的。其中保险表现为金融中介相互交易住房抵押贷款，从而降低了特异性风险。债券创造增加则是因为贷款资产池的风险更低，使得金融中介可以从资产池中创造更多的AAA级债券。沿着上一节的研究思路，在本节的模型中加入内生贷款发放这一假设同样会产生保险、债券和金融中介资产的同时增加，其中金融中介资产增加表现为向边际借款人更多地放贷。

关键的问题在于，忽略风险所造成的金融中介对安全债券的过量发行是否在资产打包的经济体中更严重。在一些条件下，打包可能实际上会加重忽略风险所造成的后果，从而相对于理性预期导致更大的福利损失。为了弄清这一点，我们下面来比较忽略风险情形下的市场均衡与理性预期情形下的市场均衡。令打包程度为α时忽略风险情形下和理性预期情形下的债券均衡发行量分别为$N^{\theta}(\alpha)$和$N^{*}(\alpha)$。我们之前提到，$f_i(\tilde{X})$和$f_i^{\theta}(\tilde{X})$分别表示不存在打包时，真实的现金流分布和受特异性风险影响的扭曲的现金流分布。由此得出：

命题 3.5 假设对于$X \leqslant N^{\theta}(1)/\epsilon$，有$f(X) \geqslant f^{\theta}(X)$且

$f_i^\theta(N^*(0)) > f^\theta(N^\theta(1))$，那么，如果对于 $X \leqslant N^\theta(1)/\epsilon$，$\left[f\left(\dfrac{X}{\epsilon}\right) - f^\theta\left(\dfrac{X}{\epsilon}\right)\right]\dfrac{1}{\epsilon}$ 是关于 ϵ 的凹函数，则在忽略风险情形下现金流的打包会加剧债券的过度发行。更正式地：

$$N^\theta(1) - N^*(1) > N^\theta(0) - N^*(0)$$

充分打包时由忽略风险导致的 AAA 级债券过量发行程度 $N^\theta(1) - N^*(1)$，可能比不存在打包情况下的过量发行程度 $N^\theta(0) - N^*(0)$ 要高。住房抵押贷款的打包促进了债券的过量发行，加剧了忽略风险所带来的后果。从直觉上讲，即使投资者忽略了共同现金流因子 $\tilde{X}$ 的左尾风险，特异性风险也会通过增加尾部风险和投资者对此的认知来限制债券的发行；而打包消除了这一效应，促进了债券的发行。当特异性风险被分散化，对整体经济过度乐观的看法会更大程度地促进债券的发行。①

风险打包和债务扩张之间的互补性是金融脆弱性的来源之一：当投资者忽略下行风险时，保险使得金融中介负债和风险承担过度扩张，进而使得金融部门更易受金融危机的影响。

证券化、市场流动性不足与金融危机

证券化通过促进安全债券的过量发行导致经济体对金融危机的

---

① 如命题 3.5 所示，真实与信念之间的差异 $(f - f^\theta)$ 关于 ϵ 足够凹时这一结论成立。在直觉上，在这一情形下随机冲击平均而言会减小真实与信念之间的差异，因为根据凹性，不同特异性冲击 ϵ 下 $(f - f^\theta)$ 的平均值比没有特异性冲击时要小，由此会降低忽略风险情形下的债券过量发行程度。

脆弱性上升。当被忽略的风险再次显露时，金融体系中的AAA级债券数量会变得相当庞大，且这些债券的风险远远超过了投资者的风险容忍度极限δ^*，这两点对二级市场价格造成了极强的下行压力。

如本章第1节所述，市场价格下跌多少取决于金融中介持有的流动性财富。本章第2节则表明，忽略风险本身通过促进过度放贷就能导致金融中介的流动性不足。这里所考察的抵押贷款打包能更进一步减少流动性。本书附录部分严格证明了这一结论，但主要逻辑如下。当金融中介没有打包它们的现金流，即使关于总现金流$\tilde{X}$的被忽略的风险再次显露，一些金融中介也会得到有利的特异性现金流。这些幸运的金融中介会将其流动性财富中的一部分用于从二级市场买回AAA级债券，从而支撑AAA级债券的市场价格。但当金融中介打包了它们的现金流时，所有金融中介都完全暴露于总现金流$\tilde{X}$的系统性风险。当被忽略的风险再次显露时，各金融中介都要承担损失，同时各金融中介所留存的流动性财富均不足，这加剧了资产甩卖。正如我们对2008年发生的资产甩卖所做的描述一样，分散化使得各个金融中介暴露于相同的系统性风险，当被忽略的风险再次显露时，这会导致大规模的流动性短缺和资产甩卖。在这个意义上，限制资产打包是有益的：这些限制会让各金融中介存在事后的分散化——使那些幸运者能够支撑起对陷入困境的资产的需求，并减少资产甩卖。忽略风险反转了分散化的作用。

图3.3总结了本章的分析。

在忽略风险模型中金融脆弱性的关键来源是金融部门的过度扩

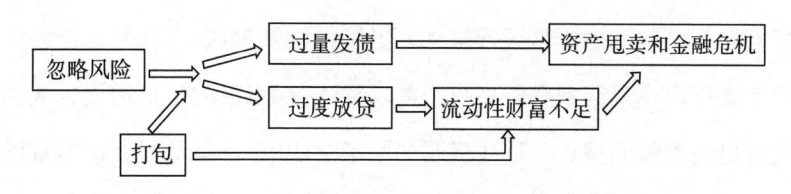

图 3.3　打包、金融部门过度扩张与流动性不足

张。当被忽略的风险再次显露时，债券的过量发行和贷款的过度发放会导致流动性不足和二级市场上严重的资产甩卖。这产生了两种会在金融危机发生时出现的低效率：一是对经济中风险的配置是低效的；二是对资本的配置也是低效率的——对无利可图的项目过度投资。

住房抵押贷款打包和分级这样的金融创新扩大了被投资者认为安全的债券的供给，放大了上述传导机制。事前，保险提高了金融中介的资产和债券过度扩张的程度；事后，保险导致了普遍的流动性短缺，因为所有金融中介同时变得流动性短缺。

本章给出的模型阐明了 2008 年金融危机的几个特征，包括：抵押贷款扩张到有风险的借款人、证券化越发普遍、AAA 级 MBS 急剧增加、金融中介对有风险的抵押贷款的风险暴露，以及最后导致的金融体系对坏消息极其敏感。金融中介最终不仅在项目融资上承担了过多风险，而且直接或间接在持有的抵押贷款资产池上承担了过多风险。这使得 AAA 级债券易受风险的影响：当被忽略的风险再次显露时，随之而来的是资产甩卖。如第 2 章所述，对风险的忽略能在标准的风险分担机制下产生上述结果。

正如我们一开始就强调的，本章为金融脆弱性建模的依据不是短期融资机制，也不是银行挤兑。当然，如果MBS由SIV持有并由资产支持商业票据来融资，我们可以预计在MBS的价值遭受巨大损失后出现类似的挤兑。这些机制加剧了2008年金融危机，但本章没有对其进行分析，因为我们认为这是金融危机的后果，而非原因。

不过，本章没有分析的一项重要内容是信念的基础。根据实证证据，我们只是简单假设市场参与者忽略下行风险，并考察了这一假设的后果。由于下面两个原因，这样处理是不够的。第一个原因是，本章所采用的方法不能识别错误信念形成和演变的条件。就2008年金融危机而言，这意味着当前的模型既不能解释忽略下行风险如何取决于2007年以前的经济趋势，也不能解释为何在最初2007年的不利消息之后花了长达一年的时间金融危机才完全爆发这个事实。一个具有微观基础的信念模型将有助于对这些问题做出解释。

第二个原因是，忽略风险只是市场参与者可能会表现出来的信念偏差中的一种。正如本章所述，理解忽略风险与对平均经济状态的乐观信念之间的关系，是确定风险承担是否仅仅出现在AAA级债券市场上的关键。就信念所给出的具有心理学基础的完整描述，有助于识别不同的信念演化方向，即究竟在什么条件下会朝相同方向或朝相反方向发展。

本书的其余部分试图回答上述问题。首先，第4章更广泛地考察了投资者、公司管理层和专业预测者在多种情形下的预期，并试图总结若干现象——这些现象是关于预期的更一般的模型应该加以解释的，而不限于2008年全球金融危机的现象。接下来，第5章在

Kahneman 和 Tversky（1974，1983）的代表性判断这一心理学基本原理的基础上，提出了一般性的信念形成的一个微观基础。这一微观基础使我们得到了有关诊断性预期的预期形成理论；在一定条件下，这一模型能够同时预测好消息出现后平均投资回报的高估，以及下行风险的低估。然后，我们用诊断性预期模型解释了第 2 章中的证据。第 6 章则把全书前五章的内容统一了起来，描述了一个关于信贷周期的数学模型，该信贷周期模型建立在诊断性预期模型和其他几个实证研究结果之上。这样我们表明，诊断性预期模型适用于一系列比 2008 年金融危机广泛得多的金融波动性和金融不稳定性方面的现象。

第 4 章
金融市场中的外推式预期

在前几章中,我们论证了信念偏差对理解 2008 年金融危机的重要性。信念偏差是理解住房市场泡沫、住房抵押贷款支持证券的定价以及 2007—2008 年政策制定者所做出的政策选择的根本。不过,2008 年全球金融危机是个别事件吗?是因为住房价格不同寻常的上涨和为此提供融资的金融创新误导了投资者和政策制定者吗?抑或是因为信念和预期偏差是系统性偏差,在许多情形中都出现了?如果是这样,可以更一般地说金融脆弱性和经济波动性是由信念偏差造成的吗?2008 年全球金融危机是独一无二的还是类似于其他金融危机?从本章开始,我们给出一些实证研究证据和一种理论方法来解答这些疑问。我们的基本观点是:预期偏差是系统性偏差,以 2008 年全球金融危机告终的信贷周期具有与其他周期和危机相同的基本特点。

我们回答上述疑问的方法是:使用有关投资者、公司管理层、分析师和专业预测者预期的问卷调查数据,并把这些数据融入到经济分析中。在第 2 章,我们使用了几类问卷调查数据,如关于泡沫时期住房价格的预期和2008年金融危机爆发之前美联储对宏观经济的预测，来为我们视作危机起源核心的信念偏差提供佐证。本章则会表明，类似预期偏差的实证研究证据是如何不断在各种金融市场上出现的。

根据关于预期的问卷调查数据来理解人们的信念是对传统的经济分析的重大偏离，后者自20世纪70年代以来一直被理性预期假说（REH）所主导，理性预期假说最初是由Muth（1961）提出的。在理性预期下，经济主体通过最优地运用自己身处其中的真实的经济结构来预测未来。这意味着经济结构本身就决定了经济主体应该秉持什么样的信念。从经济学研究的视角来看，这表明只要实证研究者知道经济主体预测未来时所依据的模型，并且能够从这个模型中计算出经济主体对未来变量在统计上最优的预期，那么关于预期的问卷调查就是多余的。经济学家还对来自问卷调查的预期数据的质量心存疑问，特别是在调查对象为家庭时，因为担心他们是否理解调查问题的用意或者是否有激励做出正确的回答。例如，Prescott（1977，30）就认为，"正如我们不能观察到效用一样，我们也观察不到预期，因此不能用问卷调查来检验理性预期假说"。

出于类似于宏观经济学中的理由，在金融经济学中对关于预期的问卷调查数据的运用也不太多。[1] 有效市场假说（EMH）认为证

---

[1] 少数一些运用了来自问卷调查的预期数据的研究包括：Dominguez（1986）；Frankel和Froot（1987）；La Porta（1996）；Vissing-Jorgensen（2004）；Fuster、Laibson和Mendel（2010）；Bacchetta、Mertens和van Wincoop（2009）；Hirshleifer、Li和Yu（2015）；Malmendier和Nagel（2011）；Ben-David、Graham和Harvey（2013）；Barberis等（2015）；Amromin和Sharpe（2014）。

券的市场价格精准地反映了证券的基本面价值，它表明对证券投资回报的理性预期直接等于经济学模型所得出的投资者要求的回报水平。在 Campbell 和 Cochrane（1999）或者 Lettau 和 Ludvigson（2001）等给出的标准经济学模型中，投资者要求的回报的主要决定因素是投资者的财富和消费的变化：如果投资者当下的财富很多或消费很高，投资者为了平滑消费就会想要更多地储蓄，这使得他们愿意接受未来一段时间的股票投资低回报。那么，在理性预期均衡中，投资者对股票未来投资回报的预期应该会很低，并且能通过关于投资者财富和消费的数据算出来。当投资者对股票未来投资回报的预期因为投资者权衡当下消费还是以后消费的意愿而变化时，股市就会波动。因为根据假设，投资者对股票未来投资回报的预期是由经济学模型决定的，所以投资者预期不需要关于预期的问卷调查数据来予以检验。

理性预期假说和金融学中与之密切相关的有效市场假说都是 20 世纪经济学的最重要进展，它们给经济周期和金融市场模型带来了优雅、条理、规矩，以及有力的实证内容。或许同样重要的是，理性预期假说把微观经济学理论和宏观经济学模型统一了起来，因为研究人员可以从关于个体优化行为的假设开始，计算家庭和企业的最优选择，并将其纳入可检验或可校准的宏观经济学模型。根据经济学模型和预期是一致的这一假设，不用直接对预期进行问卷调查也可以得出许多理论结构以及预测能力。

尽管理性预期方法有上述好处，拒绝使用关于预期的问卷调查数据依然显得很极端。首先，几乎所有的经济数据都来自问卷调查，关于预期的问卷调查数据为什么就比其他（如关于生产的）问卷调查数据更加不确定呢？答案并不是显而易见的。Prescott（1977，30）将预期和效用类比也不恰当。偏好不会被经济学家直接观察到，即便是对消费者来说，要想出关于自己偏好的定量指标也很难。因此，很难从问卷调查中得出消费者的效用（即消费者的偏好），而通过消费者的选择来推断效用会更容易。但这对预期来说则不成问题，因为它已经在决策者的头脑中。调查人员在调查问题下可能获得的数据（如投资者对股市回报的预期），正是调查人员想要通过问卷调查得到的对预期的衡量。因此，放弃使用关于预期的问卷调查数据看来是没有道理的。与我们的看法一致，Manski（2004）令人信服地有力地论证了，预期数据对识别不同的经济学模型是必要的。

预期数据是刻画了推动经济活动的真实信念，还是仅仅反映了测量误差？这是一个实证问题。本章给出的实证研究证据为这一实证问题提供了一些答案。这些实证研究证据表明，在使用不同方法论和采用略有不同的调查问题的各份问卷中，人们所填报的预期高度一致，远非随机的噪声。而且，有越来越多的实证证据表明，对于调查对象来说，根据他们在调查问卷中所填报的预期比根据某些基于理性预期模型的预测指标能更准确地预测他们的实际行为。人们的确是言行一致的。

一旦我们证明，预期数据必须被认真视作信念的有效测度，预期数据就可以用于评估信念是否符合理性。理性预期假说认为，经济主体会利用所拥有的全部信息来做出在统计上最优的预期。因此,预期偏差不能根据决策者做出预测时所拥有的信息来预测。如果一些信息的确有助于预测预期偏差,理性的决策者为了避免任何可预测的偏差,自然会采用这些信息来改进其预期。这一事实蕴含着对理性预期假说的一种检验策略——一种完整的检验策略。研究人员可以收集关于预期偏差的时间序列数据,然后检验人们利用做出预测时可得的信息是否能预见这些预期偏差,从而对预期加以修正。研究人员也能检验预期的投资回报与实际的投资回报之间的关系,并验证对未来投资回报的预测准确性。

本章给出了一些实证研究证据。一般来说,这些实证研究证据很明确地拒绝了理性预期假说:预期偏差是系统性可预测的。在数据中,这样的可预测预期误差似乎是外推式预期导致的——分析师、投资者和公司管理层都以最近的历史为依据来做出对未来的预期:在经济上行期,他们对未来会过度乐观,而在经济下行期,他们对未来会过度悲观。当然,投资者外推式预期导致有效市场假说不成立这一观点并不是什么新观点。自 Shiller(1981)发现美国总体股市的过度波动以来,经济学家已提出相当多的证据来表明很多市场的波动性和汇率的可预测性表现出类似的规律。总体而言,这些证据表明,资产的高估值(相对于估计的基本面价值)与资产在未来一段时间的低回报有关联,反之则反。这些实证规律看起来非常像是外推信念的副产品,其中资产的高回报被外推到遥远的未来,导致对资产的估值过高,而接下来要修正这些估值。不过,在几乎所有的关于预期偏差的研究中,信念都是通过对资产的估值、资产的投资回报和对资产基本面价值的估计间接推断出来的。一些资产高估的测度能预测到股价未来会向下修正,它们要么是资产过去的投资回报很高,要么是资产的市场价值与估计的基本面价值的比值很大(比如,参见 De Bondt and Thaler, 1985; Campbell and Shiller, 1988; Cutler, Poterba, and Summers, 1990; Lakonishok, Shleifer, and Vishny, 1994)。我们对这一研究证据的贡献在于直接考察了关于预期的问卷调查数据。

我们分四步给出了与预期有关的经验证据。第一步,我们总结了 Greenwood 和 Shleifer(2014)提出的有关金融市场的市场参与者对股市未来投资回报预期的结论。这有大量的数据,但并不完美,不过它们仍然能让我们直接研究问题,即预期数据是噪声还是对推动经济活动的信念的另一种有意义的测度。即使考虑到个人投资者是否明白调查问题的用意这个顾虑,这些数据依然表明个人投资者对股市整体未来投资回报的预期在不同的问卷调查之间是高度一致的。个人投资者的预期事实上与业内人士高度相关。此外,这些预期可以预测个人投资者的实际投资行为,比如,个人投资者将资金投入权益共同基金。所以,关于预期的问卷调查数据绝非噪声。

诚然,这些数据结构各异,但在所有不同的问卷调查当中,股票回报预期是显著外推式的:对股票未来回报的预期与股票过去的回报高度正相关。这远非理性。实际上,当投资回报预期很高时,实际的投资回报往往较低。尽管如此,过去的投资回报很高还是会促使投资者对未来的投资回报有过度乐观的预期。这类证据恰好表明，可预测的预期偏差不符合理性假设。

第二步，我们给出股票收益率的横截面证据，它来自 Bordalo、Gennaioli、La Porta 和 Shleifer（2017）的研究；他们发现专业分析师对公司盈利增长率有极端的预期。由于这些数据来自专业分析师，因而可以说这些数据比来自个人投资者问卷调查的数据有更高的质量。专业分析师一定知道对公司盈利增长率的预期的含义，特别是在问卷调查中被问及这一预期之后。但这些数据依然会拒绝理性预期假说，这些数据还是显示了明显的外推式预期，以及随后的可预测的失望。此外，我们还给出了一些证据表明外推不是机械式的，而是采取了对新闻过度反应的形式：人们的预测会对新闻做出反应和调整，但会反应过度。这个实证研究证据给了我们关于信念形成和修正的更详细信息，为第 5 章提出关于信念是如何形成的理论铺平了道路。

第三步，我们总结了 Gennaioli、Ma 和 Shleifer（2015）中美国大公司的首席财务官（CFO）对所供职公司今后的盈利增长率的预期、公司的投资计划和公司实际的投资之间的关系。我们再一次证明了预期会偏离理性。另外，我们发现 CFO 对公司盈利增长率的预期与公司实际的投资之间存在强相关关系。事实上，用预期来预测投资要比用基于模型的关于投资机会的指标即托宾 Q 来预测投资好得多。正如关于资金流的实证研究证据，个人投资者的实际投资行为是由预期本身"是什么"推动的，而非由理性预期模型中预期

"应该是什么"推动。

第四步，我们转而探讨信贷市场，毕竟这是本书的主题，我们总结了关于信贷周期的现有证据。在本章的这一部分，我们考察了关于系统性信贷扩张、金融危机和经济活动的更加广泛的实证研究证据。在 2008 年金融危机之后的十年中，在刻画有关信贷周期的事实方面有巨大的进展。显示信贷市场存在泡沫的各种指标，比如一般性的信贷扩张和特殊性的家庭信贷扩张，还有低信用利差和债券发行总量中高风险债券的高占比，都可以预测未来会出现金融危机和经济增长的放缓。我们引入了关于预期的调查数据来补充这些研究结果，并且证明信贷市场中也出现过类似的外推，特别是对信息反应过度的系统性的预期偏差。我们的更大目标是要表明：2008 年全球金融危机的一些主要的定性特征，以多种方式在历史数据中找到了类似的规律。

对股市整体收益率的预期

或许是因为股市波动涉及的人如此多，从个人投资者到公司管理层再到专业预测者，所以就对股市整体收益率的预期而言，这一调查数据有多种来源。Greenwood 和 Shleifer（2014）汇总了来自 6 个不同来源的调查数据，它们具有非常多元化的调查对象和不同的调查问题，其中有些是定量的问卷调查数据，有些是定性的问卷调查数据。

第一个来源是对个人投资者的盖洛普问卷调查（Gallup Survey），涵盖 1996—2012 年。对于 1996—2012 年的大部分年份，这一问卷调查询问调查对象以下问题：对美国股市未来一年的收益率的预期，在"非常乐观""乐观""中立""悲观""非常悲观"中，你持有何种预期？我们可以用对美国股市看涨（bullish）的投资者占比与对美国股市看跌（bearish）的投资者占比之差，来构建一个关于该问卷调查对象对收益率的预期的定性指标。在1998—2003年间，这一问卷调查还询问了调查对象关于股市预期收益率的定量估计。因为在1998—2003年与1996—2012年有所重叠的时期中，定性的看涨指标的变动与定量的收益率预期的变动高度相关，所以1998—2003年这一重叠期使我们可以把始于1996年的关于预期的定性指标转换成关于预期的定量指标。

第二个来源是由约翰·格雷厄姆（John Graham）和坎贝尔·哈维（Campbell Harvey）自1998年以来在杜克大学所做的针对美国大公司CFO的问卷调查。作为调查对象的美国大公司CFO，填报自身对美国股市下一年预期收益率的定量估计。这些CFO相比于盖洛普问卷调查的调查对象是一群更老练的调查对象。

第三个来源是由美国个人投资者协会（American Association of Individual Investors）自1987年以来对其会员所做的投资者情绪问卷调查。该问卷调查询问调查对象对美国股市是看涨、中立还是看跌。同第一个来源中的盖洛普问卷调查一样，这也是一项定性的问卷调查，所以人们只能构建一个会随时间推移而变化的表示平均看涨水平的定性指标。不过，该问卷调查的调查对象可能比盖洛普问卷调查的调查对象更加老练，因为他们是投资者协会的会员。

第四个来源是《投资者情报》(Investor Intelligence)，该通讯报创刊于 1963 年，对 120 多份独立的金融市场快报的投资展望进行概述。每份快报在每个时点都被分类为看涨（bullish）、中立（neutral）或看跌（bearish），因此我们可以构建一个看涨快报量与看跌快报量之比的定量指标。

第五个来源是罗伯特·希勒关于个人投资者对股市信心的问卷调查。该问卷调查与第一个来源中的盖洛普问卷调查相似，尽管调查的问题略有不同。

第六个来源是密歇根大学调查研究中心从 1946 年开始的消费者信心调查。在 2000—2005 年这一短暂的时期，该问卷调查询问作为调查对象的消费者对美国股市今后两三年收益率的预期。

Greenwood 和 Shleifer（2014）把上述 6 个不同来源的问卷调查两两组成一个可比单元，并且采用这 6 种问卷调查每月的平均收益率预期作为比较的基准，这样就有了 6 个不同来源的关于收益率预期的月度时间序列数据。图 4.1 给出了这 6 个月度时间序列数据之间的相关性。几乎无一例外，相关性为正，相关性很高而且在统计上显著。在任意给定的时点，金融市场的不同参与者，不论其老练程度如何，对股市未来收益率均有高度相关的预期或者情绪。特别地，个人投资者的预期指标与更老练的大公司 CFO 的预期指标高度相关。① 鉴于在这些问卷调查中数据收集过程有相当大的异质性，

---

① 如图 4.1 所示，二者的相关性高达 0.77。

图 4.1 给出的实证研究证据仍清楚地拒绝了关于预期的调查数据只不过是噪声这一假说。

	盖洛普问卷调查 ($N = 135$)	格雷厄姆-哈维的问卷调查 ($N = 42$)	美国个人投资者协会的问卷调查 ($N = 294$)	《投资者情报》的问卷调查 ($N = 588$)	希勒的问卷调查 ($N = 132$)	密歇根大学的问卷调查 ($N = 22$)	预期指数 ($N = 294$)
格雷厄姆-哈维的问卷调查	0.77 [0.000]						
美国个人投资者协会的问卷调查	0.64 [0.000]	0.56 [0.000]					
《投资者情报》的问卷调查	0.60 [0.000]	0.64 [0.000]	0.55 [0.000]				
希勒的问卷调查	0.39 [0.000]	0.66 [0.000]	0.51 [0.000]	0.43 [0.000]			
密歇根大学的问卷调查	0.61 [0.003]	−0.12 [0.922]	0.60 [0.003]	0.19 [0.395]	−0.55 [0.020]		
预期指数	0.87 [0.000]	0.58 [0.000]	0.87 [0.000]	0.81 [0.000]	0.52 [0.000]	0.55 [0.008]	
资金流	0.69 [0.000]	0.71 [0.000]	0.42 [0.000]	0.20 [0.002]	0.51 [0.001]	0.40 [0.068]	0.45 [0.000]

图 4.1 投资者预期指标的相关性

注：关于预期的调查数据不是噪声——具有不同老练程度的市场参与者对美国股市未来收益率的预期高度相关。

资料来源：Greenwood, Robin, and Andrei Shleifer. 2014. "Expectations of Returns and Expected Returns." *Review of Financial Studies* 27（3）：714–746.

图 4.1 还给出了额外的信息，其中倒数第二行展示了 6 种预期指标与投资者投向权益共同基金的资金流的相关性。这些相关性均为正值且在统计上显著，即当个人投资者对股市未来收益率有乐观的预期时，会把资金投入权益共同基金。这一研究结果说明了两件事。第一，该研究结果本身独立地证实了预期变量不是噪声，否则

噪声为何会与个人投资者的实际投资行为相关？第二，该研究结果表明，个人投资者实际上依据自身秉持的信念行事。这是我们的第一个实证证据，说明关于预期的调查数据可用于预测在经济上有意义的选择，如个人投资者的实际投资行为。

如果预期在不同数据来源和不同类型投资者之间高度相关，那么这反映了什么？图4.2回答了这一问题：将盖洛普问卷调查未来12个月的收益率预期与标准普尔500指数过去12个月的收益率绘制在同一幅图中，我们可以看出两个时间序列几乎完全重合。盖洛普问卷调查所调查的个人投资者同其他5种问卷调查的调查对象一样，

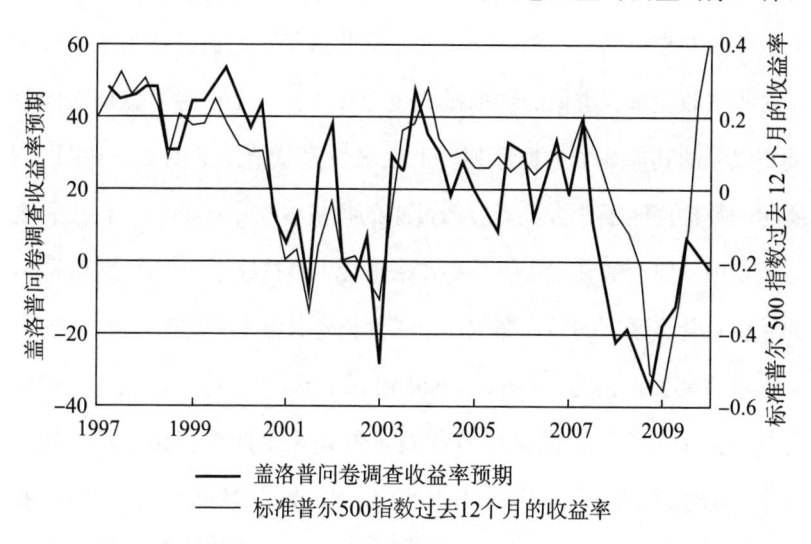

图 4.2　对股市未来收益率的预期与标准普尔 500 指数过去的投资收益率

注：当标准普尔 500 指数过去（过去 12 个月）的投资收益率很高时，在盖洛普问卷调查中个人投资者对美国股市未来（今后 12 个月）的收益率预期会很高。

资料来源：Gennaioli, Nicola, Yueran Ma, and Andrei Shleifer. 2015. "Expectations and Investment." *NBER Macroeconomics Annual* 30 (1)：379-431.

恰好当标准普尔 500 指数上一年的投资收益率很高时，对美国股市下一年的收益率预期会很高，这看起来就是外推式预期。

像这样的外推式预期是预测收益率的有效策略吗？答案为否。标准普尔 500 指数今后 12 个月的收益率与盖洛普问卷调查中个人投资者对收益率的预期之间的相关性为负，尽管在统计上不显著。该研究结果符合金融学中一个众所周知的研究证据，即市场对资产的高估值——通常是由于资产的高投资收益率——与资产未来持续的低投资收益率有关（Campbell and Shiller, 1987, 1988）。事实上，在图 4.2 所示的数据中，过去的高投资收益率预测了预期的偏差：当过去 12 个月的投资收益率很高时，预期的未来投资收益率平均而言会高于实际的未来投资收益率。类似的数据模式也存在于图 4.1 中除了盖洛普问卷调查以外的其他 5 个数据序列。下面来快速总结一下图 4.1 和图 4.2 所示的数据说明了什么：当股市过去的投资收益率很高时，在投资者的预期中，股市的高投资收益率在未来会一直持续下去；但在实际中，如果说有什么区别的话，那就是未来的投资收益率平均而言会很低。

最后要指出的是，Greenwood 和 Shleifer（2014）还把这一实证证据与几个关于股市期望投资收益率的理性预期模型相比较，比如本章一开始就提到的 Campbell 和 Cochrane（1999）与 Lettau 和 Ludvigson（2001）中的模型。他们发现，理性预期下的投资模型所决定的期望收益率与问卷调查中对股市整体未来收益率的预期在统计上显著负相关。根据这些有效市场模型，当投资者因为当下的财富或消费很高而愿意接受股市未来持续的低投资收益率时，股价会很高。相反，在外推式预期下，整体上股价之所以会很高，正是因为投资者通过外推过去的投资收益率，错误地预期了未来的股价会更高，从而抬高了当前的股价。这一研究证据以最清晰的方式解释了理性预期模型是如何出错的：这些模型需要投资者在经济上行期对股市的未来收益率有很低的预期，这与投资者在问卷调查中所填报的预期正好相反。

对股市横截面收益率的预期

关于股市整体收益率预测的调查数据的一个重要优点在于，可以从多个非常不同的来源获得这些数据，所以人们可以检验并拒绝这些调查数据是噪声这一假说。但该优点也有代价，那就是这些调查数据是由不同的团体以不同的方式收集的，并且通常针对差异很大的调查对象。一种替代方式是考虑以更加一致的群体为调查对象。对于个股，要从更加一致的群体中收集关于未来投资收益率预期的调查数据，调查对象一般是分析师，因为他们的工作就是预测公司的盈利、盈利增长率以及股价。以分析师为调查对象事实上为这一预期是如何形成的提供了更深入的洞见。

La Porta（1996）发表过一个非常有趣的研究结果。他根据分析师对公司盈利长期增长率的预期，将预期最乐观的公司和预期最悲观的公司进行了比较，发现前者发行的股票与后者相比收益率明显更低，而且并非只有当分析师极其乐观时，实际的公司盈利长期增长率比他们预期的低。分析师的乐观看法也会影响公司的股价，或许是因为分析师影响了投资者，亦或许是因为投资者秉持与分析师相似的信念，分析师的乐观看法会导致对这些股票的估值过高，以及此后这些股票的低回报。

我们与佩德罗·博尔达洛和拉法尔·拉波特一道（Bordalo, Gennaioli, La Porta, and Shleifer, 2017）重新考察了上述发现——在 La Porta（1996）的基础上，增加了有关 20 年公司盈利长期增长率的分析师预期的调查数据，并且更加细致地考察了预期是如何形成和被修正的，以及公司的盈利、对盈利长期增长率的信念和公司的股价是如何共同演变的。如图 4.3 所示，增加 20 年的问卷调查数

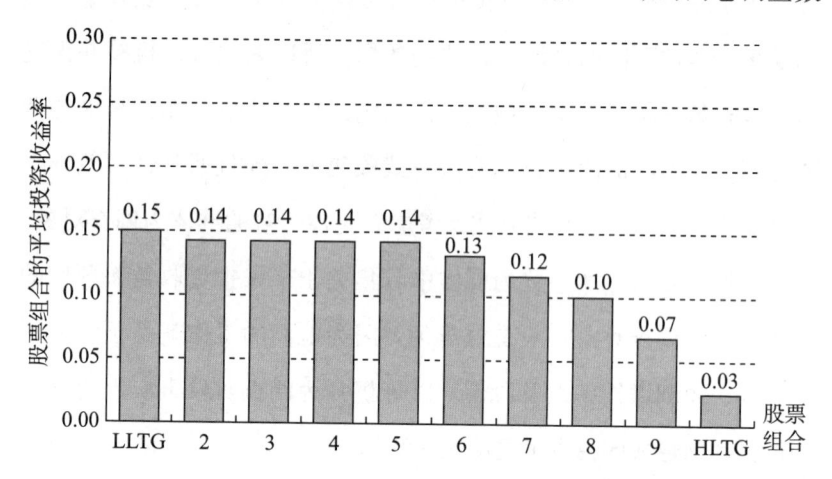

图 4.3　基于长期增长率预测形成的股票组合的年化几何平均收益率

注：在 1981—2015 年这一样本期间，HLTG 股票形成的 HLTG 股票组合（公司盈利长期增长率的预期排在前 10% 的最乐观预期的股票）在形成之后的那一年的平均投资收益率是 3%，LLTG 股票形成的 LLTG 股票组合（公司盈利长期增长率的预期排在最后 10% 的最悲观预期的股票）在形成之后的那一年的平均投资收益率是 15%。

资料来源：Bordalo, Pedro, Nicola Gennaioli, Rafael La Porta, and Andrei Shleifer. 2017. "Diagnostic Expectations and Stock Returns." National Bureau of Economic Research Working Paper 23863.

据后，La Porta（1996）最初的研究结果依然成立：在 1981—2015 年这一样本期间，长期高成长（high long-term growth，HLTG）股票形成的 HLTG 股票组合（公司盈利长期增长率的预期排在前 10％的最乐观预期的股票）在形成之后的那一年的平均投资收益率是 3％，相比之下，长期低成长（low long-term growth，LLTG）股票形成的 LLTG 股票组合（公司盈利长期增长率的预期排在最后 10％的最悲观预期的股票）在形成之后的那一年的平均投资收益率是 15％。平均而言，与 HLTG 股票相比，LLTG 股票是更好的投资对象。

那么，为什么 HLTG 股票是如此糟糕的投资对象呢？首先，如图 4.4 所示，对 HLTG 公司而言，分析师对公司盈利长期增长率的

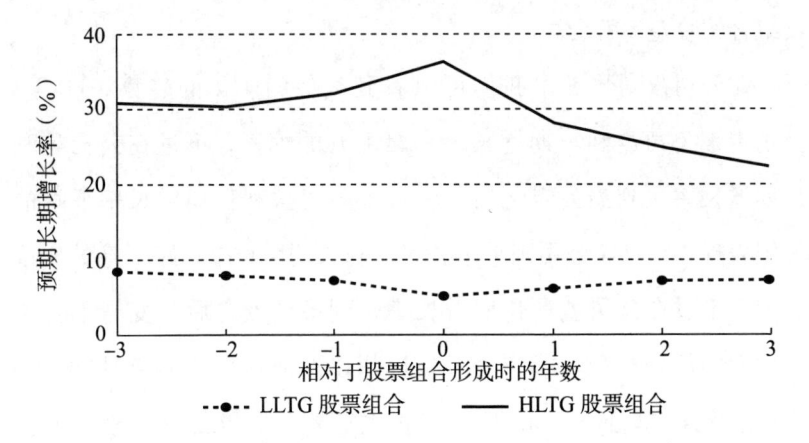

图 4.4　LLTG 股票组合和 HLTG 股票组合的预期长期增长率

注：HLTG 股票组合形成时分析师最乐观；LLTG 股票组合形成时分析师最悲观。

资料来源：Bordalo, Pedro, Nicola Gennaioli, Rafael La Porta, and Andrei Shleifer. 2017. "Diagnostic Expectations and Stock Returns." National Bureau of Economic Research Working Paper 23863.

预期在组合形成时达到了最高点。即这一预期在形成 HLTG 股票组合之前的那几年一直随着 HLTG 公司的盈利增长而提高，而就在组合形成之后的那几年下降。分析师意识到自身对 HLTG 公司的盈利长期增长率太乐观，会相应地修正自身的信念。对于 LLTG 公司来说，与上述内容相反的模式成立：分析师会在 LLTG 股票组合形成之前把这一预期往下修正得过低，但随后分析师意识到 LLTG 公司的盈利长期增长率不会和自身所预见的一样糟糕，就会把这一预期往上修正得高一些来纠正自身有偏差的信念。股票组合的投资收益率会随着分析师对预期的修正而变化：随着分析师克制他们先前的热情，投资组合的收益率就会低；随着分析师的热情变得高涨，投资组合的收益率就会高。①

在公司盈利数据中我们可以看到类似图 4.4 的趋势：HLTG 公司带来公司盈利长期增长率一路上升的惊喜，不过在公司盈利长期增长率达到最高点之后，就带来公司盈利长期增长率下降的失望表现；LLTG 公司则带来公司盈利长期增长率一路下降的失望表现，不过在公司盈利长期增长率达到最低点之后又变得不会像所预期的那样糟糕。换言之，分析师在外推式预期下会对 HLTG 公司过度乐观，而对 LLTG 公司过度悲观。关键是这些极端的信

---

① 分析师对今后 3~5 年公司盈利增长率的预期显示出乐观-悲观转换的模式这一事实并不表明分析师对今后 3~5 年公司盈利增长率的预期有偏差。这一事实可能是由公司盈利增长率向基本面的公司盈利增长率均值回归造成的，这解释了为什么对公司盈利增长率的预期在达到最高值后会随着时间的推移单调下降。正是股票组合的投资收益率和分析师对投资收益率的预期偏差均可预测这一实证研究证据，指明了这一涨跌模式是由于分析师偏离了理性（详细分析参见 Bordalo, Gennaioli, La Porta, and Shleifer, 2017）。

念也反映在对公司的估值上，当分析师和投资者纠正自身对公司盈利长期增长率的错误的极端信念时，这会导致投资收益率产生巨大的差异。

这些证据提出了一个更深层次的问题：分析师一开始时是如何形成信念的？即分析师是机械式地外推公司的盈利长期增长率，还是说他们信念的形成还有更深层次的原因？Bordalo、Gennaioli、La Porta 和 Shleifer（2017）指出，分析师信念的形成不是机械式的，而是采取了一种熟虑但并非完全理性的特定形式。在众多 HLTG 公司当中，事实上有一些 HLTG 公司的盈利在持续地快速增长——这些公司就是未来的谷歌，只是大多数 HLTG 公司最后没有成为像谷歌那样的公司，而是放慢了增长速度。分析师对 HLTG 公司的平均预期过于乐观，就好像认为很多 HLTG 公司都会成为谷歌一样。

图 4.5 说明了上述发现，图中展示了 HLTG 公司的盈利长期增长率的分布和非 HLTG 公司的盈利长期增长率的分布。如图 4.5 所示，在所有的公司当中，HLTG 公司的盈利长期增长率的分布的确有一个右肥尾。确实，在 HLTG 公司当中会有更多的谷歌类公司。不过，如果从预期以及未来预期如何被纠正来看，在分析的公司中远没有分析师所认为的那么多的谷歌类公司。分析师利用了有关公司过去表现的信息，但对这些信息反应过度，并做出太多公司将表现优异的预测。这一观察对我们在第 5 章中提出的信念形成理论至关重要。

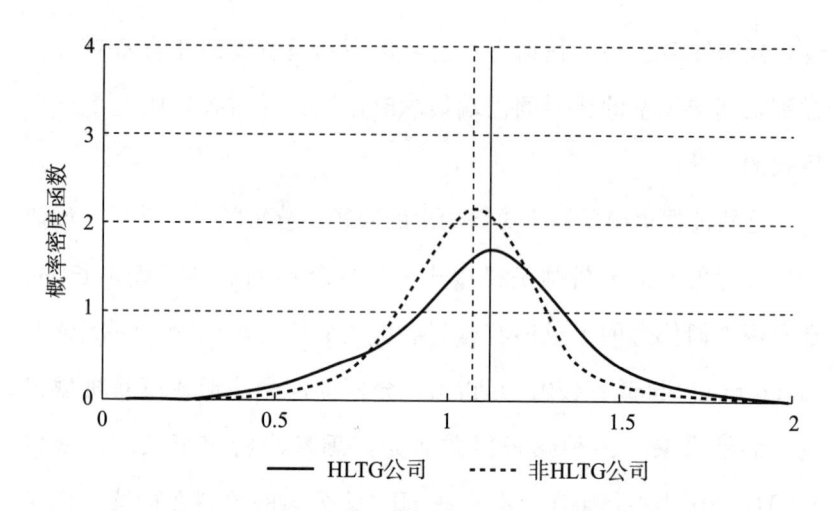

图 4.5　LTG 股票组合每股盈利增长的核密度估计

资料来源：Bordalo, Pedro, Nicola Gennaioli, Rafael La Porta, and Andrei Shleifer. 2017. "Diagnostic Expectations and Stock Returns." National Bureau of Economic Research Working Paper 23863.

所以，股市在横截面上的现象与股市整体的现象一致。公司优异的表现会导致未来表现优异的预期，反之亦然。预测者会外推但并非机械式地外推，他们会运用某种前瞻性的逻辑。分析师正确地意识到：对于一些公司来说，过去极高的盈利长期增长率预示了未来公司盈利会持续以极高的增长率增长。过去的高盈利增长率的确蕴含了有关未来盈利增长率的信息。与众多 LLTG 公司相比，在众多 HLTG 公司中未来确实会有一些表现优异的公司。可惜，这样的公司往往相对很少，而分析师因为预期会出现很多这样的公司而变得过度乐观。分析师对过去的高盈利增长率这样的利好消息做出反应，但会反应过度。外推是由对信息反应过度导致的。

预期与投资

有关预期的调查数据能够预测个人投资者的实际投资行为吗？在前面我们已经提到，对股市未来收益率的预期决定了投入权益共同基金的资金。类似地，我们还指出了对住房价格的预期会影响人们购买住房的决策。但这两种预期也会影响公司的决策吗？

我们和马悦然一道（Gennaioli, Ma, and Shleifer, 2015），对公司的投资决策进行了探讨。我们采用了杜克大学对美国大公司 CFO 所进行的问卷调查，它作为对股市未来收益率的预期的数据来源已经在本章第 1 节提到，这些 CFO 还在调查问卷中填报了对自家公司今后的盈利增长率的预期以及自家公司今后的投资计划。关于数据是如何得到的，杜克大学的问卷调查有一系列的隐私问题，因此，并非全部分析都能使用个体公司层面的数据。即便这样，我们也可以加总数据来考察基本的数据模式，而不必知道其中每家公司的具体名称。

图 4.6 展示了最基本的研究证据：图中一并给出了在加总杜克大学所调查的样本下，CFO 对下一年盈利增长率的预期以及投资计划。如图所示，两者非常贴合。例如，雷曼兄弟倒闭之后 CFO 对盈利增长率的预期骤降，伴随而来的是投资增长率骤降。此外，在 2009—2010 年这两者一起回升。实际投资与投资计划非常接近，所以 CFO 的信念与经济活动密切相关。Gennaioli、Ma 和 Shleifer（2015）还指出，CFO 关于盈利增长率的预期相比托宾 Q 是对投资计划（和实际投资）更有力的预测指标，后者则是标准理性预期模

型中衡量投资机会的首选指标。

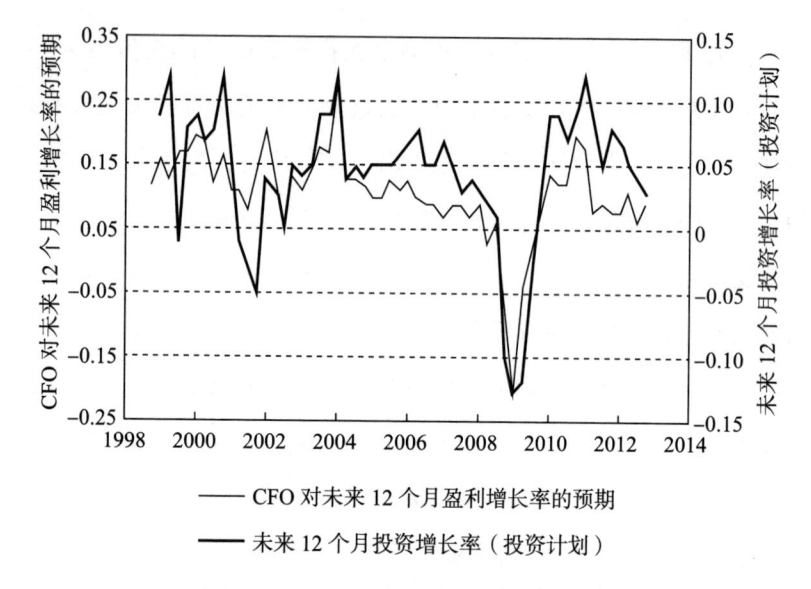

图 4.6　CFO 盈利增长率预期与投资计划

注：CFO 盈利增长率预期与投资计划同向变动。

资料来源：Gennaioli, Nicola, Yueran Ma, and Andrei Shleifer. 2015. "Expectations and Investment." *NBER Macroeconomics Annual* 30（1）：379-431.

不过，CFO 的预期符合理性吗？在图 4.7 中，我们关注 CFO 对自家公司盈利增长率的预期偏差的可预测性。图 4.7 描绘了预期偏差和公司过去的利润率。当公司过去的利润率一直很高时，预期会过度乐观，当利润率一直很低时，预期就会相反，变得过度悲观。预期偏差的可预测性与理性预期假说不符。图 4.7 给出的研究证据再次指向了外推：平均而言，CFO 会预期自家公司的盈利能力比实际的更持久。我们没有足够的数据像对 HLTG 公司那样来对 CFO

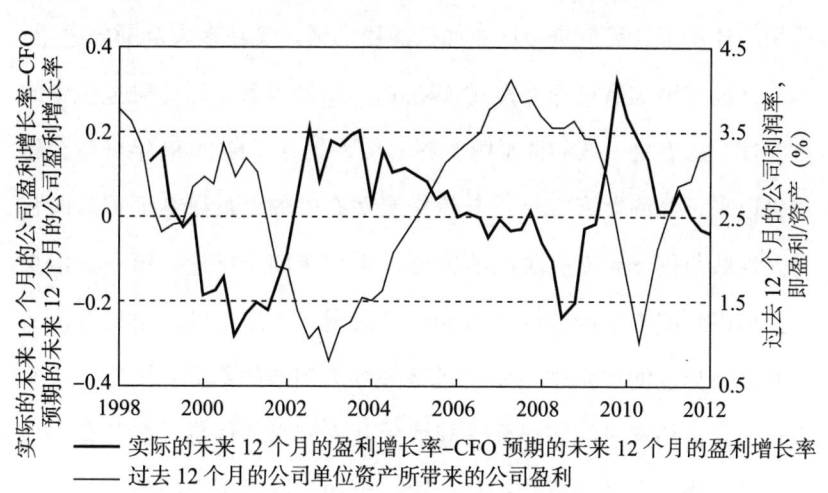

的预期进行检验，但过度反应的模式应该是密切相连的。

图 4.7　CFO 盈利增长率的预期偏差与过去 12 个月的公司利润率

注：CFO 盈利增长率的预期偏差是可预测的：当过去盈利高时，实际的盈利增长率低于预期；当过去盈利低时，实际的盈利增长率高于预期。

资料来源：Gennaioli, Nicola, Yueran Ma, and Andrei Shleifer. 2015. "Expectations and Investment." *NBER Macroeconomics Annual* 30（1）：379–431.

来自信贷市场的研究证据

到目前为止我们所给出的研究证据主要来自股市和公司，这些研究证据表明市场参与者和公司管理层均秉持外推式预期，这样的预期在某些情况下会导致对股票的估值过高——既包括对股市的总体估值过高，也包括对个体公司发行的股票的估值过高，而且这种高估还导致了可预测的低收益率和预期的向下修正。此外，这样的预期也会影响公司的投资。

但 2008 年金融危机不是事关股市，而是关于住房市场和信贷市场。随之而来的问题是，外推式预期和过高估值这样的说法是否也适用于住房市场和信贷市场？如果适用的话，又在多大范围内适用？我们已经在第2章讨论外推式预期在2008年爆发全球金融危机中的重要性，还有更一般的证据吗？答案似乎是有。自2008年全球金融危机以来，经济学家收集了与信贷周期有关的大量研究证据。简言之，这些与信贷周期有关的研究证据得出了四个结论：第一，信贷扩张可以预测未来的金融危机和经济衰退；第二，风险信贷占比的上升是信贷过度扩张中主要也是格外令人担心的部分；第三，一些信贷扩张，如家庭的住房开支和消费开支方面的信贷，尤其有力地预示了未来的金融危机和经济衰退；第四，过度乐观的预期是信贷扩张的一个重要推动因素，这一点对我们的分析非常关键。接下来，我们会着重探讨其中的一些研究证据，并最终与有关预期的调查数据联系起来。

信贷扩张会增大未来发生金融危机和经济衰退的风险这一假说在经济学中由来已久。该假说通常与 Minsky（1977）和 Kindleberger（1978）的论著有关。信贷扩张会给金融脆弱性带来风险方面最早的理论研究是 Geanakoplos（1997，2010）。在实证上，上述理论观点在 Reinhart 和 Rogoff（2009）关于金融危机史的专著以及更近一些的 Schularick 和 Taylor（2012）中得到了相当大的支持。后者利用14个发达国家140多年的历史数据，专门研究了信贷扩张可以用于预测经济危机和衰退这一假说。他们发现了很强的支持性证据（Schularick and Taylor, 2012）。

Baron 和 Xiong（2017）基于该研究证据，进一步考察了 1920—2012 年间 20 个发达国家银行信贷扩张对银行股东投资收益率的影响。其中，银行信贷扩张指的是银行对家庭和非金融公司的贷款增长。该文给出了相当多的证据，表明银行信贷大规模扩张可以用于预测住房市场较高的崩盘概率，以及银行股的平均低收益率。引自该文的图 4.8 展示了该文的主要研究发现：银行股东一开始时因银行信贷扩张而得到异常高的投资收益，随后因为银行股价的暴跌而大失所望。Baron 和 Xiong（2017）将其研究结果作为在银行信贷扩张期间忽略风险的证据，因为银行股的投资收益率可预测地为负是存

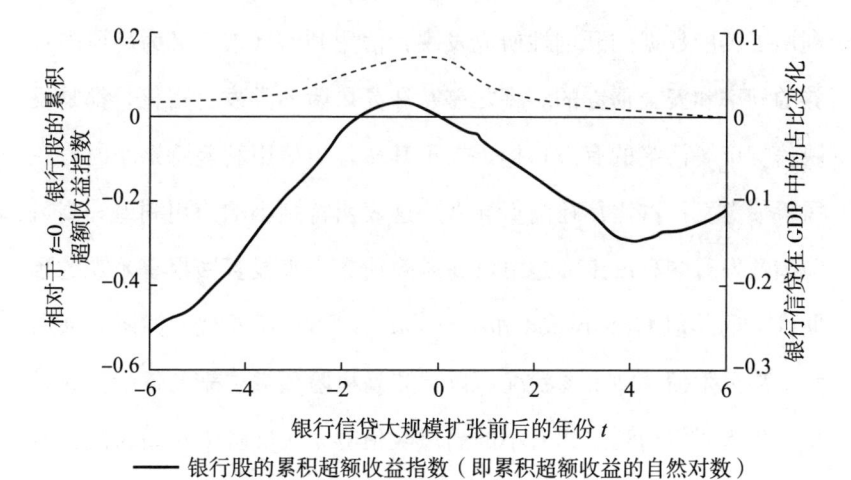

图 4.8　银行信贷大规模扩张前后的银行股价与银行信贷

注：银行股的价格止跌回升使得信贷扩张达到顶峰后减退。

资料来源：Baron, Matthew, and Wei Xiong. 2017. "Credit Expansion and Neglected Crash Risk." *Quarterly Journal of Economics* 132（2）：713-764.

在系统性风险和系统性预期偏差的明显证据。第 2 章所探讨的 Fahlenbrach、Prilmeier 和 Stulz（2017）对 1973—2014 年美国股市横截面上的银行股的研究在结果上与 Baron 和 Xiong（2017）的研究大致相符。

Baron 和 Xiong（2017）与 Fahlenbrach、Prilmeier 和 Stulz（2017）给出的研究证据均表明，当银行信贷快速扩张时，银行发放的贷款是有风险的，但无论是分析师的预测还是资产价格都未体现这一更高的风险。给定次级住房抵押贷款在 2008 年全球金融危机和大衰退中的关键影响，与之高度相关的关于这些问题的另一个研究视角是来自债券市场而非银行。Greenwood 和 Hanson（2013）这篇利用了美国数据的开创性研究发现：信用利差（被定义为高风险债券的利率和安全债券的利率之差）和高风险债券发行占比，都是反映信贷市场情绪的有效指标。果不其然，当信用利差特别小时，高风险债券发行占比往往高得异常，这表明特别小的信用利差和高风险债券发行的高占比都是由对高风险债券未来投资回报有乐观的预期推动的。但 Greenwood 和 Hanson（2013）还发现，如图 4.9 所示，高风险债券的市场状况可以预测高风险债券未来的低投资收益率：买入了信用利差相对小的高风险债券——反映了对高风险债券未来投资收益率有乐观的预期——的投资者会大失所望。换言之，当信用利差极小并且高风险债券市场看涨时，信用利差在未来会趋于上升，而投资信用利差极小的高风险债券的投资者在未来会亏钱。Greenwood 和 Hanson（2013）给出的这些研究证据明确地表明投资者可能过度乐观，这种过度乐观既反映在高风险债券的定价上，也反映在高风险债券的发行量上。

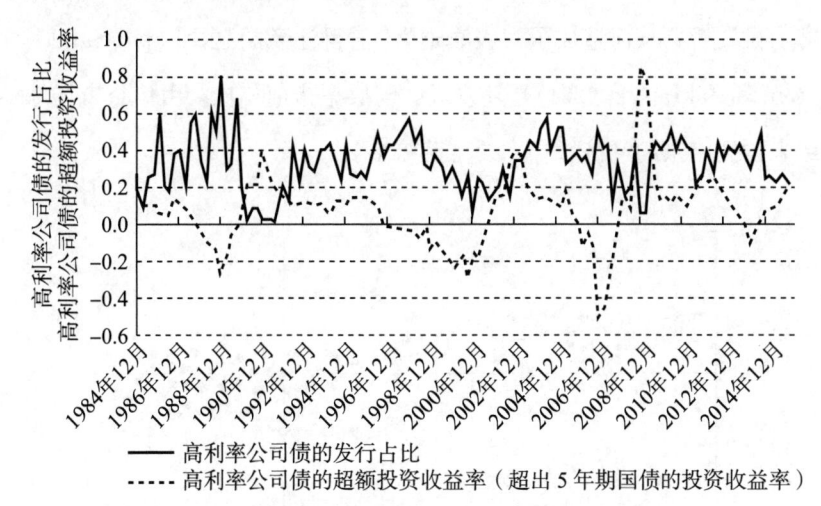

图 4.9　发行者资质与高利率公司债发行后的超额投资收益率

注：当高风险公司债发行占比高时，会持续有一个很低的超额投资收益率。

资料来源：Greenwood, Robin, and Samuel G. Hanson. 2013. "Issuer Quality and Corporate Bond Returns." *Review of Financial Studies* 26（6）：1483–1525.

López-Salido、Stein 和 Zakrajšek（2017）进一步发展了 Greenwood 和 Hanson（2013）的研究结果，并将这一研究结果与信贷周期联系了起来：一方面证实了这一研究结果，即由高风险债券发行占比和信用利差这两个反映信贷市场情绪的指标可以预测高风险债券未来的投资收益率；另一方面指出由这两个指标也可以预测未来会出现经济衰退。一个看涨的高风险债券市场可以预测今后 2～3 年的总体经济活动会减缓，由产出增长率或失业率来测度。图 4.10 展示了第 $t-2$ 年的信贷市场情绪与第 t 年的经济增长率之间的负相关关系。这更加接近第 1 章对 2008 年全球金融危机的描述：住房市场泡沫破裂及其造成的高风险债券价格的暴跌既损害了金融机构也损害了投资者，从而造成了"大衰退"。值得注意的是，López-Salido、Stein 和 Zakrajšek（2017）还发现，与股票市值相比，由信贷市场情绪来预测未来的经济增长率要准确得多。

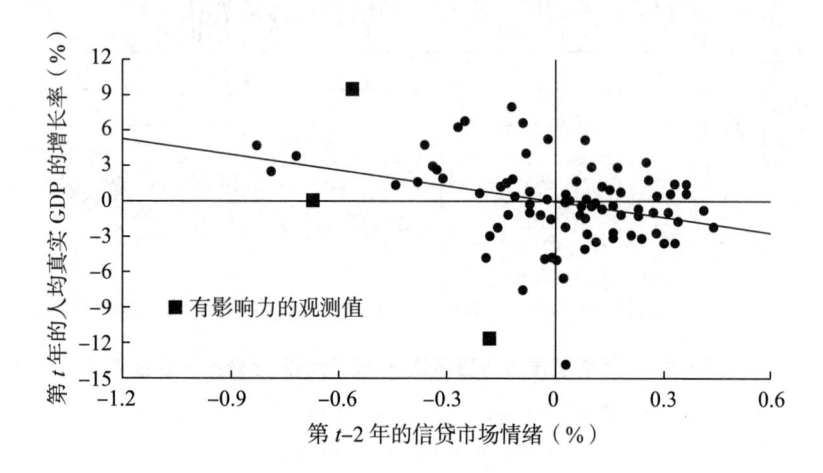

图 4.10　信贷市场情绪与经济增长率

注：普遍看涨的信贷市场情绪会带来较低的经济增长率。

资料来源：López-Salido, David, Jeremy C. Stein, and Egon Zakrajšek. 2017. "Credit-Market Sentiment and the Business Cycle." *Quarterly Journal of Economics* 132（3）：1373–1426.

Kirti（2018）通过构建 38 个国家的高利率公司债的发行占比，补充了 López-Salido、Stein 和 Zakrajšek（2017）给出的证据。Kirti（2018）发现，高占比与基于问卷调查的关于更宽松的发放贷款标准的指标相关，而且由此高占比可以预测较慢的经济增长在未来会一直持续下去。所有证据看起来是一致的：信贷扩张特别是有风险的信贷的扩张，增大了金融脆弱性和出现经济衰退的可能性。

这些证据提出了这样一个问题：哪些种类的信贷扩张与有风险的贷款的扩张最密切相关？住房抵押贷款的扩张不只是对 2008 年爆发全球金融危机有最重要的影响，而且如 Mian 和 Sufi（2009，2014b）具有说服力的证明一样，其也是导致大衰退的主要原因。Mian、Sufi 和 Verner（2017）进一步探讨了这些证据，并且利用 1960—2012 年间 30 个国家的面板数据表明，家庭债务在 GDP 中的占比增长率可以预测今后会出现经济衰退。图 4.11 展示了该文的主要研究结果，即家庭债务在 GDP 中的占比增长率与今后的 GDP 增长

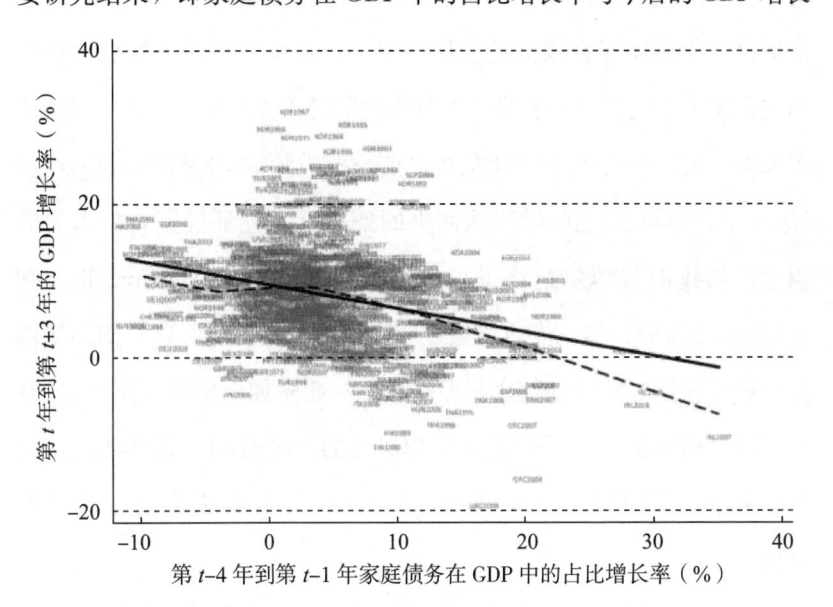

图 4.11　家庭债务在 GDP 中的占比增长率与 GDP 增长率

注：家庭债务快速增长会带来较低的经济增长率。

资料来源：Mian, Atif, Amir Sufi, and Emil Verner. 2017. "Household Debt and Business Cycles Worldwide." *Quarterly Journal of Economics* 132 (4): 1755–1817.

率之间存在负相关关系。Mian、Sufi和Verner（2017）给出了一个有力的观点：要预测经济衰退，家庭债务比公司债或者银行债更重要，因为家庭债务积压特别有损于消费支出和经济活动。类似地，Jordà、Schularick和Taylor（2015）发现，由住房抵押贷款的增长率可以成功预测未来会发生金融危机。

但是如何在上述探讨中引入预期呢？前面提到过，Greenwood和Hanson（2013）的主要研究结果是：高风险债券市场存在泡沫的情形会导致投资回报出现反转。那么，高风险债券市场存在泡沫的情形是否不仅体现在很低的信用利差上，还反映在认为很低的信用利差在未来会持续这一预期上？如果投资者认为经济上行会一直持续到未来（正如他们在2008年危机之前所感觉的），那么Greenwood和Hanson（2013）给出的随后低回报的证据可以佐证投资者后来的失望。正如我们与博尔达洛进行过的检验（Bordalo, Gennaioli, and Shleifer, 2018），这一点可以通过考察信用利差预期，以及把预期偏差与做出预期时普遍的信用利差联系在一起来加以检验。图4.12展示了这一研究证据，尽管仅涵盖相对短的一个时期，只有在这期间可以获得蓝筹调查（Blue Chip Survey）关于专业预测者的预期数据。

图4.12与Greenwood和Hanson（2013）给出的证据大致相符：当信用利差很低时，预测者预期信用利差比实际的更低。正如在其他情形中所看到的（比如对公司盈利增长率的预期），预测者低估了信用利差的均值回归，并使得投资者大失所望。正如López-Salido、

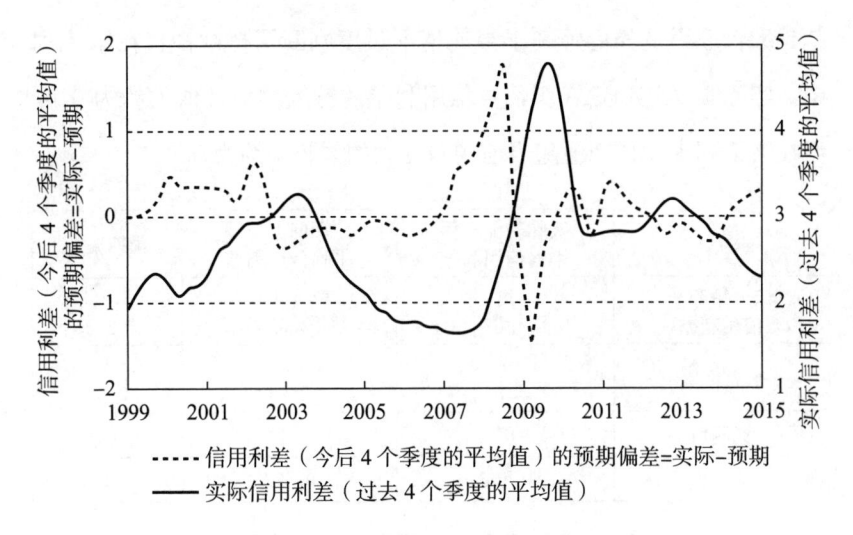

图 4.12　信用利差预测的可预期偏差

注：当现在的信用利差很小时，预期中的信用利差特别低，反之亦然。

资料来源：Bordalo, Pedro, Nicola Gennaioli, and Andrei Shleifer. 2018. "Diagnostic Expectations and Credit Cycles." *Journal of Finance* 73（1）：199-227.

Stein 和 Zakrajšek（2017）所指出的，经济增长会减缓。在预期偏差可预测的程度上，预测者的预期是非理性的。类似的研究结果还出现在 Glaeser（2013）对美国历史上住房市场泡沫的分析以及 Greenwood 和 Hanson（2015）对造船业投资周期的研究中。

图 4.13 展示了对可预测性的计量经济学检验：在结果部分，第 1 列估计了 10 年期 BAA 级债券信用利差的 AR(1) 过程。第 2 列将分析师的预测对当前信用利差进行回归，第 3 列将未来预期偏差对当前信用利差进行回归。图 4.12 给出的信息在图 4.13 中得到了证实：在第 3 列中，当前的信用利差越大，相对于实际值，预期值也

就越大。原因是分析师基于当前情形过度判断了持续性：在第1列中，实际10年期BAA级债券信用利差的持续性估计值大约为0.4，但在第2列中，预期值随当前利差变动的系数大约为0.6。

	实际的下一年平均信用利差	预期的下一年平均信用利差	预期偏差
过去一年的平均信用利差	0.3927 [1.67]	0.6519 [4.62]	−0.2592 [−2.20]
常数	1.6280 [2.56]	0.8596 [2.25]	0.7684 [2.40]
观测值	64	64	64
R^2	0.158	0.472	0.161

图4.13 10年期BAA级债券下一年的平均信用利差的实际值、预期值以及预期偏差

注：预期偏差＝实际−预期；Newey West t 统计量显示在图中的方括号中。

资料来源：Bordalo, Pedro, Nicola Gennaioli, and Andrei Shleifer. 2018. "Diagnostic Expectations and Credit Cycles." *Journal of Finance* 73（1）：199-227.

图4.13给出的研究证据也与对2007—2008年的描述相符。在信贷扩张以及高风险债券发行占比上升期间，信用利差极小，预测者预计高风险债券的低信用利差在未来会一直持续下去。当高风险债券的违约概率开始增大时，高风险债券的信用利差明显增大了，导致住房抵押贷款损失严重以及MBS持有者大量亏钱，并最终造成金融危机和大衰退。2009年以前，美联储的干预能做到安抚市场，实际的信用利差再次缩小。不过这时预期偏差非常大且为负，说明在2008年雷曼兄弟倒闭后预测者对未来过于悲观。这样极其不利的市场结果也许并不普遍，但更广泛的数据模式表明，21世纪头10年

的一系列事件并非例外，外推高风险债券的安全性产生的偏差是一个更广泛存在的现象。

总　结

从关于预期的调查数据和关于信贷周期的研究证据的简短概述中，可以得出几个结论。

第一，关于预期的调查数据并非噪声。这些数据在各种不同的问卷调查之间保持一致，从中可以预测个人投资者和公司管理层的实际投资行为。这些数据是评判经济学模型的有用工具，它们反映了市场参与者有什么样的信念和依据什么行事。这些数据和任何其他数据一样都是重要的经济变量。正如根据经济学模型是否与其他经济数据相符来对其加以评判，对经济学模型的评估也应该根据其与关于预期的调查数据是否相符来加以评判。

第二，一旦开始认真看待关于预期的调查数据，并且对预期是否在统计上符合理性进行检验，我们就会拒绝理性预期假说。至少在金融市场中，当预期最初在调查问卷中被填报时，预期偏差和随后对预期的修正都可以预测。这在预期是统计上最优的情形下则不会发生。当然，也能以其他方式拒绝理性预期假说，比如在Baron和Xiong（2017）对银行的研究中，根据银行股投资收益率的可预测性就可以拒绝理性预期假说。事实上，沿着拒绝理性预期假说的研究思路，至今已有数十年的研究证据。不过，与预期有关的研究证据更为直接，并且不受间接推断信念的影响。如Greenwood和Shleifer（2014）的研究结果所指出的，在调查问卷中填报的对收益率的预期与基于标准投资模型得出的期望收益率具有强负相关关系，所以研究结果均没有支持标准理论，反而提出了需要解决的挑战。

第三，对于投资者、分析师和公司管理层来说，他们通过外推所形成的预期似乎存在系统性的偏差。在一些情形中，他们外推证券价格或者经济状况，而在另一些情形中，他们假定某些变量与实际情况相比会更加持续，比如公司利润率。这样的行为与一些研究证据相符，比如股价的超额波动性和股票投资收益率的可预测性，后者一直是有关金融市场效率的经济研究的核心。我们还给出了一些关于股市的横截面证据，说明外推不是完全机械或者幼稚的。预测者会对信息做出反应，但反应往往过度而忽略了未考虑到的可能性。像这样的复杂式外推将是我们在第 5 章和第 6 章所给出的预期模型的核心内容。

第四，预期偏差看起来是理解信贷周期的核心。在美国和其他国家，银行信贷扩张特别是风险信贷扩张，都可以预测经济危机和衰退。正如我们从银行股投资回报的例子以及非常关键的预期修正例子中所看到的，对债券发行的过度乐观支持了这样的信贷扩张。同样，信念对理解信贷市场也很重要。

第五，研究证据表明，造成 2008 年全球金融危机的信贷周期尽管与某些金融创新有关，但在许多方面并不是例外。和其他时期一样，20 世纪头 10 年的信贷扩张是伴随着住房市场泡沫及其促进下越来越高的家庭及银行杠杆率而发展起来的。和其他时期一样，过度乐观支撑了这一扩张，具体表现为预期住房价格会大幅上涨，认为住房和安全证券价格下跌的风险很低，包括住房抵押贷款和 MBS，它们为住房市场提供了融资。和其他时期一样，除了家庭杠杆率越来越高，风险贷款占比也相对提高，其中最明显的就是次级住房抵押贷款。和其他时期一样，信贷扩张使得包括银行在内的金融机构和家庭极易受到泡沫破裂的影响。和其他许多时期一样，泡沫破裂造成了 2008 年全球金融危机以及随之而来的大衰退。

总之，外推式信念为理解信贷市场、股票市场和实体经济的波动提供了很有前景的方法。接下来，在下一章我们试着在更深的层次上理解预期是如何形成的，并为外推式信念提供一个心理学基础。在第 6 章我们会把这一分析运用到信贷周期和投资周期中。

第5章
代表性判断与诊断性信念

在最近数十年中，行为经济学与行为金融学成为经济分析不可或缺的部分。这两个研究领域早期的研究识别了建立在理性行为人基础上的标准经济学模型的预测与数据之间的重大差异。例如，行为金融学作为一个研究领域始于 Shiller（1981）的重要发现：股市波动性远远高于公司股利的现值，这与有效市场假说的主要预测不符。随后又出现了一些股票投资回报可预测的例证，其中一些我们在上一章进行了描述，这些例证同样与有效市场假说相悖。在行为经济学这一领域，丹尼尔·卡尼曼（Daniel Kahneman）、阿莫斯·特沃斯基（Amos Tversky）和理查德·塞勒（Richard Thaler）得出了惊人的实验结果：或然性判断与贝叶斯理性及期望效用理论所预测的风险下的选择存在系统性的偏离。

但是，如何在理论上回应上述研究证据呢？Kahneman 和 Tversky（1974）采用了一个有些非正式的方法，即指出人类做出判断会依据一些简便方法或者说启发式方法，而这会节省认知成本，并且一般会获得较好的结果,但偶尔也会出错。经济学家则采用了更为正式的方法;在早期的实证研究证据的基础上,他们将实验和实地研究证据中不符合理性的地方引入标准的经济学模型中,以便分析具体的经济问题。例如,在解释股票的投资回报实证规律的早期尝试中,Barberis、Shleifer 和 Vishny(1998)采用了代表性和守成性(conservatism)等心理学概念来引出假设,然后构建了适用于特定金融市场设定的反应不足与反应过度的信念模型。还有许多其他关于启发式判断和认知偏差的值得关注的模型,包括小数定律与热手谬误(hot-hand fallacy)(如 Rabin and Vayanos,2010)、概率加权(probability weighting)(Barberis and Huang,2008)、过度自信(如 Daniel,Hirshleifer and Subramanyam,1998)、愿望思维(wishful thinking)(Brunnermeier and Parker,2005)等。与本书不同,这些模型通常不能把同一观点应用于各种场景,包括实验、与信念有关的实地研究以及金融市场等。

第 3 章提供了一个针对信念建模方法的例子。我们提出了对一种特定的信念扭曲——忽略下行风险——建模,假设市场参与者低估了左尾事件的发生频率。然后,我们分析了市场参与者以这种方式偏离理性的一个竞争性市场。第 4 章则提供了另一个例子。本章则给出外推式信念的研究证据,通常使用适应性预期来刻画这种信念。在这一框架下,预期价格变化在机制上取决于过去的价格变化:

$$\Delta_t p_{t+1}^e = (1-\lambda)\sum_{s\geq 0}\lambda^s \Delta p_{t-s} \qquad (5.1)$$

其中，在第 t 期对下一期的价格增长的预期 $\Delta_t p^e_{t+1}$ 取决于过去的价格增长 Δp_{t-s}，而且 $\lambda \in (0, 1)$ 则刻画了外推的程度。这一适应性规则可被纳入资产价格、投资等模型。Adam、Marcet 和 Beutel（2017）以及 Barberis 等（2018）的研究是近年来对这一方法的应用。

这些适用于特定情形的关于信念的模型提出了几个重要的洞见，但有两个主要的缺点。其一，它们抽象掉了不同的信念扭曲之间的关系。这在之前章节的设定下会引发一些问题。忽略尾部风险与对未来平均状态的外推之间存在怎样的关系？它们是两种彼此无关的信念扭曲，还是属于同一类扭曲？如果少数生理过程（如注意力和记忆力）决定了信念的形成，我们就可以认为不同的信念扭曲之间存在某种关系。比如，记忆恢复（memory retrieval）是形成信念的一个必不可少的部分，可以说它决定了对未来平均经济状态的信念、对尾部风险的看法以及对新出现的消息的理解；不过，作为同样的记忆恢复机制的结果，它们相互之间是如何关联的呢？这些疑问不能由行为金融学以及更一般的行为经济学中现行的把各种信念扭曲视为相互独立的方法来解决。

其二，研究者不能通过式（5.1）中形成信念的机械性规则来预测何时会存在某些特定的信念扭曲。比如，第 3 章描述的忽略下行风险也许在 2008 年以前是合理的，但在雷曼兄弟倒闭以后可能就变成了经济恐慌。不太可能的事件——包括下行风险——的发生概率实际上在 Kahneman 和 Tversky（1979）的前景理论（prospect theory）中被夸大了。那么，何时该预计小概率事件会与在 Taleb（2007）或第 3 章中一样被忽略掉，何时该预计在做出判断时小概率事件会被过于看重呢？Barberis（2013）总结了现有的研究证据，但没有给出上述疑问的答案。学者们或许需要进行更深入的探讨以使得各种不同的情形能够得到统一的解释。

类似地，第 4 章也给出了与外推式推断有关的研究证据。不过，式（5.1）中的机械性规则可能不是研究的出路所在。对式（5.1）这类规则的卢卡斯批判（Lucas，1976）是成立的：它们不能解释信念在不同体制（如不同政策）或信息冲击之间的灵活可变性。因此，决策者需要向前看，而非向后看。理性预期假说对思维能力和灵活性做出了太多假设，但相对于适应性预期，它更合理地强调了信念会按照人们所处的现实情况进行调节。更精确的信念形成模型应该具有这样的灵活性，并用于预测信念扭曲何时会发生变化。

对信念扭曲建模的就事论事方法之所以沿用至今，部分原因是对统一建模的抵制。行为经济学最初就是从对新古典经济学理论预测的一系列检验和拒绝原假设发展起来的，而新古典经济学理论的精华正是对人类行为的统一分析方法。统一性并非那些对强大的传统理论进行大胆、打了就跑式（hit-and-run）抨击的关键。然而，近年来，从经济学、心理学和认知科学中收集了大量与信念扭曲有关的系统性研究证据，若干认知原理已经出现。试图组织、提炼以及统一这些原理变得越来越可行，而且对经济学的进展也必不可少。

本章描述了一些我们与佩德罗·博尔达洛及其他合作者所进行

的研究，这些研究试图用一个简单的基本认知原理来统一对信念理性的几种偏离情形。我们的基础是 Gennaioli 和 Shleifer（2010）对 Kahneman 和 Tversky（1974）的代表性启发式判断思想的正式模型，Bordalo、Coffman、Gennaioli 和 Shleifer（2016a）把这一理论用于分析刻板印象的形成。这一正式模型与认知科学的快速发展密切相关，该科学将选择性记忆和注意力视为人类做出判断的关键。虽然我们的模型仅部分捕捉到了行为金融学所考察的信念扭曲，但却能解释许多实证发现，包括第 4 章所描述的与预期有关的许多实证发现。我们将这一模型视为解决早期研究在方法论上的一些缺点以及阐释继续研究的意义的第一步。

我们的模型将第 3 章中的忽略下行风险和第 4 章中的外推式预期作为特例，并且刻画了这些信念扭曲的发生条件。因此，这个模型解释了外推式预期与忽略下行风险何时相互印证、何时会出现背离。就 2008 年金融危机而言，这个模型也对 2007 年市场的最初震荡之前、市场震荡与雷曼兄弟倒闭之间的相对平稳期以及雷曼兄弟倒闭之后这三个阶段的信念做出了解释。在第 6 章我们将证明，这一模型的动态版本能够解释第 4 章给出的与信贷周期（包括信念）有关的研究证据。我们描述的这一模型可广泛用于特定的金融市场设定之外的情形，不仅可以解释一些心理学实验，而且阐明了宏观经济预测和社会刻板印象等不同现象。在我们看来，对不同情形的适用性对证实我们的研究方法——用一个简单的基本认知原理来统一对信念理性的几种偏离情形——至关重要。

我们的信念形成模型是前瞻性的，而且实际上将理性预期作为一个特例纳入模型。这意味着，与机械性规则不同，我们模型中的预期会对体制变化和有关未来的信息做出反应，因而规避了卢卡斯批判。更重要的是，信念的前瞻性导出了"一孔之见"这一特性：代表性判断通过夸大真实数据模式造成了信念扭曲。第4章讨论了Bordalo、Gennaioli、La Porta 和 Shleifer（2017）关于分析师的极端预测：高速成长公司的样本中出现像谷歌这样的公司的概率被夸大；在这一研究中，可以看到一些与"一孔之见"这一特性有关的实证研究证据。"一孔之见"这一特性让我们可以根据真实世界的特征来刻画对理性的偏离，使得这一模型在实证上可检验。

本章接下来的内容如下：首先，我们回顾心理学中的代表性这一概念。代表性由卡尼曼和特沃斯基于 1974 年引入，多年来被不断改进（如 Kahneman and Tversky，1983）。它被批评为"定义不准"（Gigerenzer，1996），后来在多个方面得到更规范的表述，其中一些与我们的模型密切相关（Tenenbaum and Griffiths，2001），并且得到了实验和实地研究的大量检验和证实（如 Chen、Moskowitz, and Shue，2016）。其次，我们展示建模过程，并简要地探讨了这个模型如何揭示来自心理学以及与社会刻板印象有关的现象。最后，将这一建模过程运用于第 3 章的金融模型是本章最为重要的内容。我们首次分析了代表性对忽略风险的启示。在第 6 章，我们将分析这一模型对第 4 章给出的实证证据所产生的启示。

代表性判断

自 20 世纪 70 年代初开始,心理学家卡尼曼和特沃斯基收集了一系列有关人类判断系统性偏离贝叶斯推断的实验室研究结果;他们指出人类采用的启发式判断只有很少的几种——代表性、可得性(availability)和锚定(anchoring),从而对这样的偏离做出了解释(Kahneman and Tversky, 1974)。启发式判断属于经验法则(rule of thumb),可能来源于适应性过程,通常也会产生很好的近似答案,但在一些情形中也会产生错误的答案。

Kahneman 和 Tversky(1974)认为,代表性思维是人们根据相似性(similarity)来判断可能性的倾向。比如,有个名叫史蒂芬的腼腆的人被描述成有条理并且注重细节,那么我们会认为他更可能是图书管理员而不是农民,因为他的特质与典型的图书管理员相似。其中的问题在于可能性与相似性并不总是一致。几乎没有男性当图书管理员而当农民的男性数不胜数,这使得史蒂芬是个农民实际上更有可能。相似性使我们忽略了在男性当中相对于图书管理员有多少农民。代表性是一种强有力的启发式判断,它解释了许多迥然不同的现象,包括合取谬误(conjunction fallacy)以及忽略基本比率(base rate neglect)。

合取谬误是指错误地判断事件 $A \cap B$ 比单个事件 A 或 B 的可能性更大,而这与概率论公理不符。Kahneman 和 Tversky(1974)记录了几个实验中实验对象有犯合取谬误的稳健倾向,其中最著名的实验如下。

琳达，31岁，单身，直率，非常聪明。她的专业是哲学。作为一名学生，她非常关心歧视和社会正义问题，而且参加过反对使用核武器的示威游行。

实验对象被要求按可能性对几个选项进行排序，以判定琳达如今的职业。这些选项包括"琳达是一个社会工作者""琳达是一名学校教师"。除此之外，还有以下两个选项：

选项1："琳达是一名银行出纳员"。

选项2："琳达是一名银行出纳员并且积极参加女权主义运动"。

大多数实验对象的答案是上面两个选项中选项2的可能性比选项1更大。这就犯了大错，因为：选项1既包括女权主义银行出纳员，也包括非女权主义银行出纳员；在标准的概率概念下，选项1包含选项2，因此选项1一定至少与选项2一样有可能。相似性逻辑解释了人们为什么会犯这个错：琳达所从事职业的总体分布集中在左派分子，而与刻板印象中或许不怎么热衷于政治的银行出纳员相比，女权主义银行出纳员与左派分子的相似性更大；由于混淆了概率与相似性，实验对象错误地断定选项2的可能性比选项1更大。

忽略基本比率是指个体有对信息反应过度的倾向，正如我们在史蒂芬的例子中所看到的那样，实验对象对史蒂芬有条理和重视细节的信息反应过度。另一个典型例子则由 Casscells、Schoenberger 和 Graboys（1978）一文提供，该文分析了内科医生的推断——医生被要求根据精确度不足的阳性检测结果来判定病人的健康状况。这一研究表明给定阳性检查结果，医生倾向于以过大的概率认为病人的确患病，特别是在罕见病情形中。这是令人困惑的，因为根据贝叶斯法则（Bayes' rule）：

$$Pr(患病|阳性)=\frac{Pr(阳性|患病)Pr(患病)}{Pr(阳性)}$$

如果是罕见病［即基本比率 Pr（患病）很小］，那么，即使检查结果为阳性，病人也不太可能患病。直觉上，当是罕见病时，阳性检查结果很可能是假阳性。然而，实际上，医生会对阳性结果反应过度。这是由代表性导致的，因为病人与某个检查结果为阳性的人有相似性。因此，代表性判断也能解释忽略基本比率现象。

关于代表性判断的一个数学模型

基于 Kahneman 和 Tversky（1983）给出的代表性的定义，即"如果某个特质完全是诊断性的，那么这个特质可以代表某一类别；也就是说，如果与有关的参照类别（reference class）相比，这个特质在某一类别中出现的相对概率要高得多，那么这个特质就可以代表某一类别"，Gennaioli 和 Shleifer（2010）为代表性启发式判断构建了一个模型。

在上述定义中，代表性被定义为相对而非绝对的可能性。这一定义的优点在于：代表性可以用于标准的或然性模型，并且适用于任何或然性判断。在讨论代表性与相似性的关系之前，先来考察 Gennaioli 和 Shleifer（2010）给出的关于代表性启发式判断的一个数学模型。

假定有一个群体 G，并且由一个决策者评定类型 T 在群体 G 中

的分布。T 可以是标准化的考试分数，G 可以是一个社会群体（比如女性）；T 也可以是行业 G 中一家公司的未来股票收益率；T 还可以是未来经济表现，而 G 是过去的经济表现。类型 T 在群体 G 中的实际分布遵从条件概率 $h(T=\tau|G)$，该分布反映了考试分数 T 在群体 G 中出现的实际频率，或者有关公司或未来经济表现的理性预期。群体 G 也可以根据过去的历史信息（包括过去有着同样经济表现的类型）组成。类型与群体的这一关系很重要，因为其将代表性预期与金融学和宏观经济学中重要的动态推断问题联系了起来。

根据 Kahneman 和 Tversky（1983）的定义，我们把群体 G 中类型 $T=\tau$ 的代表性 $R(\tau, G)$ 定义为如下所示的相对概率：

$$R(\tau,G) \equiv \frac{h(T=\tau|G)}{h(T=\tau|-G)} \tag{5.2}$$

其中，$-G$ 是对照群体，反映了决策者评定群体 G 时所处的自然情境。考虑前述例子，当评定女性的考试分数时，对照群体 $-G$ 自然就被确定为男性；当评定行业 G 中一家公司的未来业绩时，对照群体 $-G$ 自然就是其他行业中的所有公司；当评定检查结果 G 出来之后病人是否患病时，对照群体 $-G$ 自然就是未接受检查的人的健康状况。类似地，当评定当前的经济状态 G 下未来的经济状态 T 时，对照群体 $-G$ 当然就是有最新的消息之前的经济状态。那么，正如式（5.2）所示，如果类型 $T=\tau$ 在群体 G 中比在群体 $-G$ 中相对更频繁地出现，那么类型 $T=\tau$ 在群体 G 中就更有代表性。

为了弄清楚当中的机制，下面来分析 Bordalo、Coffman、Gennaioli 和 Shleifer（2016a）中一个估计爱尔兰人的发色分布的例子。作为特质的类型 T 是发色，条件群体 G 是爱尔兰人。对照群体 $-G$ 就是世界上的其他人。不同群体中各种发色的实际频率分布如下所示：

	红色头发	浅色/棕色头发	黑色头发
爱尔兰人	10%	40%	50%
世界上的其他人	1%	14%	85%

仅仅根据数据很难理解人们习惯于说在爱尔兰人这一群体中红色头发出现的概率大。就像在世界上的其他人中一样，在爱尔兰人这一群体中，红色头发是为数不多的少数，而黑色头发是绝对的多数。那么，为什么红色头发被视为在爱尔兰人中很常见，甚至成为对爱尔兰人的刻板印象呢？

代表性为此提供了一种解释：因为红色是爱尔兰人很有特色的一种发色。所以式（5.2）表明，在爱尔兰人中红色这种发色确实有最高的似然比：

$$\frac{Pr(红色头发|爱尔兰人)}{Pr(红色头发|世界上的其他人)} = 10 > \frac{Pr(浅色/棕色头发|爱尔兰人)}{Pr(浅色/棕色头发|世界上的其他人)}$$

$$= \frac{40}{14} > \frac{Pr(黑色头发|爱尔兰人)}{Pr(黑色头发|世界上的其他人)} = \frac{50}{85}$$

尽管红色头发在爱尔兰人中出现的绝对概率很小（仅 10%），但相对概率高。因此，红色头发是爱尔兰人的代表性特征。

但是，如何从代表性中形成信念呢？与 Kahneman 和 Tversky

(1983)最初的直觉一致，我们认为代表性会通过有限的选择性记忆来影响概率判断：有代表性的类型能让人立刻想到，所以其在概率判断中会被夸大。选择性记忆机制可能源于记忆研究，记忆研究确定了回忆的两个原则（Kahana，2012）：联想性（associative）和易受干扰性。回忆具有联想性，是因为看到二元组（A，B）会使得实验对象在被提示 B 时想起 A；回忆易受干扰，则是因为看到二元组（A，B）和（A，C）时还一起看到其他二元组如（A'，B），从而会降低实验对象被提示 B 时想起 A 的程度。这一现象被称为风扇效应（fan effect），它之所以会出现是因为 A 与 B 的关联受到 A 与 C 的关联的干扰。风扇效应还会使人看到 B 后更有可能想起 A'，因为 A' 与 B 有独特的关联，故而不会受到干扰。

式（5.2）中表示代表性的相对概率刻画了这一选择性记忆机制：一个人在准备完成评定群体 G 中类型 T 出现的概率这一任务时，与群体 G 关联度更高的类型 τ——在群体 G 中出现的概率 $h(T=\tau|G)$ 更高——更有可能被这个人想起来；与此同时，类型 τ 与其他群体关联度更高——在对照群体 $-G$ 中出现的概率 $h(T=\tau|-G)$ 更高——会对这个人在被提示群体 G 时想起类型 τ 从而产生干扰。在发色这个例子中，一个人在准备完成评定群体 $G=$ 爱尔兰人中各种类型 T 即各种发色出现的概率这一任务时，"黑色头发"这一类型因面临很强的干扰——黑色头发与其他群体即对照群体 $-G$ 事实上关联度更高——而在被这个人想起来时受阻。由于存在这样的干扰，即使该特质在绝对概率意义上不太可能在爱尔兰人中出现，记忆也会

过多地使人想到爱尔兰人很有特色的红色头发这一特质，因此导致红色这一发色在群体 $G=$ 爱尔兰人中出现的概率在评定中被夸大。

这一准则能与 Kahneman 和 Tversky（1983）原初直觉的核心即相似性联系起来。把类型 $T=\tau$ 在群体 G 中出现的概率 $h(T=\tau|G)$ 作为类型 τ 与群体 G 之间的相似性的度量，则式（5.2）说明，当类型 τ 与其他群体 $-G$ 也有相似性，即类型 $T=\tau$ 在对照群体 $-G$ 中出现的概率 $h(T=\tau|-G)$ 很高时，人们想起类型 τ 就会受干扰。由于易受干扰性，人们会倾向于想起相较于对照群体 $-G$ 与群体 G 的相似性更大的类型。代表性和相似性都是这一基本的回忆过程的副产品。

通过假设相对概率 $R(\tau, G)$ 高的类型 τ 在群体 G 中出现的概率会被夸大，我们为上述被扭曲的回忆过程构建了一个模型。因为相对概率 $R(\tau, G)$ 高的类型 τ 会迅速被人想起，所以在概率判断中会被过于看重。相比之下，相对概率 $R(\tau, G)$ 低的类型 τ 因更难被人想起，从而在概率判断中会被轻视。在 Bordalo、Coffman、Gennaioli 和 Shleifer（2016a）与 Bordalo、Gennaioli 和 Shleifer（2018）中，我们通过假设概率判断由如下所示的代表性启发式判断下被扭曲的概率密度得出，给出了一个易于处理的模型：

$$h^{\theta}(T=\tau|G)=h(T=\tau|G)\left[\frac{h(T=\tau|G)}{h(T=\tau|-G)}\right]^{\theta} Z \quad (5.3)$$

其中，$\theta \geqslant 0$ 反映了概率扭曲的程度，Z 是一个确保被扭曲的条件概率密度函数 $h^{\theta}(T=\tau|G)$ 的积分为 1 的常数。根据式（5.3），决策

者会夸大高度有代表性的类型 $T=\tau$ 在群体 G 中出现的概率，而缩小没有代表性的类型 $T=\tau$ 在群体 G 中出现的概率。Bordalo、Coffman、Gennaioli 和 Shleifer（2016a）指出，我们给出的模型的关键性质在更一般的权重函数下也成立。我们在这里保留式（5.3）的函数形式，因为该函数形式能得出便于处理的显式解。

Gennaioli 和 Shleifer（2010）指出，这一由于记忆会使人过多地想到代表性类型而导致信念扭曲的模型阐释了许多与代表性有关的信念偏差，包括合取谬误与忽略基本比率。下面我们来解释这一结论的逻辑。

代表性判断与合取谬误

以琳达实验为例，我们对琳达实验之谜的解释建立在以下直觉上：实验对象不会将选项 1"琳达是一名银行出纳员"看作一个抽象的逻辑表述，他们会从记忆中为选项 1 补充细节，而这些被补充的细节会受到代表性判断的不良影响。

在思考宽泛的"银行出纳员"这一类别的人时，实验对象会想起具体的在政治取向上可能不同的银行出纳员。例如，这些银行出纳员可以是"女权主义者"或"非女权主义者"。在这里，类型是 $T=\{女权主义者，非女权主义者\}$，被评定的群体是 $G=$ 银行出纳员，而对照群体包括琳达可能从事的其他职业，比如 $-G=$ 社会工作者或学校教师。关键是，实验对象在思考银行出纳员时，想起"女权主义者"这一类型会面临强干扰，可以说，该类型与琳达可能从事的社会工作者等其他职业有更强的关联，这意味着如下所示的似然比很小：

$$\frac{Pr(女权主义者|银行出纳员)}{Pr(女权主义者|社会工作者)}$$

相比之下，想起"非女权主义者"这一类型所面临的干扰则弱得多，因为非女权主义者在银行出纳员中相对更普遍，这意味着如下所示的似然比很大：

$$\frac{Pr(非女权主义者|银行出纳员)}{Pr(非女权主义者|社会工作者)}$$

这一干扰表明"银行出纳员"这一类别由对"非女权主义者"的刻板形象来代表。"银行出纳员"还包括"女权主义者"这一类型的可能性被忘记了。因此，实验对象通过估计有着激进过去的琳达成为一名"非女权主义银行出纳员"的概率来判定选项1"琳达是一名银行出纳员"的可能性。琳达成为一名"非女权主义银行出纳员"这一狭义事件的实际概率当然很低，而且比琳达成为一名"女权主义银行出纳员"的概率还要低。实验对象之所以会犯合取谬误，是因为代表性使他们以一种刻板的方式来表述选项1。

代表性判断与忽略基本比率

接下来分析忽略基本比率。同样，我们的模型通过选择性回忆机制会很自然地得出忽略基本比率这一现象。用数学语言来表述就是，医生评定检查结果为阳性的人群 $G=+$ 中类型 $T=\{$健康，患病$\}$ 出现的概率，进行这一评定的背景是未接受检查的病人（$-G=$

未接受检查)。那么，根据式（5.2），给定阳性检查结果 $G=+$，"患病"这一类型当且仅当下式成立时是有代表性的：

$$\frac{Pr(T=\text{患病}|G=+)}{Pr(T=\text{患病}|-G=\text{未接受检查})} > \frac{Pr(T=\text{健康}|G=+)}{Pr(T=\text{健康}|-G=\text{未接受检查})}$$

上式当且仅当医疗检查对病人的健康状况有信息含量时成立。当医疗检查有信息含量时，"患病"在检查结果为阳性的病人中相对更普遍。这使得在检查结果为阳性之后"患病"这一类型有代表性。但这样的判断在罕见病情形中会尤其不准确。在这种情形中，即使检查结果为阳性，最有可能的结果仍是病人是健康的。但"健康"这一类型面临强干扰，因为在未接受检查的病人当中健康的病人甚至更普遍。当阳性检查结果让医生想到"患病"时，医生会相对于实际的概率夸大"患病"这一类型在检查结果为阳性的人群中出现的概率。

本章的余下部分会展示如何将这一相同的逻辑运用于金融学中的信念扭曲，包括忽略下行风险、外推式预期以及对信息反应过度。为了推动这一逻辑的运用转向金融学，我们首先阐明如何运用代表性的逻辑分析对社会群体的刻板印象。这一探讨强调了基于代表性的判断模型的一般性和广泛的适用性。

代表性判断与社会的刻板印象

正如 Bordalo、Coffman、Gennaioli 和 Shleifer（2016a）所指出的，我们的模型为社会心理学所描述的刻板印象提供了一个理论基础。用 Hilton 和 Von Hippel（1996）的话来说就是，刻板印象是"对不同群体之间的真实差异的心智表征（mental representations）……能让信息处理变得更容易和更有效率，但刻板印象却是选择性的，因为其集中于群体间区别最大化且群体内差异最小化的最有区分度的特征"。

刻板印象的上述特质由选择性回忆原理自然引出；在选择性回忆中，具有代表性的类型被过于看重，而不具有代表性的类型会被轻视或遗忘。选择性回忆原理的一个关键特点是：与社会心理学相符，刻板印象是对不同群体之间的真实差异的心智表征。红色头发的爱尔兰人这个例子阐明了这一点：红色头发在爱尔兰人中出现的概率被夸大了，因为红色这种发色实际上在爱尔兰人中比在世界上的其他人中要普遍得多。刻板印象夸大了不同群体之间的真实差异这一观点被称为"一孔之见"。

Bordalo、Coffman、Gennaioli 和 Shleifer（2016a）利用源自 Graham、Nosek 和 Haidt（2012）的道德基础问卷（Moral Foundations Questionnaire）数据，证明了"一孔之见"这一心理学原理有助于解释美国两党成员的政治观念形成。特别是，相对于二者的真实差异，调查对象（既有民主党人也有共和党人）无一例外地夸大了民主党人和共和党人的政治观点的差异。

在 Bordalo、Coffman、Gennaioli 和 Shleifer（2016b）所进行的实验中，男性和女性回答了不同领域的琐碎问题，其中有的问题一般被视为女性领域的问题（艺术），而有的问题一般被视为男性领域的问题（体育）。我们不仅评估了实验对象在不同领域的答题表现，还评定了他们对其他实验对象的表现的信念。"一孔之见"原理还刻画了对性别的信念：男性和女性对自身和他人在不同领域的能力所抱有的信心夸大了男女之间在能力表现上的真实差异。与男性相比，在男性通常做得更好的领域，女性对自己的真实能力缺乏信心。同样，在评判他人时，男性会被认为在男性领域比实际表现得更好，而在女性领域则比实际表现得更差。在这个意义上，我们所提出的理论能让我们基于可测度的真实情况来刻画信念扭曲。

在第 4 章所描述的 Bordalo、Gennaioli、La Porta 和 Shleifer（2017）的分析师预期例子中，我们可以看到相同的现象：分析师对极度利好的消息会按照正确的方向做出反应，但相对于贝叶斯标准反应过度。"一孔之见"看来是一个相当普遍的信念，在截然不同的领域和类型的受访者中成立。

代表性判断与金融学中的信念

现在我们将代表性运用到对未来现金流——比如住房抵押贷款组合或 MBS 的现金流——的信念建模中。"一孔之见"原理让我们能以一种统一的方式来看待通常被单独考虑的各种现象，比如忽略下行风险与外推式预期。我们还会分析债券的发行，关于证券价格和投资（但不包括资产甩卖）的完整的动态模型则留到第 6 章加以阐述。

基于第 3 章给出的模型设定，最自然的为诊断性信念建模的方式，是基于有关抵押贷款的未来偿付额 $\tilde{X}$ 的新信息进行思考。市场参与者观察到经济、金融部门以及政策的发展，就会相应地修正自己对 $\tilde{X}$ 的信念。这一设定类似于医疗检查的例子，其中，代表性会影响信念如何相对于基准情形（未接受检查的病人）对信息（检查结果）做出反应。正如医疗检查的例子所示，干扰会施加影响。新信息出现后，和基准情形一样很可能发生的未来偿付额会受到干扰，从而被轻视。相比之下，新信息出现后，相对于基准情形发生概率增大很多的未来偿付额$\tilde{X}$会被迅速想到，从而在信念中占有过高的权重。

这些想法可以用数学语言做如下表述：在$t=0$时，在发行安全债券之前，金融中介从抵押贷款中获得的未来现金流的真实分布为$f(\tilde{X}|I_0)$。这一条件概率密度基于发行时点$t=0$的信息集I_0，包括住房价格、未来经济状况、证券化有效性等方面的信息。这些初始条件与过去的时期如$t=-1$由信息集I_{-1}刻画形成对比。这一基准情形下的真实条件分布由$f(\tilde{X}|I_{-1})$表示。

下面分析如何将代表性运用于上述设定。现在要推断的对象T是现金流$\tilde{X}$。为了让类比更明显，在医疗检查的例子中，要推断的对象T是病人的健康状况。经济主体试图表述的目标分布为$f(\tilde{X}|I_0)$。也就是说，投资者评定的群体是基于相同信息的未来现金流的集合，$G=I_0$。类似地，在医疗检查的例子中，被评定的群体是基于相同的阳性检查结果的病人的健康状况的集合，$G=+$。最后，在当前的设定中，对照群体是由上一期的信息集$-G=I_{-1}$，即在$t=-1$时基于共同的过去普遍经济状况确定的现金流的集合。同样，在医疗检查的例子中，对照群体由病人接受检查之前的健康状况的集合来确定，即$-G=$未接受检查。在第6章我们将指出这些集合是如何在不断有新信息出现的动态设定中自然得出的。

我们可以把式（5.2）照搬到当前的设定中。在 $t=0$ 时，某一未来实现的现金流 $\widetilde{X}$ 的代表性由下式给出：

$$R(\widetilde{X}, I_0) = \frac{f(\widetilde{X}|I_0)}{f(\widetilde{X}|I_{-1})}$$

基于信息集 I_0，最有代表性的现金流是基于最新的消息可能性增大得最多的现金流；而最不具有代表性的现金流则是可能性减小得最多的现金流。比如，房价上涨增大了抵押贷款出现高偿付的概率，使高现金流变得更有代表性而低现金流变得更没有代表性。

根据式（5.3），现金流 $\widetilde{X}$ 的被扭曲的概率密度由下式给出：

$$f^{\theta}(\widetilde{X}|I_0) = f(\widetilde{X}|I_0) \left[\frac{f(\widetilde{X}|I_0)}{f(\widetilde{X}|I_{-1})}\right]^{\theta} Z \tag{5.4}$$

基于消息变得更有可能实现的现金流会被过于看重，而基于消息实现可能性变得更低的现金流会被轻视。这里要再次注意干扰的影响：在普遍经济状况 I_{-1} 下极可能实现的现金流会面临强干扰。这样的现金流因没有代表性而被轻视，即使它在当前经济状况 I_0 下有相当大的实现可能性。相比之下，在当前经济状况下，相比过去更有可能实现的现金流会面临很少的干扰。这样的现金流因极具代表性而被过于看重，即使它在绝对概率上发生的可能性不大。

由此，代表性的变化决定了市场参与者对信息的反应。住房市场的利好消息通过两种方式提高了对抵押贷款出现高偿付的条件概率的信念：第一，使得高现金流客观上更有可能发生从而提高

$f(\widetilde{X}|I_0)$；第二，使得高现金流更有代表性而促使其被想到的可能性上升。第二种效应可由式（5.4）方括号中的 $\dfrac{f(\widetilde{X}|I_0)}{f(\widetilde{X}|I_{-1})}$ 来刻画，它会进一步增大高现金流实现的预期，这一增强效应所引起的市场参与者对信息反应过度是我们研究结果的关键所在。

当目标分布 $f(\widetilde{X}|I_0)$ 与对照分布（comparison distribution）$f(\widetilde{X}|I_{-1})$ 同属指数或幂函数族时，式（5.4）会得出便于处理的显式解。特别地，假定 $\widetilde{X}$ 服从对数正态分布，我们可以得出如下结论：

命题 5.1 假设 $ln\,\widetilde{X}|I_0 \sim N(\mu_0, \sigma_0^2)$ 且 $ln\,\widetilde{X}|I_{-1} \sim N(\mu_{-1}, \sigma_{-1}^2)$，则当 $(1+\theta)\sigma_{-1}^2 - \theta\sigma_0^2 > 0$ 时，被扭曲的概率密度函数 $f^\theta(\widetilde{X}|I_0)$ 也呈对数正态分布，其均值 $\mu_0(\theta)$ 和方差 $\sigma_0^2(\theta)$ 分别为：

$$\mu_0(\theta) = \mu_0 + \frac{\theta\sigma_0^2}{\sigma_{-1}^2 + \theta(\sigma_{-1}^2 - \sigma_0^2)}(\mu_0 - \mu_{-1}) \tag{5.5}$$

$$\sigma_0^2(\theta) = \sigma_0^2 \frac{\sigma_{-1}^2}{\sigma_{-1}^2 + \theta(\sigma_{-1}^2 - \sigma_0^2)} \tag{5.6}$$

当真实的目标分布和对照分布均呈对数正态时，被扭曲的分布也呈对数正态，不过其均值和方差也是被扭曲的。我们称由于过于看重有代表性的状态而得到的这种被扭曲的均值和方差为"诊断性的"。当 $\theta=0$ 时，诊断性信念与理性预期相符：式（5.5）中的均值与式（5.6）中的方差均未被扭曲。

但当有代表性的未来现金流被过多地从记忆中筛选出来，即

$\theta>0$ 时，诊断性信念就是被扭曲的。当且仅当出现与现金流 $\tilde{X}$ 的自然对数的均值增大（$\mu_0>\mu_{-1}$）有关的有利消息时，式（5.5）中现金流 $\tilde{X}$ 的自然对数在诊断性信念下的均值相对于原本的均值会更大，即 $\mu_0(\theta)>\mu_0$。同样，当且仅当出现与现金流 $\tilde{X}$ 的波动性减小，或者说现金流 $\tilde{X}$ 的自然对数的方差更小（$\sigma_0^2<\sigma_{-1}^2$）有关的有利消息时，式（5.6）中现金流 $\tilde{X}$ 的自然对数在诊断性信念下的方差相对于原本的方差会更小，即 $\sigma_0^2(\theta)<\sigma_0^2$。

命题5.1阐明了"一孔之见"的逻辑：诊断性信念下的均值和方差按照消息的方向变化，但变化程度超出了新消息决定的范围。诊断性信念因明确说明了市场结果在整个区间上的概率分布，所以可用于描述对下行风险的认知。命题5.1中的诊断性对数正态分布表明了如下结论：

命题 5.2 当且仅当现金流波动性相对于过去没有增大即 $\sigma_0^2 \leqslant \sigma_{-1}^2$ 时，经济主体在定义3.1的意义上会忽略下行风险；在这种情形下，在诊断性信念下经济主体会忽略低于下式给出的阈值 $\underline{X}$ 的下行风险：

$$\underline{X}=\mu_0+\theta\varphi\left(\frac{\sigma_{-1}}{\sigma_0}\right)(\mu_0-\mu_{-1}) \tag{5.7}$$

其中，$\varphi(\cdot)$ 是随 σ_{-1}/σ_0 递减的正函数，满足：

$$\lim_{\frac{\sigma_{-1}}{\sigma_0}\to 1}\varphi\left(\frac{\sigma_{-1}}{\sigma_0}\right)=+\infty$$

忽略下行风险出现的必要条件是：在 $t=0$ 时，现金流 $\widetilde{X}$ 的自然对数的方差相对于过去没有增大，即 $\sigma_0^2 \leqslant \sigma_{-1}^2$。现金流 $\widetilde{X}$ 的波动性更大或者说现金流 $\widetilde{X}$ 的自然对数的方差相对于过去增大了，即 $\sigma_0^2 > \sigma_{-1}^2$，则会使得现金流 $\widetilde{X}$ 的自然对数的极值——包括那些出现在条件概率密度函数 $f(\widetilde{X}|I_0)$ 左尾的现金流 $\widetilde{X}$ 的自然对数——因很有代表性而被过于看重。

我们能用命题 5.2 来阐明 2005 年前后忽略下行风险这一事实。为此，我们先假设 $\sigma_0^2 = \sigma_{-1}^2$，从而抽象掉现金流波动性的变化。在这种情形中，式（5.7）意味着当且仅当在 $t=0$ 时出现了关于平均现金流的有利消息即 $\mu_0 > \mu_{-1}$ 时，忽略下行风险才会出现。[①]

这一条件反映了 2005 年前后美国经济的显著特征。2001 年经济衰退之后持续的经济增长、调节性的货币政策以及住房价格的持续上涨都带来了房地产投资回报的利好消息，即 $\mu_0 > \mu_{-1}$。在我们的模型中，这些发展会带来两种效应：一方面，与命题 5.1 相符，它们促进了对抵押贷款现金流均值的过度乐观，即 $\mu_0(\theta) > \mu_0$；另一方面，与命题 5.2 相符，它们造成了对下行风险的忽略。这一机制既能阐释如 Case、Shiller 和 Thompson（2012）中的问卷调查数据所示的对住房价格上涨的夸大预期，也能阐释如图 2.1 所示的对住房市场下行风险的忽略。第 3 章的简约模型没有把忽略下行风险和对

[①] 在这种情形中，能够证明式（5.7）中的 $\underline{X}$ 会向 $+\infty$ 发散。因此，在这些具体条件下，可以对关于忽略风险的定义 3.1 进行相应的改变，使得诊断性信念下的信念概率密度一阶随机占优真实的概率密度。

普遍经济状况的过度乐观预期联系起来。诊断性预期则基于真实的现金流分布建立起了这一联系。

图 5.1 展示了上述结论背后的直觉:中间的曲线是 $t=0$ 时真实的现金流分布,左边的曲线是 $t=-1$ 时出现有利消息之前的真实现金流分布。某一给定现金流的代表性是在该现金流处中间分布的函数取值和在该现金流处左边分布的函数取值之比。直觉上,好消息的出现会使真实的现金流分布向右移动,增大高现金流出现的概率,减小低现金流出现的概率;与低现金流相比,高现金流变得更有代表性,并且被赋予更高的权重在意料之中。右边的曲线即为所导致的诊断性分布:它相对于真实分布向右移动,从而具有更大的均值和更瘦的左尾。

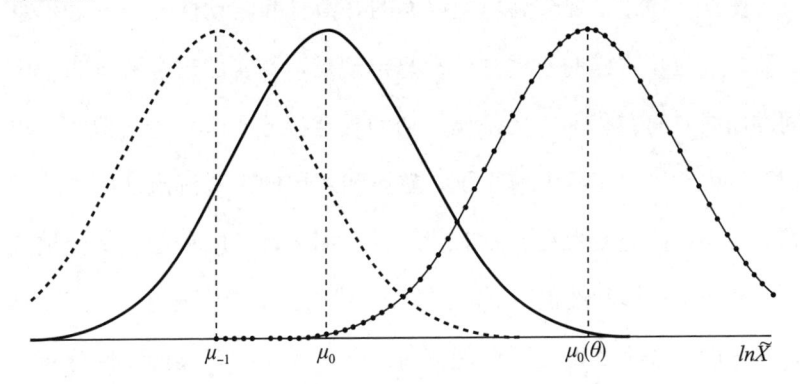

图 5.1 理性预期下与诊断性预期下的现金流分布

本书前几章强调了 2005 年前后美国经济的另一个重要发展,即出现了打包和在投资者之间分配风险这样的保险机制。正如第 3 章所指出的,这一创新相当于通过分散特异性风险来减少现金流风险。

这一时期银行部门的风险也被金融工程和波动较小的经济环境（即大稳健时期，Great Moderation）减小了。

在我们的模型中，美国经济的上述变化不仅由平均现金流的增加来刻画，而且体现为波动性的下降，即 $\sigma_0^2<\sigma_{-1}^2$。① 这会产生两种效应：第一，与命题5.1相一致，波动性下降会导致对现金流安全性的夸大信念，即 $\sigma_0^2(\theta)<\sigma_0^2$；第二，与命题5.2相一致，这会进一步减小信念在左尾的权重，从而进一步导致对下行风险的忽略。"一孔之见"的逻辑加剧了对下行风险的忽略：保险机制得到了发展，但它的效应夸大了对安全性的信念。这也有助于阐释如图2.1所示的忽略下行风险的事实。

图5.2描述了现金流均值增大的好消息和波动性减小的好消息的联合效应。这样的双重利好消息出现后，真实的现金流分布（中间的曲线）向右移动，变得比最初的现金流分布（左边的曲线）更细窄。由于风险实际上减小了，右尾和左尾的现金流出现的可能性都会变小，因此变得更不具有代表性。那么，右尾和左尾都会被忽略，从而减小诊断性预期下的方差。② 然而，由于均值更大了，尤其是左尾的现金流变得更不可能获得。这一效应会夸大诊断性分布下

---

① 第3章的打包模型在共同现金流因子 X 和特异性噪声 ϵ 均服从对数正态分布时恰好可以得出这一情形。

② 这一情形得出了 Gennaioli、Shleifer 和 Vishny（2012）提出的一种模型简化，即所有小概率现金流都忽略不计。当现金流的均值不变且方差变小时，尾部风险会被忽略，但对均值的信念未被扭曲；在这样一个例子中，忽略风险与对平均经济状态乐观并不会同时发生。

的均值。最终的信念是右边的曲线，其展示了相对于真实情况，均值被夸大，而方差变得更小。

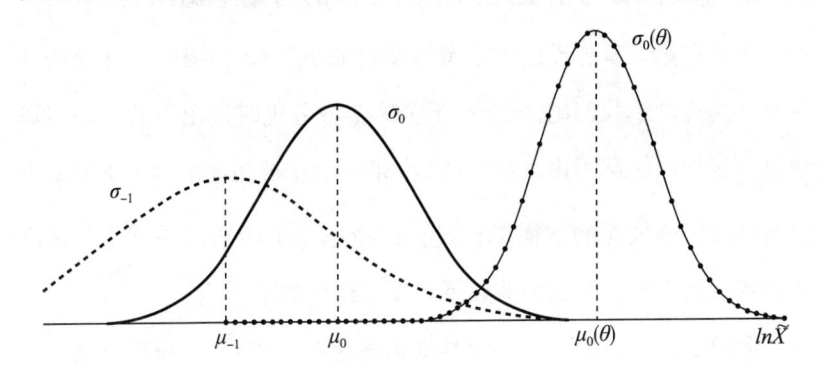

图 5.2　理性预期下与诊断性预期下对现金流安全性的信念

总之，诊断性预期作为基本面的函数为第 2 章中 2008 年危机爆发之前的信念提供了一种解释。在这一解释中，对住房价格上涨的乐观预期与忽略下行风险不是市场参与者信念的普遍特征，而是经济状况与代表性心理学的产物。在不同的经济状况下会出现不同的经济结果。例如，命题 5.1 和命题 5.2 表明不利的现金流信息即 $\mu_0 < \mu_{-1}$ 会引起过度悲观以及夸大下行风险，而波动性的上升（$\sigma_0^2 > \sigma_{-1}^2$）则加强了对下行风险的夸大。经济下行风险的上升会导致对左尾事件的夸大，引起对左尾风险的过度看重。本章给出的诊断性预期模型可以根据经济状况预测尾部风险何时被高估或被忽略。当然，这些预测很自然地遵循"一孔之见"逻辑，而"一孔之见"逻辑会扭曲基本面所塑造的信念。正如接下来要指出的，由于这一特征，本章的诊断性预期模型同时可以解释最初的不利消息出现之后 2007—2008 年的市场平稳期，以及雷曼兄弟倒闭之后的住房市场崩盘期市场参与者的信念。

债券发行量与雷曼兄弟倒闭之前的市场平稳期

本节在第 3 章的设定中来考察发行如 AAA 级 MBS 这样的安全债券，这有助于我们阐述 2008 年全球金融危机时期出现的金融市场结果。正如第 3 章所述，我们用 N_0^θ 来表示在被扭曲的信念下忽略下行风险时安全债券的均衡发行量。在命题 5.1 所给出的现金流 $\widetilde{X}$ 服从自然对数正态分布这一假设下，可以得出如下结论：

命题 5.3 用 $z^* < 0$ 表示标准正态分布下的 δ^* 一分位数值，在诊断性预期下，AAA 级约束如下所示：

$$lnN_0^\theta = \mu_0(\theta) + \sigma_0(\theta)z^* \tag{5.8}$$

如果 $\mu_0 > \mu_{-1}$ 且 $\sigma_0^2 < \sigma_{-1}^2$，则在均衡条件下安全债券发行过量。

债券过量发行及其造成的金融部门的隐藏风险在以下两个变化同时出现时会特别严重：现金流的自然对数的均值增大了，即 $\mu_0 > \mu_{-1}$，现金流的波动性减小了，即 $\sigma_0^2 < \sigma_{-1}^2$。[①] 式（5.8）可以体现这一点。当市场参与者在诊断性预期下对现金流的自然对数均值的信念 $\mu_0(\theta)$ 变大，即 $\mu_0(\theta) > \mu_0$，并且对现金流的自然对数的方差的信念 $\sigma_0^2(\theta)$ 变小，即 $\sigma_0^2(\theta) < \sigma_0^2$，他们对金融中介未来会获得的现金流的均值就会有乐观的预期，从而忽略尾部风险。因此，市场参与者愿意接受更大的债券供给 N_0^θ。

---

① 这仅仅是一个充分条件而非必要条件。若现金流均值相对于现金流波动性增大得足够多或者现金流波动性相对于现金流均值下降得足够多，债券都可能过量发行。

与经济状况有关的有利消息以及通过打包来分散风险这样的金融创新，导致投资者在 2007 年以前既对住房价格上涨有乐观的预期，又忽略了下行风险，这可由诊断性预期下现金流的均值 $\mu_0(\theta)$ 增大、方差 $\sigma_0^2(\theta)$ 减小来反映。这些信念进一步支持了第 1 章所描述的 AAA 级证券化债券的大量发行。

同时，我们的模型还能阐释 2007 年市场出现的最初的轻微波动，以及此后市场参与者继续忽略下行风险直至雷曼兄弟倒闭。美国住房市场泡沫的破裂——在 2007 年夏这已是很明显的事实——会导致未来现金流均值 μ_0 的降低。这一不利消息会降低或逆转最初对未来现金流均值的过度乐观预期 $\mu_0(\theta)$，因此降低了市场吸收 AAA 级 MBS 的意愿，式（5.8）中的 AAA 级约束会变得更紧。正如我们在第 1 章所看到的，资产支持商业票据的发行停止，但美联储极其有效的流动性干预成功应对了这一不利冲击。如图 1.7 所示，美联储的流动性干预政策阻止了住房市场和金融市场最初的轻微波动转变为金融危机的全面爆发。

暂停发行新的资产支持商业票据后市场平稳下来这一现象，可以通过市场参与者由于对现金流的安全性有夸大的信念〔诊断性预期下的方差 $\sigma_0^2(\theta)$ 更小了〕而继续忽略下行风险来加以解释。市场认为证券化还在进行，因而银行并没有承担非常多的风险，而且美联储做好了救助金融部门的准备。投资者对金融体系风险较低的信念依然存在。即使假设在 2008 年初之前投资者对住房价格上涨幅度的预期 $\mu_0(\theta)$ 符合现实，投资者对金融中介对所持有的各项住房抵押贷款进行打包以多元化不同住房抵押贷款的特异性风险、金融工程和美联储的干预等保险机制的信念仍然过度乐观。事实上，美联储可能正是因为进行的干预非常成功，而认为市场在这方面更加平稳。诊断性预期因为能把被忽略的尾部风险与对现金流$\tilde{X}$的自然对数的均值所持的乐观信念或者说外推式预期区分开来，所以能阐释2007—2008年期间的市场平稳期。

那么，为什么雷曼兄弟倒闭这一事件如此令人震惊？我们把雷曼兄弟倒闭视为与现金流有风险——方差σ_0^2更大了——有关的消息。为了使美国的金融体系崩溃有代表性，这样的消息只需要足以值得关注。换言之，市场参与者在雷曼兄弟倒闭后会意识到，美国的整个金融体系易受影响：承担了严重的系统性风险，而且政府不准备予以救助。资产甩卖大规模发生，资产价格极端混乱，而且比投资者预想的要规模大得多和严重得多，因为金融中介对所持有的各项住房抵押贷款进行打包，以多元化不同住房抵押贷款的特异性风险，从而让整个金融部门承担了被忽略的下行风险。"分散化神话"的破灭消除了对风险管理的过度自信。雷曼兄弟倒闭表明，"黑天鹅"事件不仅是有可能发生的，而且实际上是有代表性的，以至于诊断性预期会夸大对风险的评估［即$\sigma_0^2(\theta)>\sigma_0^2$］。即使美国金融体系全面崩溃的客观概率依然是小概率，当雷曼兄弟倒闭令美国政府的大规模救助随之而来时，认为美国的金融体系面临系统性风险的看法也会变得极端。这样的极端看法对完全建立在以有风险的抵押品作为担保来生成作为安全资产的安全债券这一基础上的金融体系而言，会成为致命的冲击。

在式（5.8）中，在诊断性预期下方差 $\sigma_\theta^2(\theta)$ 增大对这样生成的安全资产的发行量会有重大的影响，这可由很小的 δ^* 乃至为负的 z^* 来刻画。

当糟糕的经济状况变得有代表性时，正如曝出"黑天鹅"事件的新闻所造成的那样，连持有 AAA 级 MBS 这样的安全资产的投资者也会认为风险很大，这会促使资产变现。在这个意义上，诊断性预期在危机期间会加剧资产甩卖和价格暴跌。这一机制不同于第3章的设定，在第3章中，我们假设到了某一时点忽略风险就会突然消失，市场参与者变得理性。在 2008 年全球金融危机爆发前夕，导致市场参与者对住房价格上涨有过度乐观的预期以及金融部门过度扩张的心理学原理，也解释了市场参与者对不利消息反应迟缓。在危机期间，当被忽视的下行风险暴露出来时，这种心理会放大金融体系的脆弱性。与这一观点相符的是，图 4.12 显示就在雷曼兄弟倒闭之后市场参与者对信用利差的预期过于悲观。

以强风险厌恶的形式对危机反应过度是有关金融脆弱性的理论中一个反复出现的主题（如 Caballero and Simsek, 2013）。对此通常通过假设危机会产生模糊性（ambiguity），而投资者是模糊性规避的来解释（Gilboa and Schmeidler, 1989；Hansen and Sargent, 2001）。另一种解释是，投资者寻求安全资产（flight to safety）（如图 1.6 所示），是由于代表性判断这一原理，该原理不仅导致了金融部门在繁荣期过度扩张，而且造成了金融部门在经济下行期过度收缩。这一机制是第 6 章要分析的信贷周期的核心内容。

总　结

本章给出的模型是建立在有关选择性记忆和选择性回忆的一般性假设基础之上的，为2007—2008年这一时期人们的信念提供了统一的解释。诊断性预期的"一孔之见"逻辑有助于解释，为什么在2007年夏之前人们忽略下行风险而同时对未来平均经济状态有乐观的预期，为什么在2007年和2008年之间对未来平均经济状态的乐观预期会减退而忽略下行风险这样的信念扭曲依然存在，以及为什么最终在雷曼兄弟倒闭后，人们不再对下行风险视若无睹，而可能是夸大其存在，进而引发大规模的资产甩卖。

上述这些动态变化不能用引入了单一信念扭曲（如忽略下行风险）或者对平均条件的机械式外推这样的就事论事建模方法来解释。第3章给出的模型阐释了2007年以前市场参与者所秉持的信念，但不能解释为什么市场花了这么长的时间才意识到金融部门的风险，以及雷曼兄弟倒闭后市场参与者的过度悲观。解释危机时期市场参与者的过度悲观的通常做法，是利用某种形式的不确定性或模糊性厌恶，但这不能反过来解释为什么2007年以前市场参与者如此乐观。机械的外推式预期也一度难以与事实证据相符：当住房市场泡沫破裂变得显而易见时，机械的外推式预期一般而言——特别是在雷曼兄弟倒闭之前——不会产生忽略下行风险这一信念扭曲。

诊断性预期可以精确匹配不同数据的特征，这是因为它能适应新的经济安排。比如，在诊断性预期下，对风险的忽略会随着证券化等对冲风险的金融创新而发生变化：市场参与者会夸大保险机制的好处，进而忽略新的经济安排使所有市场参与者暴露于共同风险；因此，当左尾事件变得有代表性时，市场参与者会忽略资产甩卖程度。这个一般性逻辑也能解释为什么引入了资产组合保险和指数期权等金融创新后，金融体系变得脆弱了（Coval，Pan，and Stafford，2014）。

本章还指出，诊断性预期不仅是用于解释导致 2008 年金融危机的繁荣-衰退周期的建模方法，而且具有更广泛的应用性。诊断性预期不仅能解释不确定性下人类判断的经典实验之谜，还能解释社会刻板印象。这样跨情境的适用性表明，诊断性预期模型反映了一个普适的心理因素。

我们将在第 6 章指出，这一模型还能用于解释信念扭曲的系统性证据，我们在第 4 章曾提到这些证据，并指出外推式预期是具有系统性的。当股票收益率、企业盈利水平、住房价格以及信用利差的持续观测值可获得时，市场参与者在动态情形中常常会采用外推式预期。信贷市场通常会经历繁荣-衰退的信贷周期，虽然大部分信贷周期不像 2008 年那样惨烈。诊断性预期能处理完全动态的情形，并能体现对信息反应过度，进而给出一个关于信贷和投资周期的理论。这将外推式预期置于更牢固的心理学基础之上，使得我们对预期的研究又向前推进了一步。

第 6 章
诊断性预期与信贷周期

　　诊断性信念可以解释信贷周期和预期问卷调查数据方面的证据。这些证据在第 4 章已经提及，但一些显著的事实值得我们在此回顾。

　　在不同领域，关于预期有一条共同的主线，即外推最近的历史变化至未来以形成预期。当近来股市的投资回报一直很高时，业内人士和不老练的投资者对股市未来整体回报的预期都会过度乐观；当近来公司盈利一直很高（指公司盈利的绝对水平或者增长率很高）时，专业分析师和公司 CFO 对公司盈利增长率特别是长期增长率的预期就会过度乐观。实际上，专业分析师对未来公司盈利的预期会显示出"一孔之见"这一特性：鉴于出色的历史业绩，某家公司在客观上更有可能成为超级巨星，但分析师夸大了这种可能性。最后，在当前的信用利差很小时，分析师预期未来的信用利差也会很小，这同样是将最近的状态外推至未来形成的预期。

　　本章会证明，诊断性预期之所以会引发外推式行为，是因为诊断性预期会使得经济主体对信息反应过度。为此，我们采用了

Bordalo、Gennaioli 和 Shleifer（2018）与 Bordalo、Gennaioli、La Porta 和 Shleifer（2017）中的结论。同样，当中的推动力依然是"一孔之见"这一逻辑：在动态情形中，经济主体所秉持的信念会随着消息发生变化，但代表性判断放大了这一反应。代表性作为"一孔之见"的基础，使得 2008 年前后市场信念的定性特征——特别是忽略风险——与一再的外推式预期一致。本章会证明，诊断性预期比更传统的机械的适应性预期模型更符合问卷调查证据。

诊断性预期模型除了能解释预期的不断变化，特别是能得出预期的过度波动之外，还能阐明有关信贷周期的事实。正如第 4 章所述，有越来越多的研究证据表明，信贷快速扩张预示着实体经济活动会减少（如 Schularick and Taylor, 2012；Mian, Sufi, and Verner, 2017）。而在对信贷市场的考察中出现了类似的研究结果。Greenwood 和 Hanson（2013）指出，公司债发行主体的信用资质在信贷市场繁荣时会恶化，而且高风险债券在债券发行总量中的占比高预示着很低甚至为负的公司债投资回报。为了解释这一研究结果，Greenwood 和 Hanson（2013）采用了一个与 Barberis、Shleifer 和 Vishny（1998）有关联的代表性判断模型。López-Salido、Stein 和 Zakrajšek（2017）发现，与高风险债券在债券发行总量中的高占比强相关的低信用利差，预示着之后信用利差的增大和经济增长的减缓。

信贷过度扩张-信贷过度收缩的动态变化，可能是由于对好消息和随后可预测的逆转的预期反应过度。基于此，本章描述了

Bordalo、Gennaioli 和 Shleifer（2018）所提出的一个将诊断性预期引入有借贷的标准经济学模型，得出了许多与信贷周期有关的事实，包括信用利差、高风险债券占比、债券投资回报的可预测性和投资周期。关键的是，该模型还与市场参与者的系统性外推式预期偏差的证据相符，特别是在预测信贷市场结果如信用利差时。但理性预期模型，甚至一些主要的替代模型如理性疏忽（rational inattention）模型，则与这些证据不符；这表明对信息的过度反应导致的预期波动也许是信贷周期的一个重要决定因素。

代表性判断、反应过度与外推式预期

本节先来描述一个基本随机过程的诊断性预期。下一节会把这一预期引入一个有借贷的动态经济学模型。假设有无限期，在每一期 $t=0, 1, \cdots$，决策者都会预测一个服从持续性参数为 ρ 的 AR(1) 过程的变量 $\hat{X}_{t+1}$：

$$\hat{X}_{t+1} = \rho \hat{X}_t + \epsilon_{t+1} \qquad (6.1)$$

其中，ϵ_{t+1} 是服从均值为 0、方差为 σ^2 的独立同分布正态冲击。为了简化，考虑 σ^2 为常数的情形。这表明当前的分析不能得出第 5 章考察的对平均状态的信念和风险的联合动态变化。[1] 上式中的 $\hat{X}_{t+1}$ 可以表示各种经济指标，例如金融资产价格（如标准普尔 500 指数）、公司盈利增长率、信用利差或者通货膨胀率、GDP 等宏观经济指标。

---

[1] 为了刻画第 5 章所描述的波动性的变化，我们可以考虑随机波动性，但本章只分析方差为常数的简单一点的模型。

在时期 t 对 $\hat{X}_{t+1}$ 的理性预期为：

$$\mathbb{E}_t(\hat{X}_{t+1}) = \rho \hat{X}_t$$

代表性如何影响时期 $t+1$ 的信念呢？依然同医疗检查的例子一样，我们从对信息的反应这一有利视角来分析这里的动态设定。经济主体在得到消息后，很容易想起有代表性的市场结果，这些结果在新消息出现后相对于过去出现的概率大大增加。这些有代表性的市场结果很快被想起，并且在判断中被赋予过高的权重。相比之下，经济主体不会那么容易想起在过去状态下也很可能出现但不具有代表性的市场结果，这些结果在做判断时就容易被轻视。

下面将这一问题对应到第 5 章的模型设定。现在目标变量 T 是未来实现的现金流 $\hat{X}_{t+1}$，而要进行评定的群体 G 是在相同的当前状态下实现的现金流的集合，即 $G = \hat{X}_t$。在这一设定中，目标分布 $h(t|G)$ 是时期 t 时 $\hat{X}_{t+1}$ 的真实分布，其均值为 $\rho \hat{X}_t$、方差为 σ^2。现在来分析对照分布 $h(t|-G)$。和第 5 章一样，对照群体 $-G$ 由过去的经济状态组成。我们用没有消息时在当前时期 t 会实现的状态即 $\rho \hat{X}_{t-1}$ 来捕捉过去的状态。在这一假设下，对照分布 $h(t|-G)$ 是时期 t 时 $\hat{X}_{t+1}$ 的真实分布，即均值为 $\rho^2 \hat{X}_{t-1}$、方差为 $(1+\rho^2)\sigma^2$[†]的正态分布。

为了测度代表性的大小，用 $f(\hat{X}_{t+1}|\cdot)$ 来表示 $\hat{X}_{t+1}$ 以在时期

[†] 根据上下文以及书后附录中对命题 6.1 的证明，英文原书中的方差 σ^2 应为 $(1+\rho^2)\sigma^2$，其余各处做了相应的修改。——译者注

t 实现的状态为条件的概率密度函数。那么，$\hat{X}_{t+1}$ 在时期 t 的代表性可用以下似然比来刻画：

$$R(\hat{X}_{t+1},\hat{X}_t)=\frac{f(\hat{X}_{t+1}\mid \hat{X}_t)}{f(\hat{X}_{t+1}\mid \rho\hat{X}_{t-1})} \quad (6.2)$$

最有代表性的未来状态 $\hat{X}_{t+1}$，是在最新的消息下未来出现的可能性增大得最多的状态；在正态分布下，最有代表性的状态会出现在左尾或右尾。① 在式（6.2）中，代表性由在时期 $t-1$ 与时期 t 之间接收的最新消息决定。因为记忆会缓慢减退，所以把当前状态与过去状态的移动平均值做比较也许更加切实可行；这会导致对照群体 $-G$ 进行缓慢的调整。② Bordalo、Gennaioli 和 Shleifer（2018）指出了我们的模型如何能扩展至这一情形。

因为目标分布和对照分布都是正态分布，所以可以运用命题 5.1。诊断性分布也是正态分布，不过其均值和方差是被扭曲的。命题 6.1 刻画了这一动态设定中的诊断性分布。

命题 6.1 在时期 t 对 $\hat{X}_{t+1}$ 的预期服从正态分布，其方差为 σ^2，

---

① 最有代表性的现金流之所以会出现在尾部，是因为正态分布满足单调似然比性质。单调似然比刻画了红色头发的爱尔兰人例子中的干扰机制，其中最不可能出现的类型"红色头发"最有代表性。有利消息一出现，当前状态 $\hat{X}_t$ 就大于 $\rho\hat{X}_{t-1}$，因此，理性预期 $\rho\hat{X}_t$ 就受到了抑制；事实上，这一实现的现金流在过去的信息（即 $\rho\hat{X}_{t-1}$）下也很可能出现。如果 $\rho>0$，有利消息出现后，在右尾实现的现金流会被想起来，因为尽管它们在绝对概率上不太可能发生，但有利消息出现后其发生的相对概率会大得多，因此，想起它们不会受到干扰。

② 这里基于记忆的直觉是，与过去状态 $\hat{X}_{t-s}$ 有关的消息会被记录下来，并且因此会被整合到对照分布中。

均值如下所示：

$$\mathbb{E}_t^{\theta}(\hat{X}_{t+1}) = \rho\hat{X}_t + \rho\theta(\hat{X}_t - \rho\hat{X}_{t-1}) \tag{6.3}$$

诊断性预期使得理性预期 $\rho\hat{X}_t$ 朝当前消息 $\hat{X}_t - \rho\hat{X}_{t-1}$ 的方向扭曲。如果现金流过程存在正自相关性，即 $\rho>0$，则诊断性预期看起来就像外推式预期。有利消息出现后，最有代表性的状态会出现在右尾，并且诊断性预期会过度乐观；不利消息出现后，最有代表性的状态会出现在左尾，并且诊断性预期会过度悲观。不过，外推式预期并不普遍。如果现金流过程是负序列相关的，即 $\rho<0$，则诊断性预期会夸大对当前状态的反转。这又一次体现了诊断性预期的"一孔之见"逻辑与机械的外推式预期之间的区别。

诊断性预期的一般化的、与其他预期相区别的特征是对信息反应过度，这一特征不论 ρ 为正或负都存在。分析这一点的一种方式是计算诊断性预期修正与诊断性预期偏差之间的相关性。正如 Coibion 和 Gorodnichenko（2015）所指出的，预期修正是一种在实证上可观察的对信息的测度。在理性预期下，信息会被最优地纳入预期，所以预期偏差与预期修正之间的相关性应该为 0。这在 Sims（2003）与 Woodford（2003）等给出的理性疏忽模型中也成立，其中预测者会得到与状态有关的有噪声的信号，但会最优地使用该信号。[1] 相比之下，当预测者对信息反应过度时，预期偏差与预期修正

---

[1] Coibion 和 Gorodnichenko（2015）指出，在理性疏忽模型中，对于每一个预测者，预期偏差应该与预期修正不相关。但当不同的预测者得到不同的有噪声的信号时，共识性的预期偏差与共识性的预期修正会正相关。

之间的相关性应该为负。

假定事实上预测者得到有利消息,使得诊断性预期下的预期修正 $\mathbb{E}_t^\theta(\hat{X}_{t+1}) - \mathbb{E}_{t-1}^\theta(\hat{X}_{t+1})$ 为正,那么,对信息反应过度意味着预测者过度乐观,这表明诊断性预期下的预期偏差 $\hat{X}_{t+1} - \mathbb{E}_t^\theta(\hat{X}_{t+1})$ 平均而言为负,从而在诊断性预期下预期偏差与预期修正应该负相关。相反,对信息反应不足表明,在诊断性预期下预期偏差与预期修正应该正相关。

用数学语言来表示就是,由式(6.3)可以得出:

$$\mathrm{cov}(\hat{X}_{t+1} - \mathbb{E}_t^\theta(\hat{X}_{t+1}), \mathbb{E}_t^\theta(\hat{X}_{t+1}) - \mathbb{E}_{t-1}^\theta(\hat{X}_{t+1})) = -\theta(1+\theta)\rho^2\sigma^2$$

(6.4)

上式为负,因为在诊断性预期下每一个预测者都对信息反应过度,即 $\theta > 0$。这又是由于"一孔之见"。代表性使得在诊断性预期下预测者获知信息后想起极端的经济结果,这会导致其对信息反应过度。正如在第5章中,对信息反应过度反过来又会在消息有利时导致忽略下行风险,而在消息不利时则会导致夸大下行风险。

对信息反应过度是外推式预期的来源之一,因此能解释第4章的实证证据。假定 $\hat{X}_t$ 表示当前的股票指数,而且 $\rho = 1$——这与随机游走假说相符。投资者对未来股票指数的诊断性预期 $\mathbb{E}_t^\theta(\hat{X}_{t+1})$ 必定会导致对未来股票投资回报的预期为:

$$\mathbb{E}_t^\theta(\hat{X}_{t+1}) - \hat{X}_t = \theta(\hat{X}_t - \hat{X}_{t-1})$$

与问卷调查证据相符的是,股票过去的投资回报会被用来预测未来的投资回报。直觉上,当前的股价上涨会使得高股价在未来有代表性,从而夸大了高股价在未来出现的概率。这在 $\theta=0$ 的理性预期下不会出现,因为此时回报率是独立同分布的。①

由诊断性预期下对信息反应过度也可以得出第 4 章所探讨的对公司盈利增长率的预期的特征。假定 $\hat{X}_t$ 是给定的某家公司的当前盈利水平,那么,预期偏差与当前盈利的协方差(如下所示)为负,这与第 4 章给出的实证证据相符:

$$\text{cov}(\hat{X}_{t+1} - \mathbb{E}_t^\theta(\hat{X}_{t+1}), \hat{X}_t) = -\theta\rho\sigma^2 \tag{6.5}$$

因为公司盈利是正向自相关的,即 $\rho>0$。直觉上,当前高盈利平均而言与有利的过去消息相关联。对这样的有利消息反应过度会导致过度乐观,因此使得对未来的预期偏差为负。信息反应过度与外推式预期都因代表性判断的"一孔之见"特性而产生。

这一模型也能解释分析师对公司盈利以及股票投资回报的预期(Bordalo, Gennaioli, La Porta and Shleifer, 2017)。假定 $\hat{X}_t$ 是给定的某家公司服从 AR(1) 过程的盈利水平。有利消息出现后,高的未来盈利水平在客观上会变得更有可能,因此与过去的估计相比会变得更有代表性。这家公司会变成未来的位于左尾的谷歌的概率会被

---

① 正如前面所探讨的,随着对照群体 $-G$ 进行缓慢的调整,投资者对过去信息的记忆会缓慢减退(Bordalo, Gennaioli and Shleifer, 2018)。即使是在这一情形中,诊断性预期由于其前瞻性也与适应性预期相区别。

夸大，其平均增长率也会被夸大。[1]

最后，诊断性预期会产生预期偏差的系统性反转。这一特征在阐释信贷周期时会起到重要的作用。为此，考虑如下所示的对 $\hat{X}_{t+2}$ 的平均诊断性预期：

$$\mathbb{E}_t[\mathbb{E}_{t+1}^\theta(\hat{X}_{t+2})] = \mathbb{E}_t^\theta(\hat{X}_{t+2}) = \rho^2 \hat{X}_t$$

因为对信息反应过度带来外推式预期，所以预期偏差会在未来系统性地消失。既然平均而言未来没有消息，那么预期会系统性地向理性预期回归，从而造成迭代期望定律（law of iterated expectations）不再适用。这在金融市场的情境中意味着错误定价的自动纠正与股票投资回报的可预测性。[2]

我们可以比较诊断性预期与如下形式的适应性预期：

$$\mathbb{E}_t^a(\hat{X}_{t+1}) = \hat{X}_t + \mu[\hat{X}_t - \mathbb{E}_{t-1}^a(\hat{X}_t)]$$

上式常被用来描述外推性。在适应性预期下，$\hat{X}_t$ 与式（6.5）中的未来预期偏差的负相关性当且仅当持续性参数较小（$\mu > \rho$）时出现。不过，在数据中，我们甚至对如利率这样具有高度时序持续性的变量也观察到了负相关性（Bordalo, Gennaioli, Ma, and Shleifer, 2018）。

---

[1] 通过把预期形成作为一个信号提取问题——预测者在当中得到了公司未来具有持久盈利增长潜力的有噪声的信号——来建模，Bordalo、Gennaioli、La Porta 和 Shleifer（2017）得出了与此相似的结论。

[2] 迭代预期定律对诊断性分布成立，即 $\mathbb{E}_t^\theta[\mathbb{E}_{t+1}^\theta(\hat{X}_{t+2})] = \mathbb{E}_t^\theta(\hat{X}_{t+2})$，但就真实的数据生成过程而言，$\mathbb{E}_t[\mathbb{E}_{t+1}^\theta(\hat{X}_{t+2})] \neq \mathbb{E}_t^\theta(\hat{X}_{t+2})$。

此外，在机械的外推式预期下，数据生成过程的序列相关性不会影响仅由不变的系数 μ 决定的信念。相比之下，Bordalo、Gennaioli、Ma 和 Shleifer（2018）与 Landier、Ma 和 Thesmar（2017）分别运用专业的预测数据和实验室实验，证明了预期会受到时序过程真实的持续性参数 ρ 的系统性影响。[①] 特别是，Bordalo、Gennaioli、Ma 和 Shleifer（2018）指出，基于给定的当前消息，在 ρ 更大的宏观序列中对未来市场结果的信念的更新会更加激进。这一在对信念的机械更新中不会出现的特征，支持了诊断性预期的"一孔之见"特性。正如前面已经指出的，在如 $\rho<0$ 的负自相关过程这样的极端情形中，诊断性预期表明很高的 $\hat{X}_t$ 应该会导致经济主体过度乐观。相比之下，在机械的外推式预期下，经济主体在上述极端情形中会过度悲观。

总之，诊断性预期基于选择性记忆得出了一个具有心理学基础的外推式预期理论。在基于代表性的思维模式下，有利消息会造成经济主体在记忆中过多地想到好的未来的经济状态，从而导致经济主体过度乐观。在得到不利消息后，经济主体原先所秉持的诊断性预期会出现反转。在诊断性预期下对信息反应过度严密地阐释了对金融市场的若干研究结果，比如忽略或夸大下行风险、将过去的变化趋势外推至未来、预期偏差的可预测性以及诊断性预期的反转。这些均可以从一个在实验室实验和社会刻板印象等不同情境中都有

[①] Landier、Ma 和 Thesmar（2017）一文不能与这里的设定直接相互对应，因为在该文中实验对象并不知道数据生成过程真实的持续性参数 ρ，他们在实验期间才得知 ρ。

解释力的理论中获得。

诊断性预期下的信贷周期

现在我们运用诊断性预期来探讨第 4 章给出的信贷周期的特征。为此，我们把上一节给出的诊断性预期模型纳入有借贷的循环经济，其主要特点见第 3 章。与第 3 章相比，本节的一个主要变化是将同时考察安全债券和高风险债券，后者代表着相较于 AAA 级债券风险显著更高的债券工具，例如垃圾债券。通过这样做，我们可以刻画所谓垃圾债券的动态变化；在与信贷市场有关的事实中，垃圾债券起到了主导作用。本节相对于第 3 章给出的模型的另一个主要变化是，本节不分析对债券的抛售，特别是排除了对债券的再交易。

首先要指出的是，当上述设定在很多个时期反复出现时，债券发行的动态变化会遵循与第 4 章讨论的事实相符的由预期推动的信贷周期。为了阐释与信贷扩张和投资有关的其他事实，我们用两个标准假设来丰富我们的模型：一是风险厌恶假设，二是关于生产的假设。

和第 3 章的模型一样，考虑两类经济主体：借款人和存款人。之所以设定这两类比金融中介和投资者更宽泛的经济主体，是因为我们想用本节给出的模型来更一般地描述信贷周期而不只是 2008 年金融危机。借款人替代了第 3 章给出的模型中的金融中介：他们是风险中性的，没有耐心——由较小的贴现因子 β_i 来刻画，基于自身未来会获得的现金流发行债券。借款人可以是基于未来盈利进行借款的公司，也可以是基于未来工资进行借款的家庭。

存款人则替代了第 3 章给出的模型中的投资者:这些投资者与金融中介一样是风险中性的,但比金融中介更有耐心——由较大的贴现因子 $\beta_h > \beta_l$ 来刻画。关键是,存款人对违约概率不大于其风险容忍度极限 δ^* 的债券有偏好。存款人愿意持有的债券是那些要么完全安全要么违约风险不超出 δ^* 的债券。因为现在我们所考察的是包含垃圾债券的高风险债券(而非第 3 章中作为安全债券的 AAA 级 MBS),所以风险容忍度极限会更高,比如 $\delta^* \approx 0.03$。

存款人对违约风险超出 δ^* 的高风险债券的持有意愿会小得多。依然同第 3 章一样,本节假设存款人以贴现因子 $\epsilon \beta_h$ 对高风险债券的未来现金流进行贴现,其中 $\epsilon \ll 1$。在第 3 章中,参数 ϵ 在投资者抛售安全债券时会起重要作用。在本节中,参数 ϵ 并没有那么重要,因为本节没有债券的再交易。反映存款人"偏好习性"的 δ^* 仍然便捷地确定了高风险债券的发行量。

在每一期 $t = 0, 1, \cdots$,每个借款人新发行债券的最优发行量为 N_t 单位。债券在一个时期内到期且面值为 1,因此在时期 $t+1$ 承诺的总面值为 N_t。同时,每个借款人可用在每个时期所获得的短期现金流 $\widetilde{X}_t$ 来偿付上一期所发行的数量为 N_{t-1} 单位的一期高风险债券。同第 3 章一样,过去发行的数量为 N_{t-1} 单位的一期高风险债券可用在当期所获得的现金流来偿付,而在当期发行的数量为 N_t 单位的一期高风险债券可约定用在下一期会获得的现金流 $\widetilde{X}_{t+1}$ 来偿付;如果 $\widetilde{X}_t$ 不足以偿付过去的 N_{t-1} 单位的高风险债券,则发生违约,损失由存款人承担。存款人用在每个时期获得的禀赋来买入债券。

为了刻画信贷风险构成的周期,我们允许一些借款人完全无风险,而另一些借款人有风险(在第3章中,所有的金融中介都有风险)。假设占比为 $s \in (0,1)$ 的借款人是无风险的,而余下的占比为 $1-s$ 的借款人是有风险的;每个无风险的借款人在每个时期都会获得数量为1的确定的现金流,而每个有风险的借款人在每个时期获得的现金流随机,其对数服从如下所示的 AR(1) 过程:

$$ln \widetilde{X}_t = \rho ln \widetilde{X}_{t-1} + \epsilon_t \tag{6.6}$$

其中,ϵ_t 服从均值为0、方差为 σ^2 的独立正态分布。为了集中讨论总体情况,我们假设所有有风险的借款人都会获得同样的有风险的现金流。通过定义 $\hat{X}_t = ln \widetilde{X}_t$,可以把上一节对诊断性预期的分析运用于有风险的现金流。

在每一时期,每个无风险的借款人都会发行不违约的数量为 $N_t^s = 1$ 的安全债券,则安全债券的发行总量为 s。每个有风险的借款人会发行刚好达到其风险容忍度极限 δ^* 的一期高风险债券。给定现金流的随机过程,用 $f^\theta(\hat{X}_{t+1}|t)$ 来表示时期 t 诊断性分布下下一期随机现金流的对数。根据式(6.6),$\hat{X}_{t+1}$ 服从正态分布,因此 $f^\theta(\hat{X}_{t+1}|t)$ 也是正态的。那么,每个有风险的借款人发行的债券数量 N_t^θ 由下式隐性地确定:

$$\int_{-\infty}^{ln N_t^\theta} f^\theta(\hat{X}_{t+1}|t) d\hat{X}_{t+1} = \delta^*$$

与第 3 章相符，高风险债券的发行量越高，违约概率越大。因此，债券的发行量会使得该债券的违约概率刚好达到 δ^*，从而债券在市场中依然会被买入。在时期 t 高风险债券的发行总量为 $(1-s)N_t^\theta$。

利用命题 6.1 刻画的未来现金流的诊断性分布，债券发行量满足以下条件：

$$lnN_t^\theta = \mathbb{E}_t^\theta(\hat{X}_{t+1}) + \sigma z^*$$

其中，$z^* < 0$ 表示标准正态分布下的 δ^* 一分位数值。利用诊断性预期的表达式，可以算出时期 t 的债券发行量为：

$$lnN_t^\theta = \rho\hat{X}_t + \rho\theta(\hat{X}_t - \rho\hat{X}_{t-1}) + \sigma z^* \tag{6.7}$$

在诊断性预期下 $\theta > 0$，高风险债券的发行量会对信息反应过度。当经济上行时，$\hat{X}_t > \rho\hat{X}_{t-1}$，高未来现金流在存款人心目中会变得有代表性从而其概率会被夸大，而低未来现金流的风险会被忽略。新出现有利消息时的外推式预期会造成高风险债券的过量发行。相比之下，新出现不利消息时，$\hat{X}_t < \rho\hat{X}_{t-1}$，低未来现金流变得有代表性从而其概率被夸大，导致债券发行量过低。

这一机制对债券的动态变化有重要启示。经计算，根据式 (6.7) 我们可以建立如下的债券发行动态规律：

$$lnN_t^\theta = (1-\rho)\sigma z^* + \rho lnN_{t-1}^\theta + \rho(1+\theta)\epsilon_t - \rho^2\theta\epsilon_{t-1} \tag{6.8}$$

给定每一期安全债券的总量为常数 s，则式 (6.8) 描述了：(1) 经济中债券总量的动态变化;(2)高风险债券的份额或者垃圾债券的份额,也即高风险债券在债券总量中的占比的动态变化。

在理性预期下 $\theta=0$,高风险债券发行量的对数以及垃圾债券的份额按照持续性参数为 ρ 的 AR(1) 过程动态变化。债券会随着基本面状况即风险现金流变化。相比之下,在诊断性预期下,存款人信念的波动也会影响债券总量和服从 ARMA(1,1) 过程的垃圾债券份额。

这在两方面与理性预期相区别。一方面,式 (6.8) 的右边第三项 $\rho(1+\theta)\epsilon_t$ 表明,债券发行会以乘数 $\rho\theta$ 对当前消息 ϵ_t 反应过度:在有利消息出现后,高风险债券会扩张太多;在不利消息出现后,高风险债券则会收缩太多。另一方面,式 (6.8) 的右边最后一项表明,债券发行对过去消息 ϵ_{t-1} 的反应存在系统性反转:时期 $t-1$ 出现了有利消息,因此同期的高发行量预测了时期 t 高风险债券发行量的收缩。这一纠正并不反映未来的不利消息,而是反映了当前乐观情绪的冷却。

更一般地,式 (6.8) 产生了以下结论:

命题 6.2 在诊断性预期下 $\theta>0$,高风险债券(包括全部债券以及垃圾债券)具有以下性质:

(1) 在有利消息出现后过度扩张,即 $\mathrm{cov}(lnN_t^\theta, \epsilon_t) = \rho(1+\theta)\sigma^2$。

(2) 相比基本面呈现出更强的反转,即 $\dfrac{\mathrm{cov}(lnN_t^\theta, lnN_{t-1}^\theta)}{\mathrm{var}(lnN_{t-1}^\theta)} = \rho - \dfrac{\rho(1+\theta)\theta(1-\rho^2)}{[1+(1-\rho^2)\theta(2+\theta)]}$。

(3) 具有过度波动性，即 $\mathrm{var}(lnN_t^\theta) = \dfrac{\rho^2\sigma^2[1+(1-\rho^2)\theta(2+\theta)]}{1-\rho^2}$。

(4) 有利消息出现后对未来债券发行量会过度乐观，而在不利消息出现后对未来债券发行量会过度悲观，$\mathbb{E}_t[lnN_{t+1}^\theta - \mathbb{E}^\theta(lnN_{t+1}^\theta|t)] = -\rho^2\theta\,\epsilon_t$。

我们的模型刻画了第 4 章总结的 Greenwood 和 Hanson（2013）与 López-Salido、Stein 和 Zakrajšek（2017）给出的关于信贷周期的研究结果。首先，根据性质（1），由于对未来现金流预期的波动，债券总量在有利消息出现后扩张而在不利消息出现后收缩，高风险债券份额呈现出相似的模式。在理性预期下（即 $\theta=0$）高风险债券发行量同样存在顺信贷周期性，但当 $\theta>0$ 时这一模式会更强，因为此时基于信息的预期修正会更剧烈。

其次，正如性质（2）所述，债券总量扩张后将紧随着反转。由于基本面是平稳的（即 $\rho<1$），均值回归在债券发行中也会出现。这一点可由 $\theta=0$ 时下式得出：

$$\frac{\mathrm{cov}(lnN_t^\theta, lnN_{t-1}^\theta)}{\mathrm{var}(lnN_{t-1}^\theta)} = \rho < 1$$

因此，债券发行量会向长期水平回归。因为经济状况是平稳的，对未来经济状况的理性预期也是平稳的，债券发行量也继承了这一平稳性。然而，在诊断性预期下，由于平均而言预期偏差得到了纠正这一事实，均值回归会更强劲。在有利消息出现后，对未来经济状况的预期会过度乐观，从而会导致债券发行量过度扩张。因为如前所述，平均而言乐观情绪在下一期会平静下来，所以诊断性预期会向理性预期回归。这一预期偏差向理性预期的回归增强了基本面的均值回归，会进一步导致未来债券发行的强劲均值回归。

再次，如性质（3）所体现的，债券发行量的波动性会比仅由基本面冲击 ϵ_t 导致的波动性更大。这一过度波动性是由对信息的反应过度及随后的反转两种力量共同造成的。

最后，诊断性预期造成了预期偏差的系统可预测性。在有利消息出现后，市场参与者对未来会变得过度乐观，因此他们会高估未来的债券发行量。在不利消息出现后，市场参与者对未来会变得过度悲观，从而低估未来的债券发行量。[1] 本节给出的模型的这一性质同第 4 章给出的外推式预期偏差的实证证据相符。正如过度波动性和过度均值回归，这一性质不能被理性预期所解释。

高风险债券发行的顺周期性、金融繁荣后的强劲均值回归以及金融状况的总体过度波动，都与关于美国信贷市场的证据以及第 4 章所述的关于债务周期的国际证据相一致。在本节给出的模型中，金融市场的暴涨和崩盘是在信贷的供给侧产生的：在经济上行期，存款人的预期会被夸大，导致借款人过度发行一期高风险债券，但存款人的预期随后会发生系统性逆转，进而导致金融市场的崩盘。

现有的研究意识到了信贷供给冲击的重要性，但通常会以一种简化的方式对其建模，如风险溢价的波动存在于借款人的信贷需求

---

[1] 尽管预期偏差是可预测的，但平均预期偏差为 0（因为冲击 ϵ_t 的均值为 0）。在这一意义上，持有诊断性预期的经济主体不会系统性地被愚弄。

中。这种建模方法缺乏一种与之相应的关于风险溢价的波动来自何处的理论。比如，在这种建模方法中，金融市场的崩盘要求风险溢价激增。然而，由于信贷市场在没有关于过去基本面情况的消息时往往会向理性回归，因而什么可以解释信贷供给冲击并非显而易见的。诊断性预期提供了一种关于负的信贷供给冲击的理论，作为对起初过度乐观的预期的纠正，把信贷周期的激增阶段与最终的崩盘联系在了一起。

我们的模型的另一个结论与债券实际回报的时间变异（time-variation）有关。在时期 t 发行的高风险债券的平均实际回报是根据真实分布计算的时期 $t+1$ 的平均偿付额除以时期 t 的市场价格得出的，即：

$$\frac{\mathbb{E}_t[\min(\widetilde{X}_{t+1}, N_t^\theta)]}{\beta_h \mathbb{E}_t^\theta[\min(\widetilde{X}_{t+1}, N_t^\theta)]}$$

命题 6.3 在出现了有利消息 $\epsilon_t > 0$ 后，平均实际回报会低于无风险回报 β_h^{-1}；在出现了不利消息 $\epsilon_t < 0$ 后，平均实际回报会高于无风险回报 β_h^{-1}。

在理性预期下，每一期发行的高风险债券的平均实际回报就是期望回报，也等于无风险利率 β_h^{-1}。这是因为：如果违约概率刚好达到风险容忍度极限 δ^*，则在我们的模型中，存款人是风险中性的。在诊断性预期下，这一期望回报与平均实际回报之间的等价性不再成立。期望回报仍然等于无风险利率 β_h^{-1}，但由于预期偏差，平均实际回报会偏离无风险利率这一基准。

在有利消息出现后,存款人会过度乐观。尽管他们预计会获得无风险的投资回报,但平均而言存款人会很失望并获得比无风险利率更低的投资回报;在不利消息出现后,存款人会过度悲观,但平均而言存款人会很惊喜并获得比无风险利率更高的投资回报。本节给出的模型的这一结论解释了 Greenwood 和 Hanson(2013)的研究结果:垃圾债券份额越高,高风险债券的实际回报越低(而且有时候垃圾债券的回报比非高风险债券还低)。在我们的模型中,正如数据所表明的,在经济上行期,债务扩张,垃圾债券份额很高,未来平均投资回报很低;在经济下行期,债务收缩,垃圾债券份额很低,未来平均投资回报很高。

总之,诊断性预期所产生的信贷周期反映在债券发行量、垃圾债券份额以及在数据中得以体现的实际投资回报上。至此本节尚未分析信用利差:通过风险中性这一假设,我们没有考虑信用风险溢价的变化所导致的信用利差的变化,在这里信用风险溢价被定义为安全债券与高风险债券之间的期望投资回报的差异。下一节将扩展本节给出的模型以探讨信用利差随时间推移的变化。

信用利差中的信贷周期

假设存款人在时期 t 的效用函数为凹函数:$u(c_t)=lnc_t$。存款人仍然表现出"偏好习性"偏好,因为他们只愿意买入风险小于 δ^* 的债券,在本节存款人根据其风险厌恶的凹效用来为债券估值。在时期 t 发行的满足"偏好习性"条件的一单位高风险债券的价格由以下欧拉方程决定：

$$P_t^r = \beta_h \mathbb{E}_t^\theta \left[\min\left(\frac{\widetilde{X}_{t+1}}{N_t^\theta}, 1\right) \cdot \left(\frac{c_t}{c_{t+1}}\right) \right] \quad (6.9)$$

一单位安全债券的价格进一步由下式给出：

$$P_t^s = \beta_h \mathbb{E}_t^\theta \left[\frac{c_t}{c_{t+1}}\right] \quad (6.10)$$

由于债券的面值为1，因而一单位债券的价格等于债券持有人所要求的投资回报的倒数。那么，在时期 t 高风险债券与安全债券之间的利差可由式（6.10）与式（6.9）得出的安全债券与高风险债券的价格差异即 $P_t^s - P_t^r$ 来近似得出。

为了刻画这一利差，我们需要确定均衡时存款人的边际消费效用。其中困难之处在于，存款人对债券的消费取决于许多因素，包括存款人在过去买入的高风险债券与安全债券，他们当前买入的债券以及他们的禀赋。为了让分析易于处理，我们采用了两个简化的假设。第一，假设存在一个代表性存款人，他以一个固定的比例 α 消费有风险的现金流，从而 $c_t = \alpha \widetilde{X}_t$，利用他的边际消费效用来为资产定价。这一情形在安全债券的供给可忽略不计（即 $s \to 0$）且所有经济主体分享收入从而消费与有风险的现金流成比例的经济中出现。[①] 这种简化使

[①] 存款人的消费等于存款人在过去买入的高风险债券与安全债券所产生的偿付额减去存款人买入新发行的债券所引起的支出。在这一假设中，$s \to 0$ 意味着消费仅为有风险的偿付额的函数，而所有经济主体分享收入则意味着存款人和借款人承担了相同的收入风险（这或许是由于存在政府的收入再分配）。

我们能够在保持边际消费效用随经济状况好转而下降的标准直觉的同时,保持分析的可操作性。

第二,假设高风险债券的供给由风险约束决定,因而 N_t^θ 由式(6.8)得出。一般来说,凹的效用函数可能会影响债券发行量,但为简化起见,我们没有考察这种影响。

在这两个假设下,我们就可以刻画信用利差的特点。我们用每单位安全债券的超额价格——$P_t^s - P_t^r$ 的自然对数来度量信用利差,并分析这一度量偏离长期信用利差的动态变化。我们用 φ_t 来表示这一变量,由此得出了以下结论:

命题 6.4 在时期 t 发行的高风险债券的信用利差的测度 φ_t 遵从如下运动定律:

$$\varphi_t = \rho\varphi_{t-1} + \rho^2\theta\,\epsilon_{t-1} - [\rho(1+\theta) - 1]\epsilon_t \tag{6.11}$$

在诊断性预期下 $\theta > 0$,信用利差的表现就和债券数量的表现一样:对当前消息反应过度并且未来会出现反转。在出现有利消息 $\epsilon_t > 0$ 后,预期会过度乐观;如果经济状况持续的时间足够长,即 $\rho(1+\theta) > 1$,资本供给就会扩张太多,使得高风险债券的价格上涨。信用利差的下降幅度超出理性预期下信用利差的下降幅度,高风险债券的发行量和垃圾债券的占比均过度扩张。这就是信贷周期的信贷激增阶段。随后,对有利消息的过度反应会系统性地减弱。投资者的乐观情绪会平静下来,从而提高未来信用利差并造成债券数量及垃圾债券份额的收缩。这一点可由式(6.11)中的 $\rho^2\theta\,\epsilon_{t-1}$ 这一项来反映。

在诊断性预期下得到的信用利差的超额波动性为 Collin-Dufresne、Goldstein 和 Martin（2001）中的超额波动性提供了基于预期的解释。López-Salido、Stein 和 Zakrajšek（2017）中的信用利差出现了系统性的反转也与诊断性预期相符。此外，本节给出的模型还同第 4 章中与对信用利差的预期偏差的可预测性有关的证据相符。这一提前一期的可预测的预期偏差由下式给出：

$$\mathbb{E}_t[\varphi_{t+1} - \mathbb{E}_t^\theta(\varphi_{t+1})] = \theta\rho[\rho(1+\theta) - 1]\epsilon_t$$

其中，我们仍然假设经济状况持续的时间足够长，即 $\rho(1+\theta) > 1$。

经济上行后，当 $\epsilon_t > 0$ 时，市场参与者过度乐观地认为很小的信用利差会一直持续下去，从而预期偏差为正。这一错误会出现是因为市场参与者的信念和信贷市场均过热。在经济下行期间当在时期 t 新出现不利消息 $\epsilon_t < 0$ 时，市场参与者则会犯相反的错误，即对信用利差的预期偏差为负：在诊断性预期下市场参与者过度悲观，并且会系统性地对信用利差在未来降低感到意外。这些预期偏差与专业预测者预测雷曼兄弟倒闭前后的信用利差时所犯的错相一致；更一般地，这些预期偏差同第 4 章中与外推式预期有关的实证研究证据相符。

投资周期

接下来我们要探究上述结论对投资与生产的影响，试着对第 4 章给出的 López-Salido、Stein 和 Zakrajšek（2017）中的事实做出解释。除了为我们在前面讨论过的信用利差向均值回归提供证据，

López-Salido、Stein 和 Zakrajšek（2017）还指出向均值回归这一行为可以预测未来的经济增长情况。为了阐释这一研究结果，我们将在模型中引入生产。我们对第 3 章的模型进行如下扩展：有风险的企业根据生产技术 $\widetilde{X}_t = A_t q(I_{t-1})$ 生产现金流，其中 $q(I)$ 是一个柯布-道格拉斯形式的凹的生产函数，即 $q(I) = I^\alpha$，$\alpha \in (0, 1)$。

因为存在建设时间，所以当期投资会影响下一期的产出。为简化起见，假设资本存量在一期之后完全折旧。生产会受同期生产率冲击 A_t 的影响，A_t 的对数遵从如下 AR(1) 过程：

$$lnA_t = \rho lnA_{t-1} + \epsilon_t$$

生产率冲击使得现金流具有随机性，为简化起见，不考察无风险生产。最后，我们假设存款人和借款人都很有耐心，即 $\beta_l = \beta_h = 1$。那么，发行债券的唯一理由是取得投资收入，而不是从为比自身更有耐心的存款人创造存款工具中获利。

在这一模型中，投资 I_t 由需求因素和供给因素共同决定。在需求端，当期望生产率很高时，借款人会因为利润更高而更想要进行投资；在供给端，当期望生产率很高时，存款人会因为认为违约概率很低而愿意更多地买入债券。

当借款人的投资水平低于存款人愿意买入的债券数量时（即当 δ^* 约束不是紧约束时），其投资水平由期望边际投资产品等于 1 确定：

$$I_t = \left[\alpha e^{\mathbb{E}_t^\theta (lnA_{t+1}) + \frac{\sigma^2}{2}} \right]^{\frac{1}{1-\alpha}}$$

最优投资水平会随着未来期望生产率（即上式方括号中的 $\alpha e^{\mathbb{E}_t^\theta(lnA_{t+1})+\frac{\sigma^2}{2}}$）递增。当这一投资水平不能完全由发债来融资时，实际投资水平由能够发行的一期高风险债券的总价值决定：

$$I_t = q(I_t) \int_0^{\frac{N_{t+1}^\theta}{q(I_t)}} Ah_t^\theta(A)dA + N_{t+1}^\theta(1-\delta^*)$$

其中，上式等号右边是当债务约束为紧约束时，能够保证的总债务偿付额。如果债券不违约，那么存款人将以概率 $1-\delta^*$ 获得总面值 N_{t+1}^θ；如果债券违约，那么存款人将获得整个现金流（即上述积分）。因为债务约束为紧约束，在这一设定下债券总面值 N_{t+1}^θ 由风险约束 $\int_0^{\frac{N_{t+1}^\theta}{q(I_t)}} h_t^\theta(A)dA = \delta^*$ 决定。

正如附录给出的证明所示，在不违约和违约这两种情形中，随时间推移而变化的投资行为是相似的，这正是因为更高的期望生产率不仅增强了借款人进行投资的意愿，而且增强了存款人买入债券的意愿。

命题 6.5 在上述两种情形中，对投资在稳态期望生产率 $\mathbb{E}_t^\theta(lnA_{t+1})=0$ 附近的线性近似得出了如下所示的运动定律：

$$I_t \approx a_0(1-\rho) + \rho I_{t-1} - a_1\rho^2\theta \epsilon_{t-1} + a_1\rho(1+\theta)\epsilon_t \quad (6.12)$$

其中，a_0、a_1 是正常数。

正如债券数量和信用利差，反应过度和预期反转产生的生产性投资会表现出过度扩张-过度收缩的周期性动态变化。在这种情况下经济活动的周期性动态变化与 López-Salido、Stein 和 Zakrajšek（2017）论述的周期性动态变化类似。在经济上行期，信用利差很小且垃圾债券占比很高，借款人的投资和生产会出现繁荣期。繁荣期之后就是信贷市场状况的系统性反转，即信用利差变大且垃圾债券占比降低导致两期以后投资和生产下降。这些系统性反转也解释了第 4 章所描述的 Mian、Sufi 和 Verner（2017）的研究结果：由家庭债务的激增可以预测 GDP 的增长率此后会下降。

在我们的模型中，上述现象的出现是由于反应过度和企业（借款人）及家庭（存款人）乐观情绪的反转。这里至关重要的是，这些投资及生产周期是由需求因素和供给因素共同促成的。在需求侧，关于生产率的有利消息增强了举债的意愿。在供给侧，关于生产率的有利消息因为降低了对违约风险的信念而增强了放款的意愿。在市场需求侧和供给侧，反应过度都意味着投资的过度繁荣会紧随着令人失望的投资利润率，这与 Glaeser（2013）中记录的住房建设周期以及 Greenwood 和 Hanson（2015）中记录的造船周期相符。

总　结

本章表明，诊断性预期模型能解释第 4 章给出的关于外推式预期的实证证据，得到了一个信贷周期理论来解释以下现象：高风险债券发行方面的过度繁荣和崩盘，信用利差的动态变化，以及投资和生产周期。诊断性预期这种方法的一个优点是，该理论不仅能解释我们感兴趣的变量，而且能解释市场参与者的信念。

我们本章的分析只有一个非标准的成分：人们的预期会对消息

反应过度。这是第 5 章给出的诊断性预期模型的一种天然的副产品。这会产生外推式信念，从而可以解释信贷的过度扩张和收缩，以及预期的系统性反转，也可以进一步解释文献描述的利差和经济活动的反转。这样，本章的模型提供了一个简洁的信贷供给冲击理论；该理论能够解释为什么即使没有基本面的不利冲击，债券的价格、发行量以及投资也会在过度繁荣之后出现过度收缩。

第 7 章
有待回答的问题

　　本书的主题是信念和预期对金融稳定的核心作用。我们从三个相关方向探讨了这一主题。首先,我们认为投资者的预期,特别是预期偏差是理解 2008 年金融危机以及更广泛的信贷周期的核心。其次,我们总结了相当多的实证证据,这些证据表明信念和预期可以用问卷调查数据来度量,这些数据揭示出系统性的可预测的偏差,这些偏差与人们普遍持有的理性预期观点是不吻合的。最后,我们在确凿的人类记忆与判断特征的微观基础之上,构建了诊断性预期模型。我们指出,这一模型可用来解释信贷周期的主要特征以及预期问卷调查的一些实证发现。

　　本章会沿着上述三个方向简要概述我们的研究结果,然后介绍许多有待回答的问题。本书只是研究信念并将其融入主流经济分析这一开放性宏大议程的第一步。在这一领域进行更深入的探索看上去极具前景。

理解信贷周期

本书首先描述了 2008 年金融危机，并指出市场参与者的预期对理解危机的真相极其有用。这些预期清楚地揭示了住房市场泡沫的存在，其破裂是危机产生的根本原因；解释了从 2007 年夏金融市场的最初震荡到雷曼兄弟破产之间的市场平稳期，而且有助于我们理解为什么雷曼兄弟破产会触发金融体系的崩溃。在这一平稳期的预期不仅可通过对专业预测者和政府预测者的问卷调查来度量，而且在一定程度上可从政府官员的发言中得到。关于信念的数据刻画的故事，与金融市场和实体经济的波动是一致的。

我们也指出，在许多关键方面，2008 年危机与随之而来的大衰退并非例外。正如近年来大量研究证据所表明的，信贷周期往往紧随经济消息向好、金融泡沫产生和信贷扩张的时期。这些显著的利好时期具有较低的信用利差、高风险债券发行占比攀升等特征。它们往往与乐观预期一同出现，却系统性地导致令人沮丧的结果。乐观情绪指标可以预测信用利差的走高、金融危机以及经济活动的放缓。经济学家以更高质量的数据为佐证，重新考察并证实了 Kindleberger（1978）与 Minsky（1977）的基本洞见，即信贷过度扩张将导致危机。

在第 6 章，我们给出了一个关于信贷周期的经济学模型，其中预期的变化是信贷周期的根本推动力。为此，我们构建了一个基于代表性启发式判断的诊断性预期模型，它涵盖了如下的"一孔之见"心理学原理：人们倾向于高估新信息出现时更有可能出现的经济结果。我们指出，将诊断性预期纳入标准的动态宏观经济学模型可以解释信贷周期的许多特征性事实，包括忽略信贷市场风险情形下对有利消息的过度乐观和信贷扩张反应，以及当投资者认识到自身乐观过度后可预知的失望与经济放缓。这一模型中的预期是非理性的，但该模型对金融市场和实体经济行为的预测——包括投资回报和真实经济结果的可预测性——与可得的事实证据广泛一致。

我们对信贷周期的分析在许多重要的维度不够完备。也许在最基本的层面上，我们的模型与广泛的信贷周期事实在定性方面是相符的，但在定量方面则并不完全一致。一个被遗漏的重要因素是度量代表性预期对真实概率分布扭曲程度的参数 θ 的取值。Bordalo、Gennaioli 和 Shleifer（2018）通过匹配模型预测的信用利差预期偏差与蓝筹专业人员预测的实际偏差，对参数 θ 进行校准；Bordalo、Gennaioli、La Porta 和 Shleifer（2017）则用美国上市公司长期盈利增长的预期偏差与金融分析师的实际预期偏差来校准 θ。尽管市场设定和数据存在差异，但与基本面、预期和投资回报的真实情况最相符的 θ 校准区间为 0.7 到 1。θ 是表征了一种在不同情形下均保持稳定的普遍心理因素还是其不同的取值将适用于不同的特定情形，这一问题仍需进一步探讨。

我们给出的模型是高度简化的，它至少省略了四个潜在重要的方面。第一，尽管诊断性预期引致反应过度，但我们并未对市场泡沫本身建模。最新的几代基于预期的市场泡沫模型仍然依赖于对过去价格变化趋势的机械式外推（如 Barberis et al.，2018）。Kindleberger（1978）很早就强调了，实际市场泡沫的一个关键特点是，尽管其由对好的基本面消息反应过度引发，但它是通过投资者对价格上涨本身的反应而持续的。这一特点在我们目前的模型中没有体现，因为在我们的模型中人们仅能通过基本面信息了解未来。关于诊断性预期的研究，一个重要的议题是构建更加符合现实的模型，其中投资者能同时从基本面和市场价格中学习。这样可能会得到比第 6 章更加激进和持续的外推式预期。

第二，我们给出的信贷周期模型是完全对称的。在对好消息的最初反应过度后，信念和市场平均而言会向实际状态回归。然而，数据表明信贷周期存在一种不对称性，即信贷扩张相当精确地预测了像 2008 年那样严重且持久的危机。为了考虑危机，我们需要在第 6 章的模型中加入金融摩擦。一种方式是像我们在 Bordalo、Gennaioli 和 Shleifer（2018）中所做的那样，引入某种资产甩卖行为（按照第 3 章的思路）。另一种取得进展的方式是像 Bernanke（1983），Bernanke、Gertler 和 Gilchrist（1999）以及 Kiyotaki 和 Moore（1997）所做的那样，引入金融摩擦来作为金融波动的实际后果的推动因素。这些研究通常假设理性预期，而我们认为这不符合现实的框架，不适合用来研究信贷周期。理解市场参与者预期、金融摩擦与金融脆弱性之间的相互影响，仍然是一个关键的尚待回答的问题。

第三，我们的模型中有一个非常简单的实体经济部门，更一般地，本书避开了研究非理性信念对经济周期的影响。要做到这一点的挑战性，一方面来自理解金融摩擦的角色，另一方面是预期偏差可能也解释了部门溢出效应等其他宏观问题。毕竟，2008年危机全部集中在住房市场泡沫及其破裂上，它摧毁了金融体系，伤害了贷款买房的家庭。但住房市场危机也转化为全面的衰退：产出和投资全面骤减，劳动力失业率升至10%。对这些溢出效应的现有解释要么如Eggertsson和Krugman（2012）与Mian和Sufi（2014a）依赖凯恩斯主义的总需求机制，要么如Rognlie、Shleifer和Simsek（2018）依赖部门间资源再配置的黏性。预期机制本身是否会加剧这些影响，产生如住房市场泡沫破裂和雷曼兄弟破产这样普遍的信息反应过度呢？

第四，在第3章和第5章中，我们指出金融创新是金融不稳定性的重要来源，这主要有两个原因。其一，忽略风险的经济活动趋于过度扩张，因为新的金融工具的创造就是为了从人们对风险的忽略中谋利。忽略住房市场崩盘的可能性导致由住房抵押贷款担保的伪安全资产的大量生产。其二，金融创新产品本身也产生了被忽略的风险。比如，抵押贷款的打包和分级创造了额外的安全性；但正如我们在第5章中所看到的，根据"一孔之见"原理，这可能也导致了对安全性认知的夸大。资产组合保险则是另外一个例子。当然，金融创新使资产市场变得完全，进而产生大的社会收益。因而，理解当风险被忽略时金融创新在造成金融不稳定中的作用，以及考虑减小这种误判程度的政策（如对新的金融产品的压力测试或者消费者保护）是重要的有待解决的问题。

这些考虑将我们引至最后一个不完善之处：我们尚未探究在由预期推动的波动状态下的经济政策。一个核心的问题在于：如果政策制定者发现了泡沫的端倪——市场价格上涨、信贷扩张、信用利差收缩、投资者预期的高度乐观——该做些什么呢？尽管有许多必要的操作方面的问题需要考虑，但在我们看来解答这个问题有三大类方法。

第一种方法认为政策制定者应该无为而治。毕竟，要分辨某一主要信用类资产价格上涨是真的泡沫还是仅仅因为基本面向好是很困难的。要分辨信贷扩张是投机性的还是由真实的经济增长提供支持，也是很困难的。就拿2005—2006年来说，住房市场扩张是泡沫还是数以百万计的美国人拥有自己的住房的机会？政策制定者不太可能比老练的投资者知道得更多，他们又如何能为投资者提供建议呢？假如危机爆发，进行干预以稳定金融体系固然重要，但危机爆发之前的政策理应是被动的。政策制定者是"消防员"，而非"警察"。

第二种方法认为正是因为识别泡沫以及度量威胁金融稳定性的风险是非常困难的，明智的政策应该是使金融机构满足更高的资本要求，或者使它们能承受市场压力。奥巴马政府的财政部长蒂姆·盖特纳引入压力测试（stress test），以考核银行对严重市场冲击的脆弱性，就是这种明智政策的一个例子。诊断性预期在这一问题上可以发挥潜在作用。压力测试在一定程度上提供了关于尾部风险的信息，从而能够减少金融中介和投资者对尾部风险的忽略。例如，

2009年春美国的压力测试表明,更高的透明度可以减轻人们对尾部风险夸大化的担忧,并重振市场信心。与此同时,从事前角度来看,出人意料的压力测试结果也可能会引起过度反应和市场波动。评估这些效应及其所揭示的最优压力测试程序是一个有趣但有待回答的问题。

由阿尼尔·卡什亚普(Anil Kashyap)和杰里米·斯特恩(Jeremy Stein)(Stein, 2012, 2014; Kashyap and Stein, 2012; Gourio, Kashyap, and Sim, 2017)提出的第三种方法则认为,当经济状况呈现出泡沫化迹象时,政策当局应该通过提高资本金要求、上调利率或者干预价格和信贷的快速增长来达到"逆势而为"(lean against the wind)的效果。一些央行官员不喜欢这种方法,因为他们觉得央行应该利用能够控制的工具(例如利率)来影响产出和通胀,而非影响金融市场。

在这方面,本书的研究过于简化,以致不能在这些问题上给出明确的立场,但我们倾向于支持卡什亚普-斯特恩的观点。信贷周期和经济周期常常相继出现。信贷扩张以及表明泡沫化的其他指标,都预示了经济放缓。政策制定者当然也存在和投资者一样的预期偏差,而且在普遍乐观的时期干预经济发展显然在政治上是危险的。然而,只有在经济毫无争议地处于过热状态时才能"逆势而为",这条界线对政策制定者来说似乎要求太高了。从信贷市场指标对经济和金融不稳定性的预测能力来看,多一些"逆势而为"似乎是个好主意。

正如我们在第 4 章所指出的，越来越多的经济指标——从信贷增长到信用利差变小——有助于识别市场泡沫；我们的分析表明，监测市场参与者的预期对此也有所帮助。预期数据在一定程度上可以体现出预期偏差，从而有助于政策制定者预见未来的市场纠偏。一些央行已经在对市场预期进行调研，但这样的数据可以更大量地收集，涵盖更广泛的债权人、债务人和投资者。尽管我们不认为存在一个决定所有政策的神奇变量，但预期数据可以和价格与数量变量一起用于更系统性的政策分析。

一个更深入的问题是市场会对"逆势而为"的政策或者政策制定者会对预期数据的直接监测和使用做出什么反应。诊断性预期是前瞻性的，所以——正如在理性预期下——新的政策机制会被纳入信念。理解政策在管理预期中的作用是未来研究需要解决的另一个问题。

预　期

本书从头至尾都在论证预期能够度量并模型化。预期可以通过对家庭、投资者、公司管理层和专业预测者的问卷调查来加以度量，已经有了这样的问卷调查。这些调查对象在不同问卷中的回答基本是一致的，而且这些回答预测了他们的行为。问卷调查是有效的、极其有用的信念数据来源。我们还指出，预期和信念能够模型化，因为它们源自人们如何处理信息的普遍心理机制。预期不是理性的，但它也绝非任意的。我们集中讨论了决定信念的一个关键心理学机制：代表性判断。由此形成的诊断性信念会从统计上夸大数据中的正确模式——"一孔之见"特性。这样的信念不仅能够解释当存在不确定性和诸如刻板印象等社会信念时关于人类判断的一些惊人的实验证据,还能把一些看似毫无关联的经济和金融预期模式整合起来,如对信息过度反应、风险忽略和外推式预期等。

到这里本书也只是有了初步的进展。或许在最基本的层面上,我们还不知道"一孔之见"这一特性能够在多大程度上解释数据。这意味着经济主体具有前瞻性,并且会对信息做出反应,但是反应程度不当。此外,它还表明对信息做出反应的程度不是机械性的,而是由经济主体所处环境——包括经济模型设定和冲击的随机过程——的客观特征决定的。在这些方面,诊断性预期接近理性预期,只是将实证上更准确的过度反应纳入了考量。

我们还提到了一些支持 Bordalo、Gennaioli、La Porta 和 Shleifer(2017)的想法的证据,他们研究了分析师的预测,并发现分析师通过更新对未来盈利增长的估计,朝着正确的方向对高盈利增长做出反应,但在这些公司有多大可能会持续高速成长上,他们的评估过度乐观了。一些关于股票收益率以及信用利差的证据也与信念的"一孔之见"特性相符。

与此同时,现有的金融和宏观经济学研究表明,对信息反应过度并不普遍。在金融经济学中,尽管自 Shiller(1981)以来对信息反应过度就是主要的研究话题,仍然有证据表明一些信息是缓慢地被价格吸收的;对于股票收益率,这一现象被称为"动量"(momentum)效应,它更像是对信息反应不足(Hong and Stein,

1999）而不是对信息反应过度。在宏观经济学中，我们更强烈地承认对信息反应不足的存在，因为它是价格刚性的来源，例如 Sims（2003）对理性疏忽的研究。对于此观点，Coibion 和 Gorodnichenko（2015）对宏观经济预测共识的研究给出了一项巧妙的检验。他们考察了对一些宏观经济变量（被认为是不可观测的信息的代理变量）的预期修正与预期偏差之间的关系：在正向修正之后，若出现正的预期偏差（实际值大于预期值），表明对信息反应不足，若出现负的预期偏差（实际值小于预期值），则表明对信息反应过度。

强调对信息反应不足的重要性的一系列研究引出了两个问题：第一，反应不足和反应过度哪一个在预期偏差中占主导？第二，能否识别对信息反应过度和反应不足分别出现的条件？能否在一个更加一般化的心理模型中同时出现这两种偏差？Bordalo、Gennaioli、Ma 和 Shleifer（2018）就宏观经济预测回答了第一个问题。他们考察了与 Coibion 和 Gorodnichenko（2015）类似的宏观经济预测数据，集中讨论了个体预期而非只是共识性预期，因为 Coibion 和 Gorodnichenko（2015）发现的反应不足也许是由于加总效应，因为单个预测者不会对其他预测者获得的信息做出反应（Woodford，2003）。与这一推测相符，在单个预测者数据中，对信息反应过度要比对信息反应不足常见得多。事实上，证据表明"一孔之见"特性成立：对时序持续性更强的信息，预期的反应更强烈。Landier、Ma 和 Thesmar（2017）在对实验对象所做的时间序列预测的相关研究中也发现了很强的信息反应过度，同时在对预期进行修正时实验对象表现出一些黏性。直到我们写作本书，理解人们对信息反应过度和反应不足的基本条件仍然是一个尚待回答的问题。

一个相关的关键问题是对风险的忽略，也即本书的出发点。我们强调了这个问题对理解金融危机前杠杆率增长以及 MBS 定价的重要性。当然，这又是一个被纳西姆·塔勒布（Nassim Taleb）称为"黑天鹅"的更加广泛的问题。Coval、Pan 和 Stafford（2014）指出金融市场常常对新产品错误定价，因为一些风险直到露出端倪也未被预见到。例如，股指期权被首次引入和资产组合保险盛行时就是这种情况。在被忽略的风险再次显露后，也许伴随着如 1987 年股市崩盘那样的股价暴跌，市场会从中学习，并调整对证券的定价。诊断性预期为没有代表性的小概率风险被显著低估的现象提供了一个模型。在金融（或其他）创新中，完全忽略不太可能发生的遥远的不利状态也许是一个非常相关的现象，但它却产生于更严重的记忆方面的缺陷。本书提供了一些与风险忽略有关的直接证据，例如图 2.1 所反映的雷曼兄弟分析师的信念，但还有许多工作尚待完成。信念的更高阶矩的问卷调查数据可用于研究风险忽略效应，这也使我们可以研究均值预期与风险忽略之间的联系。

基　础

一旦预期数据被认真地用来衡量信念，理性预期假说就会失去效力。为了更好地匹配预期数据并改进经济分析，本书提供了一种基于 Kahneman 和 Tversky（1974）的代表性启发式判断的方法。

Kahneman 和 Tversky（1974）还识别了其他一些重要的启发式判断，如锚定——人们会根据一开始在头脑中认定的信息来调整信念，无论这些信息是否有用。锚定看起来是反应不足的一个自然来源，尽管对其进行模型化还面临着要解释为何完全无关的信息可以作为锚这一挑战。把锚定纳入诊断性预期是有望将对信息反应不足和反应过度统一起来的方法。

基于启发式判断也许是一种比基于理性更深层次的理解预期的方法，但它还不够深入。毕竟，启发式判断综合了更基本的大脑信息处理机制，如注意力、知觉和记忆等。最终，为了建立有关人类如何形成信念的精确模型，我们需要运用有关这些基本的生物系统是如何运作、有多重要的知识。

在我们看来，对理解信念形成来说最重要的系统可能是记忆，关于信念的基础模型将建立在基本的记忆机制之上。记忆研究认为选择性回忆是通过两个原则运行的：联想性和易受干扰性（Kahana，2012）。我们在第 5 章讨论了干扰性的作用及其为代表性启发式判断提供基础的可能性。联想性原则可以让我们回忆起与当前情景相似的未来情景，为锚定和反应不足现象提供了潜在的基础。

当然，这些对经济学家来说是最无人涉足的水域。而要了解信念与预期的本质，我们也许需要潜到水的深处。

最后，我们要指出，本章所描述的各种问题和挑战并非孤立的，而是一个更宏大目标的一部分。20 世纪的新古典经济学以家庭的偏好和禀赋、企业的技术以及协调家庭行为与企业行为的市场作为分析基础，构建了一个卓越的科学综合体系。从这些基础出发，新古典经济学建立了企业和家庭的选择理论、市场均衡理论以及最终把这些经济结果加总的宏观经济增长与波动理论。把这些元素整合在一起的统一假设是选择和预期都是理性的。没有这个假设，一切都会分崩离析。

不过，也许经济学不会分崩离析。我们完全认同经济学必须构建微观和宏观的统一理论。但这种统一的成本——理性预期假说——过于高昂，在需要解释现实时很可能是致命的。理性预期可能不是前进的唯一路径。在过去的几十年中，经济学家尤其是其他社会科学家提供了大量的证据和一些关于信念来源的基础理论。有很多方法可以将这些理论变成经济学的语言，也有很多方法来构建新的理论。我们认为，这些信念理论同样需要构成好的经济学的规则。特别地，它们需要被模型化，被纳入家庭和企业的决策，并最终加总为市场和整体经济的结果。不过，这些信念理论会以生理学事实而非理性作为出发点。

本书较早在这个研究方向上迈出了高度试探性的一步。其他研究所采用的方法可能与本书不同，并将研究引向不同的方向。但最终我们认为，随着我们对人性的理解越来越深入，这些不同方向上的研究迟早汇流到一起；到那时，我们会有一些符合现实且具有科学基础的预期模型，而那些不准确但优美的模型就可以光荣退出了。这本身也是一种信念危机吧。

附录：证明

● 第3章

命题 3.1 给定定义 3.1 中的 $\underline{X} > N^*$，则相对于理性预期，忽略下行风险会增加安全债券的发行量，即 $N^\theta > N^*$。

证明：正如第 3 章第 1 节所述，在均衡时 AAA 级约束一定是紧约束，这表明：

$$\int_0^{N^\theta} f^\theta(\widetilde{X}) d\widetilde{X} = \delta^* = \int_0^{N^*} f(\widetilde{X}) d\widetilde{X}$$

给定定义 3.1 并假设 $\underline{X} > N^*$，则上式意味着 $N^\theta > N^*$。

命题 3.2 当被忽略的风险再次显露时，二级市场结果如下：

(1) 如果 $\sigma \geq p_{inv}^{crisis}/p(N^\theta)$，金融中介会回购所有债券，债券的市场价格为 $\min(\sigma_p(N^\theta), p_{int}^{crisis})$。

(2) 如果 $\sigma < p_{inv}^{crisis}/p(N^\theta)$，金融中介仅能回购数量为 $\sigma N^\theta p(N^\theta)/p_{inv}^{crisis}$ 的债券，投资者继续持有其余的部分，债券的二级市场价格为 p_{inv}^{crisis}。

证明：因为 $\beta_l > \epsilon \beta_h$，故在危机中，对于在 $t=0$ 时发行的债券，金融中介比投资者拥有更高的保留价格：$p_{inv}^{crisis} < p_{int}^{crisis}$。因此，金融中介愿意向投资者回购债券。此时市场结果将取决于金融中介的财富。考虑以下两种情形：

（1）若 $\sigma p(N^\theta) N^\theta > p_{inv}^{crisis} N^\theta$，则金融中介的财富足以使其按投资者的保留价格回购所有债券。这一情形又分为两种子情形：第一，若 $\sigma p(N^\theta) \geqslant p_{int}^{crisis}$，则金融中介的财富足以使其按自身的保留价格吸收全部的债券供给。在这种情形下，二级市场价格为 $p = p_{int}^{crisis}$。第二，若 $\sigma p(N^\theta) < p_{int}^{crisis}$，则价格水平将使得金融中介能够吸收全部的债券供给。因此，在这种情形下，全部债券都被金融中介以均衡价格 $p = \min(\sigma p(N^\theta), p_{int}^{crisis})$ 回购。

（2）若 $\sigma p(N^\theta) N^\theta < p_{inv}^{crisis} N^\theta$，则在时期 $t=0$ 发生危机时，金融中介的财富不足以使其按投资者的保留价格回购所有债券。因此，二级市场价格必为 p_{inv}^{crisis}，金融中介回购的债券数量为 $\sigma N^\theta p(N^\theta) / p_{inv}^{crisis}$。

命题 3.3 当存在被忽略的风险时，

（1）贷款水平高于理性预期下的贷款水平：$I^\theta > I^*$。

（2）如果关于平均经济状态的信念 $\int_0^{+\infty} \widetilde{A} h^\theta(\widetilde{A}) d\widetilde{A}$ 相比真实水平 $\int_0^{+\infty} \widetilde{A} h(\widetilde{A}) d\widetilde{A}$ 足够高，那么金融中介不会留存任何流动性财富：

$$I^\theta = p(N^\theta(I^\theta)) N^\theta(I^\theta)$$

证明：在忽略风险设定下代表性金融中介的最大化问题为：

$$\max_{N,I} (\beta_h - \beta_l) \left[N - \int_0^{\frac{N}{q(I)}} (N - \widetilde{A}q(I)) h^\theta(\widetilde{A}) d\widetilde{A} \right]$$

$$+ \beta_l q(I) \int_0^{+\infty} \widetilde{A} h^\theta(\widetilde{A}) d\widetilde{A} - I$$

$$\text{s. t.} \int_0^{\frac{N}{q(I)}} h^\theta(\widetilde{A}) d\widetilde{A} = \delta^*$$

$$I \leqslant q(I) \int_0^{\frac{N}{q(I)}} \widetilde{A} h^\theta(\widetilde{A}) d\widetilde{A} + N(1 - \delta^*)$$

这体现了在最优条件下，AAA级约束为紧约束且包含金融中介的流动性约束。

AAA级约束隐性地识别了一个使得 $\int_0^{A^\theta} h^\theta(\widetilde{A}) d\widetilde{A} = \delta^*$ 的默认临界值 A^θ。由于下行风险被忽略，这一临界值比理性预期下的临界值要大：$A^\theta > A^*$。那么，在均衡条件下，债券发行水平 $N^\theta = A^\theta q(I)$。将约束条件代入目标函数，我们可以消去一个选择变量并将金融中介的问题重新表述为：

$$\max_I (\beta_h - \beta_l) \left[A^\theta q(I) - \int_0^{A^\theta} (A^\theta q(I) - \widetilde{A}q(I)) h^\theta(\widetilde{A}) d\widetilde{A} \right]$$

$$+ \beta_l q(I) \int_0^{+\infty} \widetilde{A} h^\theta(\widetilde{A}) d\widetilde{A} - I$$

一阶条件使得边际收益等于边际投资成本，即：

$$q'(I^\theta) \left[(\beta_h - \beta_l) \left(\int_0^{A^\theta} \widetilde{A} h^\theta(\widetilde{A}) d\widetilde{A} + A^\theta (1 - \delta^*) \right) \right.$$
$$\left. + \beta_l \int_0^{+\infty} \widetilde{A} h^\theta(\widetilde{A}) d\widetilde{A} \right] = 1 \quad \text{(A. 1)}$$

在理性预期下上述一阶条件相应地变为：

$$q'(I^*)\left[(\beta_h-\beta_l)\left(\int_0^{A^*}\widetilde{A}h(\widetilde{A})d\widetilde{A}+A^*(1-\delta^*)\right)\right.$$
$$\left.+\beta_l\int_0^{+\infty}\widetilde{A}h(\widetilde{A})d\widetilde{A}\right]=1$$

考虑以下两个情形：

（1）首先考虑由一阶条件（A.1）确定的最优投资 I^θ，此时流动性约束是松的。只要对平均经济状态的信念 $\int_0^{+\infty}\widetilde{A}h^\theta(\widetilde{A})d\widetilde{A}$ 至少与理性预期 $\int_0^{+\infty}\widetilde{A}h(\widetilde{A})d\widetilde{A}$ 一样乐观，忽略风险设定下的投资 I^θ 就将大于理性预期下的投资 I^*。在这一情形下，式（A.1）方括号中的项事实上就大于理性预期下一阶条件中相应的项。由此，$q'(I^\theta) < q'(I^*)$，其中，I^* 是理性预期下的非约束性投资。给定 $q(I)$ 为凹函数，这反过来意味着 $I^\theta > I^*$（这在理性投资受约束时更有可能成立）。

（2）现在假设最优投资 I^θ 由紧的流动性约束决定，后者在最优条件下可写成：

$$\frac{I}{q(I)}\leqslant\left[\int_0^{A^\theta}\widetilde{A}h^\theta(\widetilde{A})d\widetilde{A}+A^\theta(1-\delta^*)\right]$$

给定边际资本产出递减且 $q(0)=0$，以上不等式的左边随 I 递增。对于任意给定的投资水平 I，忽略风险设定下的这一约束条件会比在理性预期下更松一些，这是因为 $A^\theta > A^*$。但即使流动性约束在忽略风险设定下是紧约束而在理性预期下非紧，理性预期下的投资也一定比忽略风险时低,否则理性预期下的流动性约束也一定是紧约束,导致矛盾。在最优条件下,如果满足式(A.1)的投资水平使得 $p(N(I))N(I) - I < 0$,则忽略风险设定下的流动性约束是紧约束,从而金融中介不会持有任何流动性。给定 A^θ 和 $\int_0^{A^\theta} \widetilde{A} h^\theta(\widetilde{A}) d\widetilde{A}$ 的某一取值,若 $\int_0^{+\infty} \widetilde{A} h^\theta(\widetilde{A}) d\widetilde{A}$ 相对于真实值足够大,则流动性约束更可能是紧约束。事实上,此时非约束性投资规模足够大以至违反流动性约束。

引理3.1 如果共同现金流因子 $\widetilde{X}$ 的概率密度函数 $f(\widetilde{X})$ 是区间 $[0, \hat{X}]$ 上的凸函数,那么对于所有的 $Z \in [0, \hat{X}\underline{\epsilon}]$,引致的中介特定的现金流的概率密度函数 $f(\widetilde{X}_i)$ 比 $f(\widetilde{X})$ 具有更肥的左尾,即

$$\int_0^Z f(\widetilde{X}_i) d\widetilde{X}_i > \int_0^Z f(\widetilde{X}) d\widetilde{X}.$$

证明: 我们一开始时假设了 $f(\widetilde{X})$ 在左尾递增,而 ϵ 是分布在正区间 $[\underline{\epsilon}, \bar{\epsilon}]$ 上的概率密度函数为 $g(\epsilon)$ 且具有单位均值 $E[\epsilon] = \int_{\underline{\epsilon}}^{\bar{\epsilon}} \epsilon g(\epsilon) d\epsilon = 1$ 的冲击变量。考虑一个新的随机变量 $Z = \widetilde{X}\epsilon$,它是两个在统计上独立的变量的乘积。给定 ϵ 的取值范围 $[\underline{\epsilon}, \bar{\epsilon}]$,$Z$ 的取值范围依然为 $[0, +\infty]$。推导联合分布函数并求边缘概率密度,我们可以得到这一乘积的概率密度函数为:

$$h(Z) = \int_{\underline{\epsilon}}^{\bar{\epsilon}} f\left(\frac{Z}{\epsilon}\right) \frac{g(\epsilon)}{\epsilon} d\epsilon$$

由此得出：

$$\int_0^X h(Z)dZ = \int_0^X \int_{\underline{\epsilon}}^{\bar{\epsilon}} f\left(\frac{Z}{\epsilon}\right)\frac{g(\epsilon)}{\epsilon}d\epsilon dZ$$

根据定义 3.1，这一分布具有更肥的左尾，给定存在一个 $\underline{X}$ 使得

$$\int_0^X h(Z)dZ > \int_0^X f(Z)dZ, \text{对于所有的 } X \leqslant \underline{X} \text{ 成立}$$

若对于所有的 $X \leqslant \underline{X}$ 都有 $h(X) > f(X)$，上述不等式必然成立。这一条件可改写为：

$$h(X) = \int_{\underline{\epsilon}}^{\bar{\epsilon}} f\left(\frac{X}{\epsilon}\right)\frac{g(\epsilon)}{\epsilon}d\epsilon \geqslant f(X)$$

给定 ϵ 的均值为 1，詹森不等式表明当满足对所有的 $X \leqslant \underline{X}$ 都有 $f\left(\frac{X}{\epsilon}\right)\frac{1}{\epsilon}$ 为 ϵ 的凸函数时，上述不等式成立。这等价于：

$$\frac{d^2}{d\epsilon^2}f\left(\frac{X}{\epsilon}\right)\frac{1}{\epsilon} = \frac{1}{\epsilon^2}\left[4X\frac{1}{\epsilon^2}f'\left(\frac{X}{\epsilon}\right) + X^2\frac{1}{\epsilon^3}f''\left(\frac{X}{\epsilon}\right)\right.$$

$$\left. + 2\frac{1}{\epsilon}f\left(\frac{X}{\epsilon}\right)\right] \geqslant 0, \text{对于所有的 } X \leqslant \underline{X}$$

(A.2)

上述不等式成立的充分条件是在区间 $[0, \underline{X}]$ 上都有 $f''\left(\frac{X}{\epsilon}\right) \geqslant 0$。给定对于所有的 $X < \hat{X}$，$f''(X) \geqslant 0$，则给定 $\frac{X}{\epsilon} \leqslant \hat{X}$，可以保证条件（A.2）

成立，而当 $X \leqslant \hat{X} \epsilon$ 时，$\dfrac{X}{\epsilon} \leqslant \hat{X}$ 在 ϵ 所属的整个区间上成立；又因为我们假设了在左尾有 $f'(X) \geqslant 0$，凸性即引理 3.1 成立。

命题 3.4 如果 $f^\theta(X)$ 满足引理 3.1 中的条件，那么在忽略风险情形下的市场均衡中，金融中介充分进行分散化（对于所有的 i 都有 $\alpha_i = 1$），且债券发行量为 N^θ，与不存在特异性风险的模型一样。

证明：金融中介可以选择将自身存在特异性风险的现金流转换为分散化的资产池。金融中介 i 会选择比例为 α_i 的现金流来进行转换。由于不同金融中介的现金流价格相同，每个金融中介选择不同的打包水平 α_i 时均不赚不亏。此时，唯一的市场结果是 α_i 把现金流变为：

$$\widetilde{X}_i = \widetilde{X}[1 + (1-\alpha_i)(\epsilon_i - 1)]$$

这一现金流是系统性部分 $\widetilde{X}$ 与一个在统计上独立的、特异性的、均值为 1 的部分 $[1 + (1-\alpha_i)(\epsilon_i - 1)]$ 的乘积。其特异性概率密度函数为：

$$f_i^\theta(X) = \int_{\underline{\epsilon}}^{\bar{\epsilon}} f^\theta\left[\frac{X}{1+(1-\alpha_i)(\epsilon_i-1)}\right] \frac{g(\epsilon)}{1+(1-\alpha_i)(\epsilon_i-1)} d\epsilon$$

关键的一点在于对于 $\alpha_i = 1$，金融中介的现金流分布仅取决于系统性部分，即 $f_i^\theta(X) = f^\theta(X)$。在引理 3.1 的假设下，令 $\alpha_i = 1$ 使得金融中介减小左尾上的概率密度。

金融中介的利润最大化问题为：

$$\max_{N_i, \alpha_i} (\beta_h - \beta_l)[N_i - \int_0^{N_i}(N_i - X)f_i^\theta(X)dX] + \beta_l \int_0^{+\infty} X f_i^\theta(X)dX$$

$$\text{s.t.} \int_0^{N_i} f_i^\theta(X)dX \leqslant \delta^*$$

其中，α_i 的变化会影响分布 $f_i^\theta(X)$。关于 N_i 的一阶条件是：

$$(\beta_h - \beta_l)\left[1 - \int_0^{N_i} f_i^\theta(X)dX\right] - \gamma f_i^\theta(N_i) = 0$$

其中，γ 是 AAA 级约束的拉格朗日乘子。由于 $(\beta_h - \beta_l) > 0$，这一约束为紧约束。

接下来考虑金融中介所选择的最优 α_i。令 $\alpha_i < 1$ 意味着现金流分布相比 $\alpha_i = 1$ 的情况有更肥的左尾。这一点可由引理 3.1 推出。因此，金融中介的最优选择即 $\alpha_i = 1$。这一选择不影响预期现金流，即金融中介目标函数的第二项，但产生了两个正向效应。首先，它增加了债券发行收入。通过分部积分，我们可以看到方括号中的第二项（取值为负）可写成：

$$\int_0^{N_i}(N_i - X)f_i^\theta(X)dX = \int_0^{N_i}\left[\int_0^X f_i^\theta(Z)dZ\right]dX$$

通过设定 $\alpha_i = 1$，对于任意的 $X < N_i$，上式中 $\int_0^X f_i^\theta(Z)dZ$ 这项达到最小化，这减小了预期亏损，从而对于任意的 N_i 都增大了发行收入。

其次，设定 $\alpha_i = 1$ 会放松金融中介的 AAA 级约束，从而扩大债券发行量 N_i。

命题 3.5 假设对于 $X \leqslant N^\theta(1)/\underline{\epsilon}$，有 $f(X) \geqslant f^\theta(X)$ 且 $f_i^\theta(N^*(0)) > f^\theta(N^\theta(1))$，那么，如果对于 $X \leqslant N^\theta(1)/\underline{\epsilon}$，$\left[f\left(\dfrac{X}{\epsilon}\right) - f^\theta\left(\dfrac{X}{\epsilon}\right)\right]\dfrac{1}{\epsilon}$ 是关于 ϵ 的凹函数，则在忽略风险情形下现金流的打包会加剧债券的过度发行。更正式地：

$$N^\theta(1) - N^*(1) > N^\theta(0) - N^*(0)$$

证明： 在不同的打包程度下，无论是理性预期还是忽略下行风险，AAA 级约束都为紧约束。我们首先考虑如下函数：

$$P(N) = \int_0^N [f(X) - f^\theta(X)] dX \quad (A.3)$$

对于出现在左尾的 N，$P(N) > 0$，这会导致忽略风险时的债券发行量比理性预期下的更大。由于我们一开始即假定对于所有的 $X \leqslant N^\theta(1)$ 都有 $f(X) \geqslant f^\theta(X)$，故函数 $P(N)$ 为增函数：对于所有的 $X \leqslant N^\theta(1)$，$P'(N) \geqslant 0$。

当风险未被打包从而金融中介需要承受特异性风险时，相应的函数为：

$$I(N) = \int_0^N \int_{\underline{\epsilon}}^{\bar{\epsilon}} \left[f\left(\dfrac{X}{\epsilon}\right) - f^\theta\left(\dfrac{X}{\epsilon}\right)\right] \dfrac{1}{\epsilon} g(\epsilon) d\epsilon \, dX \quad (A.4)$$

进一步注意到：

$$P(N) \geqslant I(N)$$

$$\Leftrightarrow$$

$$\int_0^N [f(X) - f^\theta(X)]dX \geqslant \int_0^N \int_{\underline{\epsilon}}^{\bar{\epsilon}} \left[f\left(\frac{X}{\epsilon}\right) - f^\theta\left(\frac{X}{\epsilon}\right) \right] \frac{1}{\epsilon} g(\epsilon) d\epsilon dX$$

根据詹森不等式,上式可由我们一开始假设的如下函数为关于 ϵ 的凹函数这一事实得出:

$$\left[f\left(\frac{X}{\epsilon}\right) - f^\theta\left(\frac{X}{\epsilon}\right) \right] \frac{1}{\epsilon}$$

对于过量发行的经济学含义,注意到经过推算可知,进行了打包与未进行打包的债券发行量分别由以下方程确定:

$$\int_{N^*(1)}^{N^\theta(1)} f^\theta(X)dX = \int_0^{N^*(1)} [f(X) - f^\theta(X)]dX$$

$$\int_{N^*(0)}^{N^\theta(0)} f_i^\theta(X)dX = \int_0^{N^*(0)} [f_i(X) - f_i^\theta(X)]dX$$

给定 $N^\theta(0) < N^\theta(1)$,在上面两个方程中,第二个方程的等号右边小于第一个方程的等号右边。因此,确保 $N^\theta(1) - N^*(1) > N^\theta(0) - N^*(0)$ 的充分条件是 $f_i^\theta(N^*(0)) > f^\theta(N^\theta(1))$。(同样注意到,由于 X 出现在左尾,故概率密度是递增的。)

打包与分散化

下面我们对第 3 章第 3 节中模型的一个扩展进行概述,使其能够体现出风险的打包会加剧二级市场的脆弱性。这一扩展的关键在于金融中介分别在两个时期发行债券和收到现金流,且第一期的现金流打包会在第二期被忽略的风险再次显露时加剧经济体的脆弱性。Gennaioli、Shleifer 和 Vishny(2013)对这一两期模型进行了正式的分析。这里我们将阐述基本机制。假设在 $t=0$ 时，金融中介拥有留存的现金流和债券。在 $t=0$ 时，当二级市场交易发生时，金融中介从留存的项目中获得现金流且必须偿付留存的债券。用 $\tilde{X}_{0,i}$ 表示金融中介 i 在时期 $t=0$ 实现的特异性留存现金流，用 N_{-1} 表示留存的债券数量（各金融中介事前是无差异的，因此它们会发行相同数量的债券）。如果 $\tilde{X}_{0,i} < N_{-1}$，金融中介就没有足够的资源用于偿付留存的债券，进而导致违约。

接下来，假定在 $t=0$ 时发行了数量为 N_0 且在 $t=1$ 时偿付的新债券后出现了糟糕的加总状态。这一状态足够糟糕以至于当期实现的现金流 $\tilde{X}_0 = \int \tilde{X}_{0,i} di$ 不够偿付留存的所有债券：$\tilde{X}_0 < N_{-1}$。进一步假定由留存现金流所揭示的糟糕的加总状态使得市场参与者意识到在 $t=1$ 时赎回的新发债券 N_0 隐藏的风险。

在这种情况下，除了一些事前发行的债券会违约，给定被忽略的风险显露出来，还会出现对数量为 N_0 的新发债券的抛售。不过，留存的投资项目现金流会提供一些市场流动性以支撑债券价格（使其不至于过度下跌）。即使出现了量级为 $N_{-1} - \tilde{X}_0$ 的总体现金流缺口，一些金融中介也会在其特异性投资项目上幸运地赌对了，使得它们可能拥有足够的资源来买回数量为 N_0 的新发债券。幸运的金融中介在留存的劣后级债券上的收益加总等于可获得的资源总量，因而它们不会违约。若金融中介选择打包比例为 α 的投资项目，则可以得出：

$$\int_{\frac{1}{1-\alpha}}^{\bar{\epsilon}} \left[1 - \alpha + \frac{N-1-\widetilde{X}_0}{\widetilde{X}_0}\right] \left[\widetilde{X}_0 + (1-\alpha)\widetilde{X}_0(\epsilon - 1) - N_{-1}\right] g(\epsilon) d\epsilon$$

被积函数中的 $\widetilde{X}_0 + (1-\alpha)\widetilde{X}_0(\epsilon-1)$ 这一项捕捉到了有偿付能力的金融中介的现金流，$-N_{-1}$ 这一项则捕捉到了事前发行的债券的偿付额。关键地，当充分分散化与打包即 $\alpha=1$ 时，上述积分等于 0——各金融中介没有资金来支撑被抛售的债券的价格。也就是说，金融中介共享的特异性风险越多，它们暴露于系统性风险越严重，因此它们的流动性头寸相关性越强。由于存在被忽略的风险，如果有一个金融中介意外地违约了，那么所有金融中介将同时违约，没有一个金融中介有多余的利润来提供市场流动性。

第 5 章

命题 5.1 假设 $ln\widetilde{X}|I_0 \sim N(\mu_0, \sigma_0^2)$ 且 $ln\widetilde{X}|I_{-1} \sim N(\mu_{-1}, \sigma_{-1}^2)$，则当 $(1+\theta)\sigma_{-1}^2 - \theta\sigma_0^2 > 0$，被扭曲的概率密度函数 $f^\theta(\widetilde{X}|I_0)$ 也呈对数正态分布，其均值 $\mu_0(\theta)$ 和方差 $\sigma_0^2(\theta)$ 分别为：

$$\mu_0(\theta) = \mu_0 + \frac{\theta\sigma_0^2}{\sigma_{-1}^2 + \theta(\sigma_{-1}^2 - \sigma_0^2)}(\mu_0 - \mu_{-1}) \tag{5.5}$$

$$\sigma_0^2(\theta) = \sigma_0^2 \frac{\sigma_{-1}^2}{\sigma_{-1}^2 + \theta(\sigma_{-1}^2 - \sigma_0^2)} \tag{5.6}$$

证明： 考虑服从对数正态分布的变量 X 的标准概率密度函数：

$$\frac{1}{x\sigma\sqrt{2\pi}} e^{-\frac{(lnx-\mu)^2}{2\sigma^2}}$$

我们需要计算的是诊断性概率密度函数 $f^\theta(X|I_0) = f(X|I_0)\left[\dfrac{f(X|I_0)}{f(X|I_{-1})}\right]^\theta Z$,其中 Z 是一个确保 $f^\theta(X|I_0)$ 的积分为 1 的常数。不考虑这一常数,被扭曲的概率密度函数为:

$$\frac{1}{x\sigma_0\sqrt{2\pi}}e^{-\frac{(lnx-\mu_0)^2}{2\sigma_0^2}}\left[\frac{\dfrac{1}{x\sigma_0\sqrt{2\pi}}e^{-\frac{(lnx-\mu_0)^2}{2\sigma_0^2}}}{\dfrac{1}{x\sigma_{-1}\sqrt{2\pi}}e^{-\frac{(lnx-\mu_{-1})^2}{2\sigma_{-1}^2}}}\right]^\theta$$

简化并改写这一指数函数可得:

$$\frac{1}{x\dfrac{\sigma_0^{\theta+1}}{\sigma_{-1}^\theta}\sqrt{2\pi}}e^{\left[-\frac{(lnx-\mu_0)^2}{2\sigma_0^2}-\theta\frac{(lnx-\mu_0)^2}{2\sigma_0^2}+\theta\frac{(lnx-\mu_{-1})^2}{2\sigma_{-1}^2}\right]}$$

指数函数的自变量可改写为:

$$\frac{1}{x\dfrac{\sigma_0^{\theta+1}}{\sigma_{-1}^\theta}\sqrt{2\pi}}e^{\left[-\frac{(\theta+1)\sigma_{-1}^2(lnx-\mu_0)^2-\theta\sigma_0^2(lnx-\mu_{-1})^2}{2\sigma_{-1}^2\sigma_0^2}\right]}$$

展开指数函数的自变量表达式,我们可以得到:

$$\frac{1}{x\dfrac{\sigma_0^{\theta+1}}{\sigma_{-1}^\theta}\sqrt{2\pi}}e^{\left\{-\frac{(\theta\sigma_{-1}^2+\sigma_{-1}^2-\theta\sigma_0^2)}{2\sigma_0^2\sigma_{-1}^2}\left[(lnx)^2-2lnx\frac{\theta\sigma_{-1}^2\mu_0+\sigma_{-1}^2\mu_0-\theta\sigma_0^2\mu_{-1}}{\theta\sigma_{-1}^2+\sigma_{-1}^2-\theta\sigma_0^2}+\frac{\theta\sigma_{-1}^2\mu_0^2+\sigma_{-1}^2\mu_0^2-\theta\sigma_0^2\mu_{-1}^2}{\theta\sigma_{-1}^2+\sigma_{-1}^2-\theta\sigma_0^2}\right]\right\}}$$

假设 $\sigma_{-1}^2+\theta(\sigma_{-1}^2-\sigma_0^2)>0$,并注意到上式包含对数正态分布的核函数,即:

$$\sigma_0^2(\theta)=\frac{1}{\dfrac{(\theta\sigma_{-1}^2+\sigma_{-1}^2-\theta\sigma_0^2)}{\sigma_0^2\sigma_{-1}^2}}=\sigma_0^2\frac{\sigma_{-1}^2}{\sigma_{-1}^2+\theta(\sigma_{-1}^2-\sigma_0^2)}$$

$$\mu_0(\theta) = \frac{\theta\sigma_{-1}^2\mu_0 + \sigma_{-1}^2\mu_0 - \theta\sigma_0^2\mu_{-1} - \theta\sigma_0^2\mu_0 + \theta\sigma_0^2\mu_0}{\theta\sigma_{-1}^2 + \sigma_{-1}^2 - \theta\sigma_0^2}$$

$$= \mu_0 + \frac{\theta\sigma_0^2}{\sigma_{-1}^2 + \theta(\sigma_{-1}^2 - \sigma_0^2)}(\mu_0 - \mu_{-1})$$

为了得到正确的分布，只需乘以归一化的常数 Z：

$$Z = e^{-\frac{(\theta\sigma_{-1}^2 + \sigma_{-1}^2 - \theta\sigma_0^2)}{2\sigma_0^2\sigma_{-1}^2}\left[\mu_0(\theta) - \frac{\theta\sigma_{-1}^2\mu_0^2 + \sigma_{-1}^2\mu_0^2 - \theta\sigma_0^2\mu_{-1}^2}{\theta\sigma_{-1}^2 + \sigma_{-1}^2 - \theta\sigma_0^2}\right]} \frac{\sigma_0^{\theta+1}}{\sigma_{-1}^\theta} \frac{1}{\sigma_0^2(\theta)}$$

命题 5.1 得证。

命题 5.2 当且仅当现金流波动性相对于过去没有增大即 $\sigma_0^2 \leqslant \sigma_{-1}^2$ 时，经济主体在定义 3.1 的意义上会忽略下行风险；在这种情形下，在诊断性信念下经济主体会忽略低于下式给出的阈值 $\underline{X}$ 的下行风险：

$$\underline{X} = \mu_0 + \theta\varphi\left(\frac{\sigma_{-1}}{\sigma_0}\right)(\mu_0 - \mu_{-1}) \tag{5.7}$$

其中，$\varphi(\cdot)$ 是随 σ_{-1}/σ_0 递减的正函数，满足：

$$\lim_{\frac{\sigma_{-1}}{\sigma_0} \to 1} \varphi\left(\frac{\sigma_{-1}}{\sigma_0}\right) = +\infty$$

证明：根据定义 3.1，忽略下行风险 $\underline{X}$ 意味着对于所有的 $X \leqslant \underline{X}$，在诊断性预期下累积分布函数曲线一定位于理性预期下累积分布函数曲线的下方。这反过来也意味着 $X = 0$ 时这一条件必定满足。在对数正态分布情形下，这要求：

$$\lim_{x \to 0} \Phi\left(\frac{lnx - \mu_0}{\sigma_0}\right) - \Phi\left[\frac{lnx - \mu_0(\theta)}{\sigma_0(\theta)}\right] \geqslant 0$$

由于累积分布函数单调递增且自变量均为负，因而只要 $\sigma_0 \geqslant \sigma_0(\theta)$，上式一定成立，也即：

$$\sigma_0 \geqslant \sigma_0(\theta) \Leftrightarrow \sigma_0^2 \geqslant \sigma_0^2 \frac{\sigma_{-1}^2}{\sigma_{-1}^2 + \theta(\sigma_{-1}^2 - \sigma_0^2)} \Leftrightarrow \sigma_{-1}^2 - \sigma_0^2 \geqslant 0$$

因此，忽略下行风险的必要条件是 $\sigma_0^2 \leqslant \sigma_{-1}^2$。

为了计算阈值 $\underline{X}$，只需要确定两条累积分布函数曲线的交点。具体地，令：

$$\Phi\left(\frac{ln\underline{X} - \mu_0}{\sigma_0}\right) = \Phi\left(\frac{ln\underline{X} - \mu_0(\theta)}{\sigma_0(\theta)}\right)$$

由于严格单调性，上式可写成：

$$\frac{ln\underline{X} - \mu_0}{\sigma_0} = \frac{ln\underline{X} - \mu_0(\theta)}{\sigma_0(\theta)}$$

重新整理使我们得到如下形式的临界值：

$$ln\underline{X} = \mu_0 + \frac{\theta \sigma_0 \sigma_0^2(\theta)/\sigma_{-1}^2}{\sigma_0 - \sigma_0(\theta)}(\mu_0 - \mu_{-1})$$

上式可改写为：

$$ln\underline{X} = \mu_0 + \varphi\left(\theta, \frac{\sigma_{-1}}{\sigma_0}\right)(\mu_0 - \mu_{-1})$$

注意到对于 $\frac{\sigma_{-1}}{\sigma_0}=1$,有 $\sigma_0^2(\theta)=\sigma_0^2$,因此 $\varphi\left(\theta,\frac{\sigma_{-1}}{\sigma_0}\right)\to\infty$。此外,注意到对于 $\frac{\sigma_{-1}}{\sigma_0}=\infty$,函数的分子趋近于 0 而分母保持为正,因此 $\varphi\left(\theta,\frac{\sigma_{-1}}{\sigma_0}\right)=0$。

为了分析当 $\frac{\sigma_{-1}}{\sigma_0}$ 变化时函数的总体行为,将其改写为 $\varphi\left(\theta,\frac{\sigma_{-1}}{\sigma_0}\right)=\frac{\theta\sigma_0^2(\theta)/\sigma_{-1}^2}{1-\frac{\sigma_0(\theta)}{\sigma_0}}$ 并注意到 $\frac{\partial\sigma_0^2(\theta)/\sigma_{-1}^2}{\partial\frac{\sigma_{-1}}{\sigma_0}}<0$。考虑到平方函数是正象限下的单调变换,故亦有 $\frac{\partial\frac{\sigma_0(\theta)}{\sigma_0}}{\partial\frac{\sigma_{-1}}{\sigma_0}}<0$,因此刻画函数总体行为的导数被表示为:$\frac{\partial\varphi\left(\theta,\frac{\sigma_{-1}}{\sigma_0}\right)}{\partial\frac{\sigma_{-1}}{\sigma_0}}<0$。

命题 5.3 用 $z^*<0$ 表示标准正态分布下的 δ^* 一分位数值,在诊断性预期下,AAA 级约束如下所示:

$$lnN_0^\theta=\mu_0(\theta)+\sigma_0(\theta)z^* \tag{5.8}$$

如果 $\mu_0>\mu_{-1}$ 且 $\sigma_0^2<\sigma_{-1}^2$,则在均衡条件下安全债券发行过量。

证明: 前面提到过,在均衡条件下 AAA 级约束是紧约束。给定 $\frac{ln\widetilde{X}-\mu}{\sigma}$ 服从标准正态分布,AAA 级约束可改写为:

$$\Phi\left[\frac{ln(N_0^\theta)-\mu_0(\theta)}{\sigma_0(\theta)}\right]=\delta^*$$

用 $z^*<0$ 表示标准正态分布下的 δ^* 一分位数值,即 z^* 满足 $\Phi(z^*)=\delta^*$,则 AAA 级约束表明:

$$ln(N_0^\theta)=\mu_0(\theta)+\sigma_0(\theta)z^*$$

债券发行过量,只要

$$ln(N_0^\theta)=\mu_0(\theta)+\sigma_0(\theta)z^*>ln(N^*)=\mu_0+\sigma_0 z^*$$

上述条件满足,只要

$$[\mu_0(\theta)-\mu_0]+[\sigma_0(\theta)-\sigma_0]z^*>0$$

当 $\mu_0>\mu_{-1}$ 时,诊断性均值会升高,即 $\mu_0(\theta)>\mu_0$。当 $\sigma_0<\sigma_{-1}$ 时,诊断性方差 $\sigma_0^2(\theta)$ 会降低,即 $\sigma_0(\theta)<\sigma_0$。若 $\mu_0(\theta)>\mu_0$ 和 $\sigma_0(\theta)<\sigma_0$ 同时满足,则上述条件成立且存在过量发行,命题 5.3 得证。

第 6 章

命题 6.1 在时期 t 对 $\hat{X}_{t+1}$ 的预期服从正态分布,其方差为 σ^2,其均值如下所示:

$$\mathbb{E}_t^\theta(\hat{X}_{t+1})=\rho\hat{X}_t+\rho\theta(\hat{X}_t-\rho\hat{X}_{t-1}) \qquad (6.3)$$

证明:首先,注意到我们可以用命题 6.1 给出的公式来计算我们感兴趣的随机变量被扭曲的期望,因为它对正态分布和对数正态分布都成立。我们在命题 5.1 中已得出:

$$\mu_0(\theta) = \mu_0 + \frac{\theta \sigma_0^2}{\sigma_{-1}^2 + \theta(\sigma_{-1}^2 - \sigma_0^2)}(\mu_0 - \mu_{-1})$$

考虑目标分布和对照分布的均值和方差。目标分布的条件均值为 $\mu_0 = \mathbb{E}_t(\hat{X}_{t+1}) = \rho \hat{X}_t$，方差为 $\sigma_0^2 = \sigma^2$。若在时期 t 没有收到相对时期 $t-1$ 的新消息，那么对照分布是真实的分布，因此，对照分布的均值为 $\mu_{-1} = \mathbb{E}_{t-1}(\hat{X}_{t+1}) = \rho^2 \hat{X}_{t-1}$，方差为 $\sigma_{-1}^2 = \sigma^2$。

将上述公式代入诊断性均值可得：

$$\mathbb{E}_t^{\theta}(\hat{X}_{t+1}) = \rho \hat{X}_t + \rho \theta (\hat{X}_t - \rho \hat{X}_{t-1}) \tag{A.5}$$

另一种假设是对照分布是时期 $t-1$ 关于 $\hat{X}_{t+1}$ 的真实条件分布，在这一假设下我们也可以推导出诊断性预期。这一分布的均值为 $\mu_{-1} = \mathbb{E}_{t-1}(\hat{X}_{t+1}) = \rho^2 \hat{X}_{t-1}$，方差为 $\sigma_{-1}^2 = (1+\rho^2)\sigma^2$。再次使用式（A.5），我们可得出诊断性预期为：

$$\mathbb{E}_t^{\theta}(\hat{X}_{t+1}) = \rho \hat{X}_t + \frac{\theta}{1+(1+\theta)\rho^2} \rho (\hat{X}_t - \rho \hat{X}_{t-1}) \tag{A.6}$$

注意到式（A.5）与式（A.6）的相似性。在第二种情形下，预期的扭曲程度亦随 θ 增大。式（A.5）与式（A.6）唯一的差异在于，在后一情形中扭曲程度还取决于 ρ。

命题 6.2 在诊断性预期下 $\theta > 0$，高风险债券（包括全部债券以及垃圾债券）具有以下性质：

(1) 在有利消息出现后过度扩张，即 $\text{cov}(ln N_t^{\theta}, \epsilon_t) = \rho(1+\theta)\sigma^2$。

(2) 相比基本面呈现出更强的反转，即 $\dfrac{\text{cov}(ln N_t^{\theta}, ln N_{t-1}^{\theta})}{\text{var}(ln N_{t-1}^{\theta})} =$

$$\rho - \frac{\rho(1+\theta)\theta(1-\rho^2)}{[1+(1-\rho^2)\theta(2+\theta)]}。$$

（3）具有过度波动性，即 $\mathrm{var}(lnN_t^\theta) = \frac{\rho^2\sigma^2[1+(1-\rho^2)\theta(2+\theta)]}{1-\rho^2}$。

（4）有利消息出现后对未来债券发行量会过度乐观，而不利消息出现后对未来债券发行量会过度悲观，$\mathbb{E}_t[lnN_{t+1}^\theta - \mathbb{E}^\theta(lnN_{t+1}^\theta|t)] = -\rho^2\theta\epsilon_t$。

证明：在诊断性预期下债券发行量的动态变化满足：

$$lnN_t^\theta = (1-\rho)\sigma z^* + \rho lnN_{t-1}^\theta + \rho(1+\theta)\epsilon_t - \rho^2\theta\epsilon_{t-1}$$

下面考虑通过上式如何推导出性质（1）到性质（4）。

首先考虑性质（1）：

$$\begin{aligned}\mathrm{cov}(lnN_t^\theta, \epsilon_t) &= \mathrm{cov}[(1-\rho)\sigma z^* + \rho lnN_{t-1}^\theta + \rho(1+\theta)\epsilon_t - \rho^2\theta\epsilon_{t-1}, \epsilon_t] \\ &= \mathrm{cov}[\rho(1+\theta)\epsilon_t, \epsilon_t] = \rho(1+\theta)\sigma^2\end{aligned}$$

其次考虑性质（2）：

$$\begin{aligned}\mathrm{cov}(lnN_t^\theta, lnN_{t-1}^\theta) &= \mathrm{cov}[(1-\rho)\sigma z^* + \rho lnN_{t-1}^\theta + \rho(1+\theta)\epsilon_t \\ &\quad - \rho^2\theta\epsilon_{t-1}, lnN_{t-1}^\theta] \\ &= \rho\,\mathrm{var}(lnN_{t-1}^\theta) - \rho^3\theta(1+\theta)\sigma^2\end{aligned}$$

$$\begin{aligned}\mathrm{var}(lnN_t^\theta) &= \mathrm{cov}[(1-\rho)\sigma z^* + \rho lnN_{t-1}^\theta + \rho(1+\theta)\epsilon_t \\ &\quad - \rho^2\theta\epsilon_{t-1}, lnN_t^\theta] \\ &= \mathrm{cov}[\rho lnN_{t-1}^\theta + \rho(1+\theta)\epsilon_t - \rho^2\theta\epsilon_{t-1}, lnN_t^\theta] \\ &= \rho^2\,\mathrm{var}(lnN_{t-1}^\theta) + \rho^2\sigma^2[1+(1-\rho^2)\theta(2+\theta)]\end{aligned}$$

上式表明：

$$\mathrm{var}(lnN_t^\theta) = \frac{\rho^2\sigma^2[1+(1-\rho^2)\theta(2+\theta)]}{1-\rho^2}$$

因此：

$$\frac{\mathrm{cov}(lnN_t^\theta, lnN_{t-1}^\theta)}{\mathrm{var}(lnN_t^\theta)} = \rho - \frac{\rho(1+\theta)\theta(1-\rho^2)}{[1+(1-\rho^2)\theta(2+\theta)]}$$

在上一点中计算 $\mathrm{var}(lnN_t^\theta)$ 时已经证明了性质（3）。最后对性质（4）予以说明。未来债券发行量的理性预期为：

$$\mathbb{E}_t lnN_{t+1}^\theta = (1-\rho)\sigma z^* + \rho lnN_t^\theta - \rho^2\theta\epsilon_t$$

对未来债券发行量的过去理性预期为：

$$\mathbb{E}_{t-1} lnN_{t+1}^\theta = (1-\rho)\sigma z^* + \rho\mathbb{E}_{t-1}lnN_t^\theta$$
$$= (1-\rho^2)\sigma z^* + \rho^2 lnN_{t-1}^\theta - \rho^3\theta\epsilon_{t-1}$$

利用 $\mathbb{E}_t^\theta lnN_{t+1}^\theta = \mathbb{E}_t lnN_{t+1}^\theta + \theta(\mathbb{E}_t lnN_{t+1}^\theta - \mathbb{E}_{t-1} lnN_{t+1}^\theta)$ 这一事实，并将 $\mathbb{E}_t lnN_{t+1}^\theta = (1-\rho)\sigma z^* + \rho lnN_t^\theta - \rho^2\theta\epsilon_t$，$\mathbb{E}_{t-1} lnN_{t+1}^\theta = (1-\rho^2)\sigma z^* + \rho^2 lnN_{t-1}^\theta - \rho^3\theta\epsilon_{t-1}$ 和 $lnN_t^\theta = (1-\rho)\sigma z^* + \rho lnN_{t-1}^\theta + \rho(1+\theta)\epsilon_t - \rho^2\theta\epsilon_{t-1}$ 代入可得：

$$\mathbb{E}_t^\theta lnN_{t+1}^\theta = (1-\rho)\sigma z^* + \rho lnN_t^\theta$$

这进一步表明：

$$\mathbb{E}_t lnN_{t+1}^\theta - \mathbb{E}_t^\theta lnN_{t+1}^\theta = -\rho^2\theta\epsilon_t$$

即性质（4）。

命题 6.3 及其证明 由归纳法，命题 6.3 得证。

命题 6.4 在时期 t 发行的高风险债券的信用利差的测度 φ_t 遵从如下运动定律：

$$\varphi_t = \rho\varphi_{t-1} + \rho^2\theta\,\epsilon_{t-1} - [\rho(1+\theta)-1]\epsilon_t \qquad (6.11)$$

证明：在对数效用下消费和总体高风险债券禀赋成正比，我们可以得到承诺偿付额为 $R(\widetilde{X}_{t+1})$ 的一单位债券的价格为：

$$P_t^r = \beta\mathbb{E}_t^\theta\left[R(\widetilde{X}_{t+1})\frac{\widetilde{X}_t}{\widetilde{X}_{t+1}}\right]$$

将实际的有风险的偿付额 $R(\widetilde{X}_{t+1})$ 代入上式可得：

$$P_t^r = \beta\mathbb{E}_t^\theta\left[\frac{\widetilde{X}_t}{\widetilde{X}_{t+1}}\right] - \beta\int_0^{N_t^\theta}\left(1-\frac{\widetilde{X}_{t+1}}{N_t^\theta}\right)\frac{\widetilde{X}_t}{\widetilde{X}_{t+1}}\left[\frac{e^{-\frac{(ln\widetilde{X}_{t+1}-\mathbb{E}_t^\theta(ln\widetilde{X}_{t+1}))^2}{2\sigma^2}}}{\widetilde{X}_{t+1}\sigma\sqrt{2\pi}}\right]d\widetilde{X}_{t+1}$$

$$(A.7)$$

其中等号右边的第二项可改写为：

$$\beta\left\{\int_0^{N_t^\theta}\frac{\widetilde{X}_t}{\widetilde{X}_{t+1}}\left[\frac{e^{-\frac{(ln\widetilde{X}_{t+1}-\mathbb{E}_t^\theta(ln\widetilde{X}_{t+1}))^2}{2\sigma^2}}}{\widetilde{X}_{t+1}\sigma\sqrt{2\pi}}\right]d\widetilde{X}_{t+1} - \delta * e^{ln\widetilde{X}_t - lnN_t^\theta}\right\}$$

上式大括号中的第一项可展开如下：

$$\int_0^{N_t^\theta}\frac{\widetilde{X}_t}{\widetilde{X}_{t+1}}\left[\frac{e^{-\frac{(ln\widetilde{X}_{t+1}-\mathbb{E}_t^\theta(ln\widetilde{X}_{t+1}))^2}{2\sigma^2}}}{\widetilde{X}_{t+1}\sigma\sqrt{2\pi}}\right]d\widetilde{X}_{t+1} = \widetilde{X}_t\int_{-\infty}^{lnN_t^\theta}\frac{e^{-u-\frac{(u-\mathbb{E}_t^\theta(ln\widetilde{X}_{t+1}))^2}{2\sigma^2}}}{\sigma\sqrt{2\pi}}du$$

经运算可得被积函数的指数等于

$$-\frac{u^2 - 2u[\mathbb{E}_t^\theta(ln\widetilde{X}_{t+1}) - \sigma^2] + \mathbb{E}_t^\theta(ln\widetilde{X}_{t+1})^2}{2\sigma^2}$$

因此被积函数乘以 $e^{\left[\mathbb{E}_t^\theta(ln\widetilde{X}_{t+1}) - \frac{\sigma^2}{2}\right]}$ 即得均值为 $\mathbb{E}_t^\theta(ln\widetilde{X}_{t+1}) - \sigma^2$、方差为 σ^2 的正态概率密度函数。因此，可以写为：

$$\int_{-\infty}^{lnN_t^\theta} \frac{e^{-u\frac{(u-\mathbb{E}_t^\theta(ln\widetilde{X}_{t+1}))^2}{2\sigma^2}}}{\sigma\sqrt{2\pi}} du = e^{\frac{\sigma^2}{2} - \mathbb{E}_t^\theta(ln\widetilde{X}_{t+1})} Pr(u < lnN_t^\theta)$$

其中概率 $Pr(u<lnN_t^\theta)$ 由均值为 $\mathbb{E}_t^\theta(ln\widetilde{X}_{t+1}) - \sigma^2$ 的正态分布算得。综合上述可得式（A.7）等号右边的第二项为：

$$\beta\left[e^{ln\widetilde{X}_t + \frac{\sigma^2}{2} - \mathbb{E}_t^\theta(ln\widetilde{X}_{t+1})} Pr(u < lnN_t^\theta) - \delta^* e^{ln\widetilde{X}_t - lnN_t^\theta}\right]$$

为了求得 P_t^r，我们需要计算式（A.7）等号右边的第一项：

$$\mathbb{E}_t^\theta\left[\frac{\widetilde{X}_t}{\widetilde{X}_{t+1}}\right] = \int_0^{+\infty} \frac{\widetilde{X}_t}{\widetilde{X}_{t+1}}\left[\frac{e^{-\frac{(ln\widetilde{X}_{t+1} - \mathbb{E}_t^\theta(ln\widetilde{X}_{t+1}))^2}{2\sigma^2}}}{\widetilde{X}_{t+1}\sigma\sqrt{2\pi}}\right] d\widetilde{X}_{t+1}$$

$$= \widetilde{X}_t \int_{-\infty}^{+\infty} e^{-u}\left[\frac{e^{-\frac{(u-\mathbb{E}_t^\theta(ln\widetilde{X}_{t+1}))^2}{2\sigma^2}}}{\sigma\sqrt{2\pi}}\right] du$$

$$= \widetilde{X}_t e^{\frac{\sigma^2}{2} - \mathbb{E}_t^\theta(ln\widetilde{X}_{t+1})} = e^{ln\widetilde{X}_t + \frac{\sigma^2}{2} - \mathbb{E}_t^\theta(ln\widetilde{X}_{t+1})} \quad (A.8)$$

经过计算，高风险债券的价格可写为：

$$P_t^r = \beta e^{ln\widetilde{X}_t + \frac{\sigma^2}{2} - \mathbb{E}_t^\theta(ln\widetilde{X}_{t+1})} - \beta e^{ln\widetilde{X}_t + \frac{\sigma^2}{2} - \mathbb{E}_t^\theta(ln\widetilde{X}_{t+1})} Pr(u < \mathbb{E}_t^\theta(ln\widetilde{X}_{t+1}) + \sigma z^*)$$
$$+ \beta\delta^* e^{ln\widetilde{X}_t - \mathbb{E}_t^\theta(ln\widetilde{X}_{t+1}) - \sigma z^*}$$

安全债券的价格由式（A.8）乘以 β 给出。因此，安全债券与高风险债券的价格之差由下式给出：

$$P_t^s - P_t^r = \beta e^{ln\widetilde{X}_t + \frac{\sigma^2}{2} - \mathbb{E}_t^\theta(ln\widetilde{X}_{t+1})} Pr(u < \mathbb{E}_t^\theta(ln\widetilde{X}_{t+1}) + \sigma z^*)$$

$$- \beta\delta^* e^{ln\widetilde{X}_t - \mathbb{E}_t^\theta(ln\widetilde{X}_{t+1}) + \sigma z^*}$$

$$= \beta e^{\frac{\sigma^2}{2} + ln\widetilde{X}_t - \mathbb{E}_t^\theta(ln\widetilde{X}_{t+1})} [Pr(u < \mathbb{E}_t^\theta(ln\widetilde{X}_{t+1}) + \sigma z^*) - \delta^* e^{\sigma z^* - \frac{\sigma^2}{2}}]^\dagger$$

首先，注意到上式方括号中的式子为正。事实上，$Pr(u < \mathbb{E}_t^\theta(ln\widetilde{X}_{t+1}) + \sigma z^*)$ 这一项与 $\mathbb{E}_t^\theta(ln\widetilde{X}_{t+1})$ 无关，并且可进一步表示为：

$$Pr(u < \sigma + z^*) = \int_{-\infty}^{z^* + \sigma} \frac{e^{-\frac{u^2}{2}}}{\sqrt{2\pi}} du = \gamma > \delta^*$$

因此，可用 $k > 0$ 表示方括号方的项，并将安全债券与高风险债券的价格之差写为：

$$P_t^s - P_t^r = \beta k e^{\frac{\sigma^2}{2} + ln\widetilde{X}_t - \mathbb{E}_t^\theta(ln\widetilde{X}_{t+1})}$$

根据诊断性预期的特性，上式可写为：

$$P_t^s - P_t^r = \beta k e^{\frac{\sigma^2}{2} + \rho[ln\widetilde{X}_{t-1} - \mathbb{E}_{t-1}^\theta(ln\widetilde{X}_t)] + \rho^2\theta\epsilon_{t-1} - [\rho(1+\theta) - 1]\epsilon_t}$$

这进而意味着：

---

† 根据上下文，英文原书中的 $\beta e^{ln\widetilde{X}_t - \mathbb{E}_t^\theta(ln\widetilde{X}_{t+1})}[e^{\frac{\sigma^2}{2}}Pr(u < \mathbb{E}_t^\theta(ln\widetilde{X}_{t+1}) + \sigma z^*) - \delta^* e^{\sigma z^*}]$ 应为 $\beta e^{\frac{\sigma^2}{2} + ln\widetilde{X}_t - \mathbb{E}_t^\theta(ln\widetilde{X}_{t+1})}[Pr(u < \mathbb{E}_t^\theta(ln\widetilde{X}_{t+1}) + \sigma z^*) - \delta^* e^{\sigma z^* - \frac{\sigma^2}{2}}]$，其余各处做了相应修改。——译者注

$$P_t^s - P_t^r = \beta k e^{\frac{\sigma^2}{2} + \rho ln(P_{t-1}^s - P_{t-1}^r) - \rho\left(ln\beta k + \frac{\sigma^2}{2}\right) + \rho^2\theta \epsilon_{t-1} - [\rho(1+\theta)-1]\epsilon_t}$$

将价格之差的自然对数 $\hat{\varphi}_t = ln(P_t^s - P_t^r)$ 作为信用利差的一种度量，则上式表明：

$$\hat{\varphi}_t = (1-\rho)\left(ln\beta k + \frac{\sigma^2}{2}\right) + \rho\hat{\varphi}_{t-1} + \rho^2\theta \epsilon_{t-1} - [\rho(1+\theta) - 1]\epsilon_t$$

定义信用利差为 $\varphi_t = \left(\hat{\varphi}_t - ln\beta k - \frac{\sigma^2}{2}\right)$，可以发现：

$$\varphi_t = \rho\varphi_{t-1} + \rho^2\theta \epsilon_{t-1} - [\rho(1+\theta) - 1]\epsilon_t$$

从而命题 6.4 得证。

命题 6.4 也能被用来评定预测未来信用利差时的偏差。事实上，对下一期信用利差的诊断性预期等于：

$$\mathbb{E}_t^\theta(\varphi_{t+1}) = \mathbb{E}_t(\varphi_{t+1}) + \theta\left[\mathbb{E}_t(\varphi_{t+1}) - \mathbb{E}_{t-1}(\varphi_{t+1})\right]$$

$$\mathbb{E}_t^\theta(\varphi_{t+1}) = \rho\varphi_t + \rho^2\theta \epsilon_t + \theta\left(\rho^2\varphi_{t-1} + \rho^3\theta \epsilon_{t-1}\right.$$

$$\left. - \rho[\rho(1+\theta) - 1]\epsilon_t + \rho^2\theta \epsilon_t - \rho^2\varphi_{t-1} - \rho^3\theta \epsilon_{t-1}\right)$$

$$\mathbb{E}_t^\theta(\varphi_{t+1}) = \rho\varphi_t + \theta\rho \epsilon_t$$

则平均预期偏差由下式给出：

$$\mathbb{E}_t\left[\varphi_{t+1} - \mathbb{E}_t^\theta(\varphi_{t+1})\right] = -\rho(1-\rho)\theta \epsilon_t$$

这体现出在有利消息出现后诊断性预期会过度乐观，而在不利消息出现后诊断性预期会过度悲观。

命题 6.5 在上述两种情形中,对投资在稳态期望生产率 $\mathbb{E}_t^\theta(lnA_{t+1})=0$ 附近的线性近似得出了如下所示的运动定律:

$$I_t \approx a_0(1-\rho) + \rho I_{t-1} - a_1\rho^2\theta\,\epsilon_{t-1} + a_1\rho(1+\theta)\,\epsilon_t \quad (6.12)$$

其中,a_0、a_1 为正常数。

证明: 假设借贷约束为紧约束,给定 β_h、$\beta_l \to 1$,风险投资水平 I_t 由下式给出:

$$I_t = q(I_t)\int_0^{\frac{N_{t+1}^\theta}{q(I_t)}} A h_t^\theta(A)dA + N_{t+1}^\theta(1-\delta^*)$$

上式等号右边是投资者所得的平均偿付额。比例 $\frac{N_{t+1}^\theta}{q(I_t)}$ 由风险约束 $\int_0^{\frac{N_{t+1}^\theta}{q(I_t)}} h_t^\theta(A)dA = \delta^*$ 决定,也即 $ln\frac{N_{t+1}^\theta}{q(I_t)} = \mathbb{E}_t^\theta(lnA_{t+1}) + \sigma z^*$。因此,

$$\frac{I_t}{q(I_t)} = \int_0^{e^{\mathbb{E}_t^\theta(lnA_{t+1})+\sigma z^*}} A h_t^\theta(A)dA + e^{\mathbb{E}_t^\theta(lnA_{t+1})+\sigma z^*}(1-\delta^*)$$

投资产出比随期望生产率 $\mathbb{E}_t^\theta(lnA_{t+1})$ 递增。假设生产函数为 $q(I_t) = I_t^\alpha$,在 $\mathbb{E}_t^\theta(lnA_{t+1})=0$ 附近对投资 I_t 进行线性化可得:

$$I_t = a_0 + a_1 \mathbb{E}_t^\theta(lnA_{t+1})$$

其中,系数 a_0 和 a_1 为正,因为(1)长期生产率下的投资为正,(2)投资与未来期望生产率正相关。这在内点解和风险约束下均成立。通过利用诊断性预期的表达式,上式可写为:

$$I_t = a_0 + a_1[\rho ln A_t + \rho\hat{\theta}\epsilon_t]$$
$$I_t = a_0(1-\rho) + \rho I_{t-1} - a_1\rho^2\hat{\theta}\epsilon_{t-1} + a_1\rho(1+\hat{\theta})\epsilon_t$$

因此，投资也服从 ARMA（1，1）过程。

参考文献

Acharya, Viral V., Philipp Schnabl, and Gustavo Suarez. 2013. "Securitization without Risk Transfer." *Journal of Financial Economics* 107 (3): 515-536.

Adam, Klaus, Albert Marcet, and Johannes Beutel. 2017. "Stock Price Booms and Expected Capital Gains." *The American Economic Review* 107 (8): 2352-2408.

Adrian, Tobias, and Hyun Song Shin. 2010. "Liquidity and Leverage." *Journal of Financial Intermediation* 19 (3): 418-437.

Amromin, Gene, and Steven A. Sharpe. 2014. "From the Horse's Mouth: Economic Conditions and Investor Expectations of Risk and Return." *Management Science* 60 (4): 845-866.

Armona, Luis, Andreas Fuster, and Basit Zafar. 2016. "Home Price Expectations and Behavior: Evidence from a Randomized Information Experiment." Federal Reserve Bank of New York Staff Report 798.

Bacchetta, Philippe, Elmar Mertens, and Eric van Wincoop. 2009. "Predictability in Financial Markets: What Do Survey Expectations Tell Us?" *Journal of International Money and Finance* 28 (3): 406-426.

Ball, Laurence M. 2018. *The Fed and Lehman Brothers: Setting the Record Straight on a Financial Disaster*. Cambridge: Cambridge University Press.

Barberis, Nicholas C. 2013. "The Psychology of Tail Events: Progress and Challenges." *The American Economic Review: Papers and Proceedings* 103 (3): 611–616.

Barberis, Nicholas C., Robin Greenwood, Lawrence Jin, and Andrei Shleifer. 2015. "X-CAPM: An Extrapolative Capital Asset Pricing Model." *Journal of Financial Economics* 115 (1): 1–24.

———. 2018. "Extrapolation and Bubbles." *Journal of Financial Economics*, forthcoming.

Barberis, Nicholas C., and Ming Huang. 2008. "Stocks as Lotteries: The Implications of Probability Weighting for Security Prices." *The American Economic Review* 98 (5): 2066–2100.

Barberis, Nicholas C., Andrei Shleifer, and Robert W. Vishny. 1998. "A Model of Investor Sentiment." *Journal of Financial Economics* 49 (3): 307–343.

Baron, Matthew, and Wei Xiong. 2017. "Credit Expansion and Neglected Crash Risk." *Quarterly Journal of Economics* 132 (2): 713–764.

Ben-David, Itzhak, John R. Graham, and Campbell R. Harvey. 2013. "Managerial Miscalibration." *Quarterly Journal of Economics* 128 (4): 1547–1584.

Benmelech, Efraim, Ralf Meisenzahl, and Rodney Ramcharan. 2017. "The Real Effects of Liquidity during the Financial Crisis: Evidence from Automobiles." *Quarterly Journal of Economics* 132 (1): 317–365.

Bernanke, Ben S. 1983. "Non-monetary Effects of the Financial Crisis in the Propagation of the Great Depression." *The American Economic Review* 73 (3): 257–276.

———. 2008. "Reducing Systemic Risk." Speech delivered at the Federal Reserve Bank of Kansas City's Annual Economic Symposium, Jackson Hole, WY, August 22.

———. 2015. *The Courage to Act: A Memoir of a Crisis and Its Aftermath*. New York: W. W. Norton.

Bernanke, Ben S., Carol Bertaut, Laurie Pounder DeMarco, and Steven Kamin. 2011. "International Capital Flows and the Returns to Safe Assets in the United States, 2003—2007." International Finance Discussion Paper 1014, Federal Reserve Board, Washington, D. C., February. https://www.federalreserve.gov/pubs/ifdp/2011/1014/ifdp1014.pdf.

Bernanke, Ben S., Mark Gertler, and Simon Gilchrist. 1999. "The Financial Accelerator in a Quantitative Business Cycle Framework." Chap. 21 in vol. 1 of *Handbook of Macroeconomics*, edited by John B. Taylor and Michael Woodford, 1341–1393. Amsterdam: North-Holland Elsevier.

Board of Governors of the Federal Reserve System. 2008. "Current Economic and Financial Conditions: Summary and Outlook." Pt. 1 of Greenbook prepared for the August 5, 2008, Federal Open Market Committee (FOMC) meeting.

———. 2017. "Debt Outstanding, Domestic Nonfinancial Sectors, Households—LA154104005.Q: 1945—2017." December. https://www.federalreserve.gov/releases/z1/default.htm.

Bordalo, Pedro, Katherine B. Coffman, Nicola Gennaioli, and Andrei Shleifer. 2016a. "Stereotypes." *Quarterly Journal of Economics* 131 (4): 1753–1794.

———. 2016b. "Beliefs about Gender." NBER Working Paper 22972, National Bureau of Economic Research, Cambridge, MA, December. http://www.nber.org/papers/w22972.

Bordalo, Pedro, Nicola Gennaioli, Rafael La Porta, and Andrei Shleifer. 2017. "Diagnostic Expectations and Stock Returns." NBER Working Paper 23863, National Bureau of Economic Research, Cambridge, MA, September. http://www.nber.org/papers/w23863.

Bordalo, Pedro, Nicola Gennaioli, Yueran Ma, and Andrei Shleifer. 2018. "Overreaction in Macroeconomic Expectations." Working paper. Oxford Said Business School, Università Bocconi, and Harvard University, March.

Bordalo, Pedro, Nicola Gennaioli, and Andrei Shleifer. 2018. "Diagnostic Expectations and Credit Cycles." *Journal of Finance* 73 (1): 199-227.

Brunnermeier, Markus, and Lasse H. Pedersen. 2009. "Market Liquidity and Funding Liquidity." *Review of Financial Studies* 22 (6): 2201-2238.

Brunnermeier, Markus K. 2009. "Deciphering the Liquidity and Credit Crunch 2007—2008." *Journal of Economic Perspectives* 23 (1): 77-100.

Brunnermeier, Markus K., and Jonathan A. Parker. 2005. "Optimal Expectations." *The American Economic Review* 95 (4): 1092-1118.

Bubb, Ryan, and Alex Kaufman. 2014. "Securitization and Moral Hazard: Evidence from Credit Score Cutoff Rules." *Journal of Monetary Economics* 63 (C): 1-18.

Caballero, Ricardo J., and Alp Simsek. 2013. "Fire Sales in a Model of Complexity." *Journal of Finance* 68 (6): 2549-2587.

Campbell, John Y., and John H. Cochrane. 1999. "By Force of Habit: A Consumption-Based Explanation of Aggregate Stock Market Behavior." *Journal of Political Economy* 107 (2): 205-251.

Campbell, John Y., and Robert J. Shiller. 1987. "Cointegration and Tests of Present Value Models." *Journal of Political Economy* 95 (5): 1062-1088.

——. 1988. "Stock Prices, Earnings, and Expected Dividends." *Journal of Finance* 43 (3): 661-676.

Case, Karl E., Robert J. Shiller, and Anne K. Thompson. 2012. "What Have They Been Thinking? Homebuyer Behavior in Hot and Cold Markets." *Brookings Papers on Economic Activity* (Fall 2012): 265-315.

Casscells, Ward, Arno Schoenberger, and Thomas B. Graboys. 1978. "Interpretation by Physicians of Clinical Laboratory Results." *New England Journal of Medicine* 299 (18): 999-1001.

Chen, Daniel L., Tobias J. Moskowitz, and Kelly Shue. 2016. "Decision Making under the Gambler's Fallacy: Evidence from Asylum Judges, Loan Officers, and Baseball Umpires." *Quarterly Journal of Economics* 131 (3): 1181-1242.

Cheng, Ing-Haw, Sahil Raina, and Wei Xiong. 2014. "Wall Street and the Housing Bubble." *The American Economic Review* 104 (9): 2797 – 2829.

Chodorow-Reich, Gabriel. 2014. "The Employment Effects of Credit Market Disruptions: Firm-level Evidence from the 2008—09 Financial Crisis." *Quarterly Journal of Economics* 129 (1): 1 – 59.

Coibion, Olivier, and Yuriy Gorodnichenko. 2015. "Information Rigidity and the Expectations Formation Process: A Simple Framework and New Facts." *The American Economic Review* 105 (8): 2644 – 2678.

Collin-Dufresne, Pierre, Robert S. Goldstein, and J. Spencer Martin. 2001. "The Determinants of Credit Spread Changes." *Journal of Finance* 56 (6): 2177 – 2207.

Coval, Joshua, Kevin Pan, and Erik Stafford. 2014. "Capital Market Blind Spots." Working Paper, Harvard University, Cambridge, MA, October.

Coval, Joshua D., Jakub W. Jurek, and Erik Stafford. 2009a. "Economic Catastrophe Bonds." *The American Economic Review* 99 (3): 628 – 666.

——. 2009b. "The Economics of Structured Finance." *Journal of Economic Perspectives* 23 (1): 3 – 25.

Cutler, David M., James M. Poterba, and Lawrence H. Summers. 1990. "Speculative Dynamics and the Role of Feedback Traders." *The American Economic Review Papers and Proceedings* 80 (2): 62 – 68.

Daniel, Kent, David Hirshleifer, and Avanidhar Subramanyam. 1998. "Investor Psychology and Security Market Under- and Overreactions." *Journal of Finance* 53 (6): 1839 – 1885.

De Bondt, Werner F. M., and Richard H. Thaler. 1985. "Does the Stock Market Overreact?" *Journal of Finance* 40 (3): 793 – 805.

De Fusco, Anthony A., Charles G. Nathanson, and Eric Zwick. 2017. "Speculative Dynamics of Prices and Volume." NBER Working Paper 23449, National Bureau of Economic Research, Cambridge, MA, May. http://www.nber.org/papers/w23449.

DeLong, J. Bradford, Andrei Shleifer, Lawrence H. Summers, and Robert J. Waldmann. 1990. "Noise Trader Risk in Financial Markets." *Journal of*

Political Economy 98 (4): 703-738.

Diamond, Douglas W., and Philip H. Dybvig. 1983. "Bank Runs, Deposit Insurance, and Liquidity." *Journal of Political Economy* 91 (3): 401-419.

Dominguez, Kathryn. 1986. "Are Foreign Exchange Forecasts Rational? New Evidence from Survey Data." *Economics Letters* 21 (3): 277-281.

Eggertsson, Gauti B., and Paul Krugman. 2012. "Debt, Deleveraging, and the Liquidity Trap: A Fisher-Minsky-Koo Approach." *Quarterly Journal of Economics* 127 (3): 1469-1513.

Erel, Isil, Taylor Nadauld, and Rene' M. Stulz. 2014. "Why Did Holdings of Highly Rated Securitization Tranches Differ So Much across Banks?" *Review of Financial Studies* 27 (2): 404-453.

Fahlenbrach, Rüdiger, Robert Prilmeier, and René M. Stulz. 2017. "Why Does Fast Loan Growth Predict Poor Performance for Banks?" *Review of Financial Studies* 31 (3): 1014-1063.

Federal Open Market Committee (FOMC). 2008. Transcript of "Meeting of the Federal Open Market Committee on August 5, 2008."

Federal Reserve Bank of Philadelphia. 2017a. "Survey of Professional Forecasters: 1968—2017." https://www.philadelphiafed.org/research-and-data/real-time-center/survey-of-professional-forecasters.

——. 2017b. "Greenbook Data Set: 1966—2012." Board of Governors of the Federal Reserve System. https://www.philadelphiafed.org/research-and-data/real-time-center/greenbook-data.

Federal Reserve Bank of St. Louis. 2017a. "Homeownership Rate for the United States—RHORUSQ156N: 1965—2017." U. S. Bureau of the Census. https://fred.stlouisfed.org/series/RHORUSQ156N.

——. 2017b. "Disposable Personal Income—DPI: 1947—2017." U. S. Bureau of Economic Analysis. https://fred.stlouisfed.org/series/DPI.

——. 2017c. "Asset-backed Commercial Paper Outstanding—DTBSPCKAM:

2001—2017." Board of Governors of the Federal Reserve System. https://fred. stlouisfed. org/series/DTBSPCKAM.

——. 2017d. "CBOE Volatility Index: VIX—VIXCLS: 1990—2017." Chicago Board Options Exchange. https://fred. stlouisfed. org/series/VIXCLS.

Financial Crisis Inquiry Commission. 2011. *The Financial Crisis Inquiry Report: Final Report of the National Commission on the Causes of the Financial and Economic Crisis in the United States.* Washington, D. C.: U. S. Government Printing Office.

Fitch Ratings. 2007. "Inside the Ratings: What Credit Ratings Mean: August 2007." Research Report. http://pages. stern. nyu. edu/~igiddy/articles/what_ratings_mean. pdf.

Foote, Christopher L., Kristopher S. Gerardi, and Paul S. Willen. 2012. "Why Did So Many People Make So Many Ex Post Bad Decisions? The Causes of the Foreclosure Crisis." In *Rethinking the Financial Crisis*, edited by Alan S. Blinder, Andrew W. Lo, and Robert M. Solow, 136 - 186. New York: Russell Sage Foundation.

Frankel, Jeffrey A., and Kenneth A. Froot. 1987. "Using Survey Data to Test Standard Propositions regarding Exchange Rate Expectations." *The American Economic Review* 77 (1): 133 - 153.

French, Kenneth R., Martin N. Baily, John Y. Campbell, et al. 2010. *The Squam Lake Report: Fixing the Financial System.* Princeton, NJ: Princeton University Press.

Fuster, Andreas, David Laibson, and Brock Mendel. 2010. "Natural Expectations and Macroeconomic Fluctuations." *Journal of Economic Perspectives* 24 (4): 67 - 84.

Geanakoplos, John. 1997. "Promises, Promises." In *The Economy as an Evolving Complex System, II*, edited by W. Brian Arthur, Steven N. Durlauf, and David A. Lane, 285 - 320. Reading, MA: Addison-Wesley.

——. 2010. "The Leverage Cycle." *NBER Macroeconomics Annual* 24: 1 - 65.

Gennaioli, Nicola, Yueran Ma, and Andrei Shleifer. 2015. "Expectations and Investment." *NBER Macroeconomics Annual* 30 (1): 379–431.

Gennaioli, Nicola, and Andrei Shleifer. 2010. "What Comes to Mind." *Quarterly Journal of Economics* 125 (4): 1399–1433.

Gennaioli, Nicola, Andrei Shleifer, and Robert W. Vishny. 2012. "Neglected Risks, Financial Innovation, and Financial Fragility." *Journal of Financial Economics* 104 (3): 452–468.

——. 2013. "A Model of Shadow Banking." *Journal of Finance* 68 (4): 1331–1363.

Gerardi, Kristopher, Andreas Lehnert, Shane M. Sherlund, and Paul Willen. 2008. "Making Sense of the Subprime Crisis." *Brookings Papers on Economic Activity* (Fall 2008): 69–159.

Gigerenzer, Gerd. 1996. "On Narrow Norms and Vague Heuristics: A Reply to Kahneman and Tversky." *Psychological Review* 103 (3): 592–596.

Gilboa, Itzhak, and David Schmeidler. 1989. "Maxmin Expected Utility with Non-Unique Prior." *Journal of Mathematical Economics* 18 (2): 141–153.

Giroud, Xavier, and Holger M. Mueller. 2017. "Firm Leverage, Consumer Demand, and Employment Losses during the Great Recession." *Quarterly Journal of Economics* 132 (1): 271–316.

Glaeser, Edward L. 2013. "A Nation of Gamblers: Real Estate Speculation and American History." *The American Economic Review Papers and Proceedings* 103 (3): 1–42.

Glaeser, Edward L., and Charles G. Nathanson. 2017. "An Extrapolative Model of House Price Dynamics." *Journal of Financial Economics* 126 (1): 147–170.

Goldstein, Itay, and Ady Pauzner. 2005. "Demand-Deposit Contracts and the Probability of Bank Runs." *Journal of Finance* 60 (3): 1293–1327.

Gorton, Gary B., and Andrew Metrick. 2010a. "Haircuts." *Federal Reserve Bank of St. Louis Review* 92 (6): 507–519.

——. 2010b. "Regulating the Shadow Banking System." *Brookings Papers on*

Economic Activity (Fall 2010): 261-297.

———. 2012. "Securitized Banking and the Run on Repo." *Journal of Financial Economics* 104 (3): 425-451.

Gourio, François, Anil K. Kashyap, and Jae Sim. 2017. "The Tradeoffs in Leaning against the Wind." NBER Working Paper 23658, National Bureau of Economics Research, Cambridge, MA, August. http://www.nber.org/papers/w23658.

Graham, Jesse, Brian Nosek, and Jonathan Haidt. 2012. "The Moral Stereotypes of Liberals and Conservatives: Exaggeration of Differences across the Political Spectrum." *PLoS One* 7 (12): 1-13.

Greenlaw, David, Jan Hatzius, Anil K. Kashyap, and Hyun Song Shin. 2008. "Leveraged Losses: Lessons from the Mortgage Market Meltdown." U.S. Monetary Policy Forum Report No. 2. Rosenberg Institute, Brandeis International Business School and Initiative on Global Markets, University of Chicago Graduate School of Business.

Greenspan, Alan. 1998. "Private-sector Refinancing of the Large Hedge Fund, Long-Term Capital Management." Testimony of Chairman Alan Greenspan before the Committee on Banking and Financial Services, U.S. House of Representatives, October 1.

Greenwood, Robin, and Samuel G. Hanson. 2013. "Issuer Quality and Corporate Bond Returns." *Review of Financial Studies* 26 (6): 1483-1525.

———. 2015. "Waves in Ship Prices and Investment." *Quarterly Journal of Economics* 130 (1): 55-109.

Greenwood, Robin, and Andrei Shleifer. 2014. "Expectations of Returns and Expected Returns." *Review of Financial Studies* 27 (3): 714-746.

Greenwood, Robin, Andrei Shleifer, and Yang You. 2018. "Bubbles for Fama." *Journal of Financial Economics*, forthcoming.

Hansen, Lars Peter, and Thomas J. Sargent. 2001. "Robust Control and Model Uncertainty." *The American Economic Review* 91 (2): 60-66.

Hart, Oliver D., and John H. Moore. 1995. "Debt and Seniority: An Analysis of the Role of Hard Claims in Constraining Management." *The American Economic Review* 85 (3): 567–585.

Hilton, James, and William Von Hippel. 1996. "Stereotypes." *Annual Review of Psychology* 47: 237–271.

Hirshleifer, David, Jun Li, and Jianfeng Yu. 2015. "Asset Pricing in Production Economies with Extrapolative Expectations." *Journal of Monetary Economics* 76 (2015): 87–106.

Hong, Harrison, and Jeremy C. Stein. 1999. "A Unified Theory of Underreaction, Momentum Trading, and Overreaction in Asset Markets." *Journal of Finance* 54 (6): 2143–2184.

Initiative on Global Markets (IGM) Economic Experts Panel. 2017. "Factors Contributing to the 2008 Global Financial Crisis." October 17. http://www.igmchicago.org/surveys-special/factors-contributing-to-the-2008-global-financial-crisis.

International Monetary Fund (IMF). 2007a. *Global Financial Stability Report, April 2007: Market Developments and Issues.* Washington, D. C.: IMF.

——. 2007b. *Global Financial Stability Report, October 2007—Financial Market Turbulence: Causes, Consequences, and Policies.* Washington, D. C.: IMF.

——. 2008a. *Global Financial Stability Report, April 2008—Containing Systemic Risks and Restoring Financial Soundness.* Washington, D. C.: IMF.

——. 2008b. *Global Financial Stability Report, October 2008—Financial Stress and Deleveraging: Macro-Financial Implications and Policy.* Washington, D. C.: IMF.

——. 2009a. *Global Financial Stability Report, April 2009: Responding to the Financial Crisis and Measuring Systemic Risks.* Washington, D. C.: IMF.

——. 2009b. *Global Financial Stability Report, October 2009: Navigating the Financial Challenges Ahead.* Washington, D. C.: IMF.

Investment Company Institute. 2008—2012. "Weekly Money Market Fund Assets." www. ici. org/research/stats.

Jarrow, Robert A. , Li Li, Mark Mesler, and Donald R. van Deventer. 2008. "CDO Valuation: Fact and Fiction." In *The Definitive Guide to CDOs: Market, Application, Valuation and Hedging*, edited by Gunter Meissner, 429 - 456. London: Risk Books.

Jordà, Òscar, Moritz Schularick, and Alan M. Taylor. 2015. "Betting the House." *Journal of International Economics* 96 (S1): S2 - S18.

Kahana, Michael. 2012. *Foundation of Human Memory*. Oxford: Oxford University Press.

Kahneman, Daniel, and Amos Tversky. 1974. "Judgment under Uncertainty: Heuristics and Biases." *Science* 185 (4157): 1124 - 1131.

——. 1979. "Prospect Theory: An Analysis of Decision under Risk." *Econometrica* 47 (2): 263 - 292.

——. 1983. "Extensional versus Intuitive Reasoning: The Conjunction Fallacy in Probability Judgment." *Psychological Review* 90 (4): 293 - 315.

Kashyap, Anil K. , and Jeremy C. Stein. 2012. "The Optimal Conduct of Monetary Policy with Interest on Reserves." *American Economic Journal: Macroeconomics* 4 (4): 266 - 282.

Keys, Benjamin J. , Tanmoy Mukherjee, Amit Seru, and Vikrant Vig. 2010. "Did Securitization Lead to Lax Screening? Evidence from Subprime Loans." *Quarterly Journal of Economics* 125 (1): 307 - 362.

Kindleberger, Charles P. 1978. *Manias, Panics, and Crashes: A History of Financial Crises*. New York: Basic Books.

Kirti, Divya. 2018. "Lending Standards and Output Growth." IMF Working Paper WP/18/23, International Monetary Fund, Washington, D. C. , January. https://www. imf. org/en/Publications/WP/Issues/2018/01/26/Lending-Standards-and-Output-Growth-45595.

Kiyotaki, Nobuhiro, and John Moore. 1997. "Credit Cycles." *Journal of Political Economy* 105 (2): 211–248.

Krishnamurthy, Arvind, Stefan Nagel, and Dmitry Orlov. 2014. "Sizing Up Repo." *Journal of Finance* 69 (6): 2381–2417.

Kuchler, Theresa, and Basit Zafar. 2017. "Personal Experiences and Expectations about Aggregate Outcomes." Working Paper. New York University Stern School of Business and Arizona State University, November.

La Porta, Rafael. 1996. "Expectations and the Cross-Section of Stock Returns." *Journal of Finance* 51 (5): 1715–1742.

Lakonishok, Josef, Andrei Shleifer, and Robert W. Vishny. 1994. "Contrarian Investment, Extrapolation, and Risk." *Journal of Finance* 49 (5): 1541–1578.

Landier, Augustin, Yueran Ma, and David Thesmar. 2017. "New Experimental Evidence on Expectations Formation." Working Paper. HEC Paris, Harvard University, MIT Sloan School of Management, and the Center for Economic and Policy Research, November.

Lettau, Martin, and Sydney Ludvigson. 2001. "Consumption, Aggregate Wealth, and Expected Stock Returns." *Journal of Finance* 56 (3): 815–849.

López-Salido, David, Jeremy C. Stein, and Egon Zakrajšek. 2017. "Credit-Market Sentiment and the Business Cycle." *Quarterly Journal of Economics* 132 (3): 1373–1426.

Lucas, Robert E., Jr. 1976. "Econometric Policy Evaluation: A Critique." In vol. 1 of *The Phillips Curve and Labor Markets: Carnegie-Rochester Conference Series on Public Policy*, edited by Karl Brunner and Allan H. Meltzer, 19–46. New York: American Elsevier.

Mago, Akhil, and Sihan Shu. 2005. "HEL Bond Profile across HPA Scenarios." *U.S. ABS Weekly Outlook*, Lehman Brothers Fixed-Income Research, August 15.

Malmendier, Ulrike, and Stefan Nagel. 2011. "Depression Babies: Do Macroeconomic Experiences Affect Risk-Taking?" *Quarterly Journal of Economics* 126 (1): 373-416.

Manski, Charles F. 2004. "Measuring Expectations." *Econometrica* 72 (5): 1329-1376.

Markit. 2017. "ABX Home Equity Index (ABX. HE): 2006—2017." Accessed August 15, 2017. https://ihsmarkit.com/products/markit-abx.html.

Merrill, Craig B., Taylor Nadauld, Rene M. Stulz, and Shane M. Sherlund. 2014. "Were There Fire Sales in the RMBS Market?" Working Paper, Ohio State University, Fisher College of Business, Columbus, Ohio, May. https://econpapers.repec.org/paper/eclohidic/2014-09.htm.

Mian, Atif, and Amir Sufi. 2009. "The Consequences of Mortgage Credit Expansion: Evidence from the U. S. Mortgage Default Crisis." *Quarterly Journal of Economics* 124 (4): 1449-1496.

——. 2011. "House Prices, Home Equity-Based Borrowing, and the U. S. Household Leverage Crisis." *The American Economic Review* 101 (5): 2132-2156.

——. 2014a. "What Explains the 2007—2009 Drop in Employment?" *Econometrica* 82 (6): 2197-2223.

——. 2014b. *House of Debt: How They (and You) Caused the Great Recession, and How We Can Prevent It from Happening Again.* Chicago: University of Chicago Press.

——. 2017. "Household Debt and Defaults from 2000 to 2010: The Credit Supply View." In *Evidence and Innovation in Housing Law and Policy*, edited by Lee Anne Fennell and Benjamin J. Keys, 257-288. Cambridge: Cambridge University Press.

Mian, Atif, Amir Sufi, and Emil Verner. 2017. "Household Debt and Business Cycles Worldwide." *Quarterly Journal of Economics* 132 (4): 1755-1817.

Minsky, Hyman P. 1977. "The Financial Instability Hypothesis: An Interpretation of Keynes and an Alternative to 'Standard' Theory." *Nebraska Journal of Economics* and Business 16 (1): 5 - 16.

Muth, John F. 1961. "Rational Expectations and the Theory of Price Movements." Econometrica 29 (3): 315 - 335.

Myers, Stewart C. 1977. "Determinants of Corporate Borrowing." Journal of Financial Economics 5 (2): 147 - 175.

Niu, Geng, and Arthur van Soest. 2014. "House Price Expectations." IZA Discussion Paper 8536, Institute for the Study of Labor, Bonn, Germany, October. http://ftp. iza. org/dp8536. pdf.

Palmer, Christopher J. 2015. "Why Did So Many Subprime Borrowers Default during the Crisis: Loose Credit or Plummeting Prices?" Working Paper, University of California-Berkeley, Berkeley, CA, September. http://faculty. haas. berkeley. edu/palmer/papers/cpalmer-subprime. pdf.

Piskorski, Tomasz, Amit Seru, and James Witkin. 2015. "Asset Quality Misrepresentation by Financial Intermediaries: Evidence from the RMBS Market." Journal of Finance 70 (6): 2635 - 2678.

Prescott, Edward C. 1977. "Should Control Theory Be Used for Economic Stabilization?" Carnegie-Rochester Conference Series on Public Policy 7: 13 - 38.

Rabin, Matthew. 2013. "An Approach to Incorporating Psychology into Economics." The American Economic Review 103 (3): 617 - 622.

Rabin, Matthew, and Dimitri Vayanos. 2010. "The Gambler's and Hot-Hand Fallacies: Theory and Applications." Review of Economic Studies 77: 730 - 778.

Rajan, Raghuram G. 2006. "Has Finance Made the World Riskier?" European Financial Management 12 (4): 499 - 533.

Reinhart, Carmen M., and Kenneth S. Rogoff. 2009. This Time Is Different: Eight Centuries of Financial Folly. Princeton, NJ: Princeton University Press.

Rognlie, Matthew, Andrei Shleifer, and Alp Simsek. 2018. "Investment Hangover and the Great Recession." American Economic Journal: Macroeconomics

10 (2): 113-153.

Saiz, Albert. 2010. "The Geographic Determinants of Housing Supply." *Quarterly Journal of Economics* 125 (3): 1253-1296.

Schularick, Moritz, and Alan M. Taylor. 2012. "Credit Booms Gone Bust: Monetary Policy, Leverage Cycles, and Financial Crises, 1870—2008." *The American Economic Review* 102 (2): 1029-1061.

Shiller, Robert J. 1981. "Do Stock Prices Move Too Much to Be Justified by Subsequent Changes in Dividends?" *The American Economic Review* 71 (3): 421-436.

——. 2016. *Irrational Exuberance: Revised and Expanded Third Edition*. Princeton, NJ: Princeton University Press.

Shleifer, Andrei, and Robert W. Vishny. 1992. "Liquidation Values and Debt Capacity: A Market Equilibrium Approach." *Journal of Finance* 47 (4): 1343-1366.

——. 1997. "The Limits of Arbitrage." *Journal of Finance* 52 (1): 35-55.

Sims, Christopher. 2003. "Implications of Rational Inattention." *Journal of Monetary Economics* 50 (3): 665-690.

Sorkin, Andrew R. 2009. *Too Big to Fail: The Inside Story of How Wall Street and Washington Fought to Save the Financial System—and Themselves*. New York: Viking.

Stein, Jeremy C. 2012. "Monetary Policy as Financial-Stability Regulation." *Quarterly Journal of Economics* 127 (1): 57-95.

——. 2013. "Lean, Clean, and In-Between." Speech delivered at the National Bureau of Economic Research Conference: Lessons from the Financial Crisis for Monetary Policy, Boston, MA, October 18.

——. 2014. "Incorporating Financial Stability Considerations into a Monetary Policy Framework." Speech delivered at the International Research Forum on Monetary Policy, Federal Reserve Board of Governors, Washington, D.C., March 21.

Taleb, Nassim Nicholas. 2007. *The Black Swan: The Impact of the Highly Improbable*. New York: Random House.

Tenenbaum, Joshua B., and Thomas Griffiths. 2001. "The Rational Basis of Representativeness." *Proceedings of the Annual Meeting of the Cognitive Science Society* 23: 1036–1041.

U. S. Bureau of Labor Statistics. 2012. "The Recession of 2007—2009." *BLS Spotlight on Statistics*, February.

U. S. Treasury Department. 2008. " 'Break the Glass' Bank Recapitalization Plan." April 15. https://www.scribd.com/document/21266810/Too-Big-To-Fail-Confidential-Break-the-Glass-Plan-from-Treasury.

——. 2009. "Public-Private Investment Program." Press release, March 23. https://www.treasury.gov/press-center/press-releases/Documents/ppip_whitepaper_032309.pdf.

Vissing-Jorgensen, Annette. 2004. "Perspectives on Behavioral Finance: Does 'Irrationality' Disappear with Wealth? Evidence from Expectations and Actions." *NBER Macroeconomics Annual* 18: 139–194.

Woodford, Michael. 2003. "Imperfect Common Knowledge and the Effects of Monetary Policy." In *Knowledge, Information, and Expectations in Modern Macroeconomics: In Honor of Edmund S. Phelps*, edited by Philippe Aghion, Roman Frydman, Joseph Stiglitz, and Michael Woodford, 25–58. Princeton, NJ: Princeton University Press.

A Crisis of Beliefs: INVESTOR PSYCHOLOGY AND FINANCIAL FRAGILITY

by Nicola Gennaioli, Andrei Shleifer

Copyright © 2018 by Princeton University Press

No part of this book may be reproduced or transmitted in any form or by any means, electronic or mechanical, including photocopying, recording or by any information storage and retrieval system, without permission in writing from the Publisher.

Simplified Chinese version © 2025 by China Renmin University Press.

All Rights Reserved.

图书在版编目（CIP）数据

信念危机：投资者心理与金融脆弱性／（美）尼古拉·真纳约利，（美）安德瑞·史莱佛著；李娜译. 北京：中国人民大学出版社，2025.1. -- ISBN 978-7-300-33231-4

Ⅰ. F830.99

中国国家版本馆 CIP 数据核字第 2024HX9652 号

信念危机：投资者心理与金融脆弱性
尼古拉·真纳约利　安德瑞·史莱佛　著
李　娜　译
Xinnian Weiji: Touzizhe Xinli yu Jinrong Cuiruoxing

出版发行	中国人民大学出版社		
社　　址	北京中关村大街 31 号	邮政编码	100080
电　　话	010-62511242（总编室）		010-62511770（质管部）
	010-82501766（邮购部）		010-62514148（门市部）
	010-62515195（发行公司）		010-62515275（盗版举报）
网　　址	http://www.crup.com.cn		
经　　销	新华书店		
印　　刷	天津中印联印务有限公司		
开　　本	890 mm×1240 mm　1/32	版　次	2025 年 2 月第 1 版
印　　张	8.5 插页 1	印　次	2025 年 2 月第 1 次印刷
字　　数	171 000	定　价	68.00 元

版权所有　　侵权必究　　印装差错　　负责调换